墨香财经学术文库

"十二五"辽宁省重点图书出版规划项目

国家社科基金项目（13CJY92）结题成果

U0674514

Theoretical and Empirical

Research on the Development of Rural Service Industry in China

中国农村服务业发展的理论与实证研究

张平 孙伟仁 邬德林 等 ◎ 著

东北财经大学出版社

Dongbei University of Finance & Economics Press

大连

图书在版编目（CIP）数据

中国农村服务业发展的理论与实证研究 / 张平，孙伟仁，邬德林等著.
—大连：东北财经大学出版社，2017.10
（墨香财经学术文库）
ISBN 978-7-5654-2959-0

Ⅰ．中…　Ⅱ．①张… ②孙… ③邬…　Ⅲ．农业经济-服务业-经济发展-
研究-中国　Ⅳ．F326.6

中国版本图书馆CIP数据核字（2017）第243513号

东北财经大学出版社出版发行

　大连市黑石礁尖山街217号　邮政编码　116025
　网　　　址：http：//www.dufep.cn
　读者信箱：dufep @ dufe.edu.cn
大连图腾彩色印刷有限公司印刷

幅面尺寸：170mm×240mm　字数：291千字　印张：21　插页：1
2017年10月第1版　　　　2017年10月第1次印刷
责任编辑：孙晓梅　吴　奂　　责任校对：那　欣　赵　楠　龚小晖
封面设计：冀贵收　　　　　　版式设计：钟福建
定价：42.00元

教学支持　售后服务　联系电话：(0411) 84710309
版权所有　侵权必究　举报电话：(0411) 84710523
如有印装质量问题，请联系营销部：(0411) 84710711

前言

　　党的十八大报告明确提出，中国到 2020 年要全面建成小康社会，然而"小康不小康，关键在老乡"，农村的小康是全面小康的关键，农业、农村、农民问题则成为中国能否如期全面建成小康社会的最大障碍。"三农"问题在经济和社会发展的不同阶段有着不同的难点和工作重心。众所周知，从 2013 年开始，中国经济发展进入结构性减速的新常态发展阶段。这种结构变化导致的不仅是经济增长的减速，更重要的是区域产业结构和经济发展方式的深度调整与改变。在区域经济发展一体化的背景下，这种结构变化势必对中国广大农村地区的农业生产、农民持续增收、新农村建设等方面产生新的影响与冲击。因此，在当前形势下，要有效解决"三农"问题，首先就要准确把握现阶段"三农"问题的症结所在，在分析原因和把握重点的基础上，提出破解"三农"难题的有效路径。

　　近年来，党中央和国务院把解决"三农"问题放在了各项工作的重中之重，2004—2016 年，中共中央连续发布了 13 个关于"三农"问题的"一号文件",彰显了国家对"三农"问题的高度重视,也指明未来一段时期国家解决"三农"问题的总体思路、工作重点与保障措施等。尤其是 2013 年以来,中央"一号文件"提出的发展背景和总体思路一脉相承,指出中国经济已经进入并长期保持在新常态这一发展阶段;夯实农业基础地位、促进农民持续增收、提高新农村建设水平,是当时乃至"十三五"时期中国农业和农村发展所面临的首要任务。因此,通过梳理我国新常态时期的中央"一号文件"相关要点和脉络,不仅可以从整体上"观察"现阶段农业和农村经济发展出现的新难题,还有助于找到有效解决"三农"问题的对策。

中国"十三五"规划纲要以及近三年来的中央"一号文件"中提到了发展农村服务业在中国特色农业现代化道路和社会主义新农村建设中的重要意义。2014 年中央"一号文件"强调创新农业经营体制,通过推进农业服务业,带动现代农业的发展;2015 年中央"一号文件"围绕城乡一体化,倡导通过建立健全城乡居民均质化的公共服务体系,推进社会主义新农村建设;2016 年中央"一号文件"强调推进农村一二三产业融合发展,拓宽农民增收渠道;同年,《中华人民共和国国民经济和社会发展第十三个五年规划纲要》单列一节对推进农村一二三产业融合发展进行了专门论述,并在"发展特色县域经济"章节中强调通过发展农村服务业,达到辐射、带动乡村发展和推动城乡协调发展的最终目的。以上文件虽然强调的重点不同,但均指出,发展农村服务业作为一项重要的惠农、强农、富农举措,是未来破解"三农"问题的重要着力点之一,这些文件从不同侧面表明了农村服务业发展的现实需求。与此同时,大量理论研究也表明,发展农村服务业对促进农业现代化、增加农民收入和提高农民生活质量以及推进农村城镇化建设等方面都有积极的促进作用。

第一,发展农村服务业有利于推进农业现代化。发展农村服务业,特别是农业生产性服务业,对加快发展现代农业、实现农业产业化具有重要意义。Kinsella 和 Wilson（2000）通过对西欧国家农业的调查，发现农村服务业对现代农业的发展可以起到明显的助力作用；涂俊（2005）从创新系统的角度，指出农村服务业在农业产业中能起到支持子系统的作用；杜传忠（2010）则进一步对农村服务业推动传统农业向现代农业的转变进行了机理分析，认为农村服务业能够实现农业生产经营的规模化、专业化、区域化，降低公共成本和外部成本，提高农业的效益和竞争力，农村服务业在加快农业现代化进程中发挥着不可替代的作用。毛飞（2012）认为，中国现代农业的特征就是实现农业生产技术的现代化和农业组织管理的现代化，而农村服务业极大地拓展了农业的外部功能，在农业科技成果转化、农业专业化和社会化生产、农业产加销一体化等方面都发挥了积极的作用。

第二，发展农村服务业有利于促进农民增收。发展农村服务业，扩展了农村地区的增收空间，拓宽了农民的增收渠道。大量实证研究表明，农村服务业发展与农民收入增长有显著的正相关性。Mwabu（2001）、Haggblade（2007）等对拉丁美洲、非洲等国家农村人口收入情况进行了考查，发现农村地区从事服务业的居民人均收入远远高于从事其他行业的居民人均收入；沈艳兵（2007）从中国新农村建设的角度分析了农村服务业发展对实现农民收入增加的积极作用；夏杰长（2009）的研究结果也表明，发展农村服务业可以增加农民收入和提高农民生活质量。

第三，发展农村服务业有利于加快农村城镇化进程。普雁翔（2009）提出，农村服务业发展是加快农村城市化进程的主要因素之一；冯芸等学者（2008）认为，村镇是农村社会化服务体系的载体，农村服务业的发展要与农村城镇化建设紧密结合起来，农村服务业既为农村城镇化提供了支撑，城镇的集聚效应和扩散效应也促进了农村服务业的集聚和发展；薛贺香（2013）基于 VAR 模型对农村服务业与城镇化的动态关系进行了深入研究，发现城镇化对农村服务业的长期促进作用明显，并具有明显滞后性。

综上所述，农村服务业的发展为中国有效破解"三农"问题提供了新的途径和动力。基于此，本书站在农村服务产业发展的角度，探索中国农村服务业理论体系，提出面向 2020 年的中国农村服务业发展战略和实现路径。针对该研究问题，本书在对服务业发展相关理论文献进行梳理和述评的基础上，每章都按照"理论研究–实证分析–对策建议"的基本逻辑展开论述，从产业和区域两个层面对中国农村服务业的理论发展、实践活动和政策设计展开研究。

具体来说，我们将农村服务业作为服务业的地理研究对象进行界定，将优化农村服务业的产业发展（产业层面）和增强农村服务业的区域经济辐射效应（区域层面）作为研究主题。在理论与实证分析部分，借鉴传统产业经济学"状态–结构–行为–绩效"的分析范式，将产业的影响机制与区域的效应分析纳入统一框架，即在总体阐述农村服务业发展的基本逻辑基础上，分别对农村服务业发展的阶段特征（状态）、空间差异（结构）、动力机制和影响因素（行为），以及农村服务业与区域经济关系（绩效）进行理论阐述，基于中国农村发展的相关数据，运用计量模型对理论机理进行实证检验。最后，根据理论模型与实证检验的结果，从需求、供给、政策、产业和区域等多维度提出中国农村服务业发展的对策建议。本书的具体内容包括以下几部分：

第一，农村服务业发展的理论研究——对农村服务业的相关概念进行界定，对国内外研究现状进行述评，对农村服务业相关理论进行梳理，在此基础上，构建农村服务业发展的理论体系。

第二，中国农村服务业的发展现状——在对中国农村服务业总体规模与发展趋势进行评价的基础上，分别从时间序列、结构演进、细分行业以及政策演进等不同层面，解析中国农村服务业的产业特征和发展现状，并初步分析造成中国农村服务业发展滞后的原因，为后续理论与实证分析提供逻辑起点。

第三，中国农村服务业的空间分布与区域差异——从综合发展水平差异、机构分布差异、发展环境差异三个维度对中国农村服务业发展的区域差异进行深入剖析，在了解地区差异现状的同时，揭示造成差异的深层次原因。

第四，中国农村服务业发展的影响因素与作用机理——重点从产业层面考查影响农村服务业发展的作用机理，归纳和提出市场需求、要素供给以及制度环境变迁三个关键因素的影响研究假设，并进行实证检验，识别中国农村服务业发展的障碍性因素，深化对农村服务业发展水平决定因素的认识。

第五，中国农村服务业发展的溢出效应——从理论分析与实证检验两方面探讨了农村服务业发展对农业经济、农业现代化以及农村就业的影响，深入剖析农村服务业对实现"三产融合"以及"新四化"的作用。

第六，国外农村服务业发展的经验借鉴——介绍国外农村服务业的发展历程，总结出可用于国内农村服务业发展的宝贵经验。

第七，促进中国农村服务业发展的政策建议——在本书研究结论的基础上，分别从需求层面、供给层面、制度层面、区域层面以及产业层面提出促进中国农村服务业发展的政策建议。

本书是国家社科基金项目"我国农村服务业发展的理论与实证研究"（13CJY92）的结题成果，主要课题组成员参与了本书的撰写，具体分工为：第四章、第八章由张平（北京交通大学经济管理学院博士后，大庆师范学院经济管理学院教授）撰写；第九章、第十章及附录由孙伟仁（哈尔滨商业大学经济学院博士研究生，大庆师范学院经济管理学院副教授）撰写；第一章、第二章及第五章由邬德林（大庆师范学院经济管理学院副教授）撰写；第六章、第七章由朱微（大庆师范学院经济管理学院讲师）撰写；第三章的撰写以及参考文献的整理由徐珉钰（大庆师范学院经济管理学院讲师）负责。全书的结构设计由张平负责，全书的最终统稿由邬德林负责。

本书在撰写过程中参考了诸多国内外学者的观点和研究成果，重要的参考文献列在书后，在此向所有作者表示深深的谢意！由于著者学识有限，疏漏之处在所难免，敬请同行和读者商榷并指教，我们不胜感激！对农村服务业的研究，我们也将持之以恒！

著　者

2017 年 7 月

目录

第一章　导论

第一节　研究背景与研究意义

一、研究背景

（一）夯实农业基础地位、促进农民持续增收、增强农村发展活力是现阶段"三农"所面临的首要任务

党的十八大报告明确提出，中国到 2020 年要全面建成小康社会。然而"小康不小康，关键在老乡"，农村的小康是全面小康的关键，农业、农村、农民问题则成为中国能否如期实现全面建成小康社会目标的最大障碍。"三农"问题在经济和社会发展的不同阶段有不同的工作难点和重心，众所周知，从 2013 年开始，中国经济发展进入结构性减速的新常态阶段[①]，这种结构变化导致的不仅是经济增长

---

① 李扬，张晓晶. "新常态"：经济发展的逻辑与前景 [J]. 经济研究，2015（5）：4-19.

的减速，更重要的是区域产业结构和经济发展方式的深度调整与改变。在区域经济发展一体化的背景下，这种结构变化势必对中国广大农村地区的农业生产、农民持续增收、新农村建设等方面产生新的影响与冲击。因此，在当前形势下，要有效解决"三农"问题，首先就要准确把握现阶段"三农"的突出表现，在分析原因和把握重点的基础上，提出破解"三农"难题的有效路径。

1. 农业生产遇"天花板"和"地板"

农业生产关乎国计民生，也是农民收入增加和农村发展的基本前提。近年来，中国政府高度重视"三农"问题，党的十八大报告以及2013—2016 年中央"一号文件"都把农业生产作为核心议题。得益于相关政策的支持，中国农业综合生产能力稳步提高，粮食生产持续高位增长，这也成为当前经济和社会发展的突出亮点。然而，在粮食连年丰收的背景下，我国粮食生产又呈现出总产、库存、进口"三量齐增"的新现象（陈锡文，2015）。美国农业部的报告显示，截至2015 年 9 月，中国稻谷、玉米、小麦三大主粮政策性库存累计已达2.5 亿吨，其中，玉米库存高达 1.53 亿吨，中国粮食生产出现过剩和库存积压现象。然而，中国农产品进口总量也在不断增加，海关的数据统计显示，中国粮食进口量在 2013—2015 年期间持续增长，从2013 年的 8 645.2 万吨上涨到 2015 年的近 1.25 亿吨。这表明国内农产品供给的品种结构已经无法满足当前消费者需求的变化，中国农业生产的突出矛盾已经从供求数量的失衡转变为供给品种的失衡。

除了中国农业生产出现结构性供求矛盾外，中国农业生产还面临农产品价格"天花板"封顶和农产品成本"地板"不断抬升的双重挤压。近年来，国际经济形势低迷，国际大宗农产品价格不断下降，一些国外农产品，如大豆、棉花、糖料等，进口到岸完税以后的价格明显低于国内同类农产品的价格，迫使国内农产品出现价格倒挂，而这就意味着中国农产品价格"天花板"封顶效应开始显现；与此同时，由于农业物资和劳动力等投入品价格的上涨，农产品生产成本"地板"不断抬升，农业生产比较收益不断下降，而这将引起农民种粮积极性持续下降，出现农民"逃离"农业、"逃离"种粮，甚至土地荒置等问题，这给继续稳定农业生产和保障中国粮食安全带来巨大的挑战。此外，中国农村地区资源环境约束日渐趋紧，农业青壮年劳动力不断外流、农业生态环境破坏严重、农业基础设施落后、现代农业发展遇到融资困难等，以上因素也严重制约了农业的健康发展。因此，新常态下如何促进农业可持续发展、继续夯实农业基础地位，已成为中国经济和社会发展必须破解的难题之一。

2. 农民增收现"瓶颈"

农民增收是"三农"问题中最根本的问题，也是中国各类"三农"政策的着力点。"十二五"时期，中国农民收入一直保持稳定增长的态势。截至 2015 年年底，农民收入连续六年增长幅度高于城镇居民收入增长幅度，扭转了城乡居民收入差距继续扩大的态势，农民收入持续增长总体向好。但是，随着中国经济进入新常态，农民增收也面临着新的挑战。

首先，中国经济进入新常态，发展速度放缓，农产品市场需求不足，不论是作为初级产品还是作为消费品，人们对农产品的需求都在变小，加之农产品价格的"天花板"效应也在发挥作用，这些必然会导致农民收入的提高受到限制。其次，城镇化和工业化一直被视为改革开放以来解决农民就业问题的动力和路径之一，但是经过近几十年的实践，中国城镇化和工业化原有的粗放式发展方式，已经累积了大量的各类矛盾并逐渐显现，城市经济结构和传统工业改造也进入了全面调整和转型阶段。这些变化对农村进城务工人员的影响直接表现为：原有的传统产业就业市场不断萎缩，改造升级后的传统产业或新兴产业虽然就业机会很多，但农村大多数劳动力的素质又难以在短时间内满足这些产业的用人需求，农民非农业招工与就业面临着"就业数量难增加、就业技术难突破、就业层次难提升"的困境。这种情况在对农民就业和劳动力转移带来直接负面影响的同时，也给农民持续增收带来了巨大的压力和挑战。

此外，由于 WTO 规则对农业补贴的相关限制，中国政府对农民的"黄箱"补贴已经基本用足,无法从政策角度对农民进行转移支付,这导致农村居民转移性收入在现阶段也没有了增长空间。因此,新常态下如何开辟农民收入新的增长点、促进农民持续增收,已经成为我党和各级政府必须考虑与面对的一个现实问题。

3. 农村建设留"短板"

自 2006 年以来,以党的十六届五中全会提出建设"社会主义新农村"为标志,中国社会主义新农村建设已经有 10 多年的发展历程。在政府的积极推动和全社会的大力支持下,中国农民的生产、生活条件和农村整体环境面貌得到了明显改善,尤其是在农村基础设施建设、村容环境整治和社会公益事业等方面,更是成绩斐然,这已经成为中国推进新农村建设的新常态。然而,当前中国新农村建设工作依然是全面建成小康社会和推进城乡一体化过程中最为薄弱的环节,具体表现为:城乡统筹发展的力度不够,诸多领域建设长期落后。例如,相对于城镇而言,农村基础设施相对薄弱,基本公共服务水平滞后,农村人居环境需要继续改善等。

此外,中国新农村建设还存在各种发展不平衡,具体体现在:一是中国实施新农村建设出现了政策扭曲,过分强调"物"的建设,而忽略最根本的"人"的建设。农村居民虽然"被上楼",但依然无法和城市居民一样享有均质化的公共服务,这导致农村居民对新农村建设的认同感不断弱化,引发了农村资源外流。二是城镇化与新农村建设不平衡,由于中国长期实施城镇化战略,而新农村建设经常被"画地为牢"为城镇化措施的"副本",这导致城乡经济发展失衡,农村劳动力、资金等生产要素进一步流向城市,农村出现了整体性衰退和大面积空心化问题。因此,如何建立长效均衡发展机制、提升新农村建设水平是中国社会主义新农村建设在经济新常态下亟待破解的问题。

(二)发展农村服务业、推动农村一二三产业融合发展是新常态背景下转变农业发展方式、拓宽农民增收渠道、促进城乡共同繁荣的现实需要

近年来,党中央和国务院把解决好"三农"问题放在了各项工

作的重中之重，2004—2016 年，中共中央连续发布了 13 个关于"三农"问题的"一号文件"，彰显了国家对"三农"问题的高度重视，也指明了未来一段时期国家解决"三农"问题的总体思路、工作重点与保障措施等。尤其是 2013 年以来，中央"一号文件"提出的发展背景和总体思路一脉相承，指出中国经济已经进入并长期保持在新常态这一发展阶段；夯实农业基础地位、促进农民持续增收、提高新农村建设水平，是当前乃至"十三五"时期中国农业和农村发展所面临的首要任务。因此，通过梳理中国进入新常态时期的"一号文件"相关要点和脉络，不仅可以从整体上"观察"现阶段农业和农村经济发展出现的新难题，还有助于找到有效解决"三农"问题的对策。

中国"十三五"规划纲要以及近三年来的中央"一号文件"中提到了发展农村服务业在中国特色农业现代化道路和社会主义新农村建设中的重要意义。2014 年中央"一号文件"强调创新农业经营体制，通过推进农业服务业，带动现代农业的发展；2015 年中央"一号文件"围绕城乡一体化，倡导通过建立健全城乡居民均质化的公共服务体系，推进社会主义新农村建设；2016 年中央"一号文件"强调推进农村一二三产业融合发展，拓宽农民增收渠道；同年，《中华人民共和国国民经济和社会发展第十三个五年规划纲要》单列一节对推进农村一二三产业融合发展进行了专门论述，并在"发展特色县域经济"章节中强调通过发展农村服务业，达到辐射、带动乡村发展和推动城乡协调发展的最终目的。以上文件虽然强调的重点不同，但均指出发展农村服务业作为一项重要的惠农、强农、富农举措，是未来破解"三农"问题的重要着力点之一，这些文件从不同侧面表明了农村服务业发展的现实需求。与此同时，大量理论研究也表明，发展农村服务业对促进农业现代化、增加农民收入和提高农民生活质量以及推进农村城镇化建设等方面都有积极的促进作用。

首先，发展农村服务业有利于推进农业现代化。发展农村服务业，特别是农业生产性服务业，对加快发展现代农业、实现农业产业化具有重要意义。Kinsella 和 Wilson（2000）[1]通过对西欧国家农业的调查，发现农村服务业对现代农业的发展可以起到明显的助力作用；涂俊（2005）[2]从创新系统的角度，指出农村服务业在农业产业中能起到支持子系统的作用；杜传忠（2010）[3]则进一步对农村服务业推动传统农业向现代农业的转变进行了机理分析，认为农村服务业能够实现农业生产经营的规模化、专业化、区域化，降低公共成本和外部成本，提高农业的效益和竞争力，农村服务业在加快农业现代化进程中发挥着不可替代的作用；毛飞（2012）[4]认为，中国现代农业的特征就是实现农业生产技术的现代化和农业组织管理的现代化，而农村服务业极大地拓展了农业的外部功能，在农业科技成果转化、农业专业化和社会化生产、农业产加销一体化等方面都发挥了积极的作用。

其次，发展农村服务业有利于促进农民增收。发展农村服务业，扩展了农村地区的增收空间，拓宽了农民的增收渠道，大量实证研究表明农村服务业发展与农民收入增长有显著的正相关性。Mwabu（2001）[5]、Haggblade（2007）[6]等对拉丁美洲、非洲等国家农村人口收入情况进行了考查，发现农村地区从事服务业的居民人均收入远远高于从事其他行业的居民人均收入；沈艳兵（2007）[7]从中国新农村建设的角度分析了农村服务业发展对实现农民收入增加的积极作用；夏杰长（2009）[8]的研究结果也表明，发展农村服务业可以增加农民收入和提高农民生活质量。

再次，发展农村服务业有利于加快农村城镇化进程。普雁翔

① KINSELLA J，WILSON S，JONG F D，et al.Pluriactivity as a livelihood strategy in Irish farm households and its role in rural development [J]. Sociologia Ruralis，2000，40（4）：481-496.

② 涂俊，吴贵生. 县域农业创新系统：以莱州市为例 [J]. 农业经济问题，2005（1）：61-65.

③ 杜传忠，刘英基. 中国农村工业化进程中农村服务业发展的障碍及对策探析 [J]. 江西财经大学学报，2010（4）：69-74.

④ 毛飞，孔祥智. 中国农业现代化总体态势和未来取向 [J]. 改革，2012（10）：9-21.

⑤ MWABU G M，UGAZ C，WHITE G.Social provision in low-income countries：new patterns and emerging trends [M]. New York：Oxford University Press，2001：112-115.

⑥ HAGGBLADE S，HAZELL P B R，Reardon T.Transforming the rural nonfarm economy [J]. Opportunities & Threats in the Developing World，2007，44（5）：763-764.

⑦ 沈艳兵. 新农村建设中的农村服务业发展探究 [J]. 北方经济，2007（8）：13-14.

⑧ 夏杰长. 大力发展服务业是扩大内需的重要途径 [J]. 经济学动态，2009（2）：61-64.

（2009）[1]提出，农村服务业发展是加快农村城市化进程的主要因素之一；冯芸等学者（2008）[2]认为，村镇是农村社会化服务体系的载体，农村服务业的发展要与农村城镇化建设紧密结合起来，农村服务业既为农村城镇化提供了支撑，城镇的集聚效应和扩散效应也促进了农村服务业的集聚和发展；薛贺香（2013）[3]基于 VAR 模型对农村服务业与城镇化的动态关系进行了深入研究，发现城镇化对农村服务业的长期促进作用明显，并具有明显的滞后性。

综上所述，农村服务业的发展为中国有效破解"三农"问题提供了新的途径和动力，这也是我们开展研究的现实依据。基于此，我们将围绕农村服务业的发展展开研究，在探讨农村服务业发展实现路径的同时，重点考查农村服务业对中国农村区域经济的影响，以便找到解决"三农"问题的关键，并提出相关问题的解决途径。

（三）中国农村服务业发展存在理论短板与实践不足

随着中国国民经济的快速发展，经济结构发生深刻变化，服务业在国民经济中的地位日益提高，农村服务业亦从多方面服务于农村地区的居民生产、生活以及公共服务，已经成为农村经济的重要组成部分。改革开放以来，在农业加速发展、农村经济总量不断增大以及农村地区市场化和城镇化进程不断加快等内外因素的推动下，农村地区经济结构一改过去农业，尤其是种植业长期一统天下的格局，转变为以服务业为代表的非农产业和农业并存的多元化产业结构。

《2014 中国农业发展报告》和《2014 中国农村绿皮书》的统计数据显示，农村地区已经涵盖了大部分城市服务业门类，2013 年，中国农村服务业产值达到 73 039.7 亿元，占农村地区 GDP 的比重为 12.84%，农村地区服务业就业人口占农村年末劳动力的 16.5%，占行政村内就业人口的 25.6%。农村服务业日渐成熟，市场空间也不断扩

---

① 普雁翔. 中国农村城市化扩展趋势研究——基于空间视角 [J]. 农业经济问题，2009（12）：68-74，111.
② 冯芸，雷敏，吴冲锋. 是什么制约着中国第三产业的发展？[J]. 中国软科学，2008（11）：67-73.
③ 薛贺香. 城镇化、农业生产性服务业与农村居民消费互动的实证研究 [J]. 广东商学院学报，2013（6）：81-88.

大，有必要加以关注和因势利导。

然而，与农村服务业发展的现实重要性相比，学界对农村服务业的理论与实践研究却相对滞后，可以概括为"理论空白、实践不足"。其中，对于农村服务业发展的相关理论研究出现"空白"的原因，既有学者对农村服务业能否作为独立产业的质疑，也有地理因素能否作为服务业划分依据的不同主张。

一方面，对农村服务业是否能真正发展起来，学界一直存在消极观点。该观点认为，由于农村存在消费市场小且分散、有专业技能的人才缺乏、基础设施建设薄弱等问题，农村服务业无法真正实现规模发展（Singelmann，1978）[①]。Glasmeier 等（1990）[②]学者进一步分析指出，即使有部分服务企业在当地扎根，它们看重的也只是农村地区廉价的劳动力以及丰富的土地资源等生产要素，服务业的需求中心在城市，农村服务业仅仅是城市服务业的"后台业务"或"分厂经济"而已，相应地，对农村服务业的理论研究也只是以城市为中心的服务业理论体系的衍生品。

另一方面，学者们对是否有必要引入地理因素来解释服务业的形成与发展还存在较大争议。例如，Daniels（1985）[③]通过对服务业的空间布局特征的考查，发现新经济地理学的相关理论在服务业适用方面大打折扣，仅适用于生活性服务业，而不适用于生产性服务业。O'Brien（2002）[④]则指出，信息技术的出现和普及消除了地理距离对消费需求影响，因此，按照城乡空间对服务业进行划分已经变得不再必要。Alle（2006）[⑤]认为，地理因素对服务业的影响只是一种表象，而内在原因是由地理因素背后的供需变化所决定的。

① SINGELMANN J.From agriculture to services: the transformation of industrial employment [J]. Sage Library of Social Research, 1978, 77 (4): 123-129.
② GLASMEIER A, GLICKMAN N. Foreign investment boosts rural economies [J]. Rural Development Perspectives, 1990 (6): 19-25.
③ DANIELS P W.Service industries: a geographical appraisal [M]. London: Methuen, 1985.
④ O'BRIEN P F, BURMEISTER J M.An architecture for ubiquitous service delivery [C] // PACIS2002- The Next e- What for Business and Communities. JASMIN- The Japan Society for Management Information, 2002: 11-26.
⑤ ALLEN J, SCOTT.Entrepreneurship, innovation and industrial development: Geography and the creative field revisited [J]. Small Business Economics, 2006 (1): 115-123.

但是，事实并非如此。

首先，从第二次世界大战后各国的发展情况来看，世界各国农村服务业发展规模不断扩大，增长速度迅速提高，特别在城郊农村和一些内陆小城镇，在农业加速发展、农村经济总量不断扩大以及农村地区市场化和城镇化进程不断加快等内外因素的推动下，这些地区的经济结构一改过去农业，尤其是种植业长期一统天下的格局，转变为以服务业为代表的非农产业和农业并存的多元化产业结构，农村服务业已经成为当地的主导产业（Drucker，1990[①]；Kellerman，2005[②]）

其次，任何理论体系都有其适用范围，农村服务业发展理论亦如此。城市服务业理论并不能简单地用于解决农村服务业的实际问题。Fawson（1998）[③]等对农村服务业与城市服务业进行比较分析，结果表明，城乡服务业差别显著。其中，城市服务业表现为外向型产业结构特征，农村服务业则内向型产业特征明显，从而导致以城市为中心的服务业研究结论在农村地区无法适用。此外，由于西方发达国家基本不存在中国突出的城乡二元经济结构问题，国外对农村服务业的实证研究与理论研究结果在中国实践背景下必然水土不服，因此，有必要对中国农村服务业理论体系进行系统和全面的探讨，以满足中国产业经济和区域经济发展的时代需要。

再次，中国农村服务业发展实践也处于起步和探索阶段。中国一些乡镇围绕休闲农业、乡村旅游、农村电商等农村服务业，积极开展"一乡（县）一业"试点示范工作，但从目前来看，大多数试点乡村的市场规模并不大，没有形成农村服务业发展带动区域经济发展的专业生产格局，第一产业还是当地农民收入的主要来源。因此，完善农村服务业产业体系，提高农村服务业发展水平，使农村服务业在更大范围内带动农村经济增长和农民增收，是中国现阶段农村服务业发展

① DRUCKER.Developments in British politics ［M］//MACMILLAN. Developments in British politics 3.1990.
② KELLERMAN A.The Evolution of Service Economies：A Geographical Perspective 1 ［J］. Professional Geographer，2005，37（2）：133-143.
③ FAWSON C，THILMANY D，KEITH J E.Employment stability and the role of sectoral dominance in rural economies ［J］. American Journal of Agricultural Economics，1998，80（3）：521-533.

的重要目标之一。

最后，从政府角度来说，虽然各地政府积极在实践摸索中制定了符合自身情况的农村服务业发展政策，但由于各地的实践方法与路径不同，而现有理论研究对中国农村服务业发展现状、区域差异以及影响因素等缺乏系统评价，中国目前对农村服务业的发展还没有形成明确和清晰的总体框架，而且对农村服务业的发展机制、模式等一系列问题还处于"盲目"解决阶段，探讨中国农村服务业的发展战略与实现路径更是无从谈起。因此，我们将站在农村服务业发展的角度，探索在中国实践背景下农村服务业发展的理论体系，提出面向 2020 年的中国农村服务业发展战略和实现路径，为中国早日制订中长期农村服务业发展规划提供决策依据。

二、研究意义

总体来说，在服务业持续快速发展的背景下，农村服务业的形成与发展成为农村经济结构变革的必然趋势；大力发展农村服务业也是现阶段有效解决"三农"问题，带动一二三产业融合发展，促进农业增效、农民增收、农村稳定繁荣的重要之策。因此，我们站在中国农村发展的角度，研究新形势下中国农村服务业发展的路径和经济辐射效应。具体来说，就是在产业与区域两个层面进行理论与实证研究：在产业层面，我们在对中国农村服务业的现状进行综合评价的基础上，研究农村服务业的影响因素、发展机理和实现形式，提出农村服务业发展自身的实现路径；在区域层面，我们探讨农村服务业与区域经济发展的关系，准确测度农村服务业对农村经济的支持程度，寻求农村服务业带动农村经济发展的对策建议。归纳起来，本研究的理论意义与现实价值体现如下：

（一）理论意义

首先，通过建立基于"状态–结构–行为–绩效"的农村服务业发展的整体理论分析研究框架，将产业的影响机制与区域的效应分析纳入统一框架中，搭建了微观产业状态与宏观经济绩效之间理论联系的桥梁，使农村服务业发展理论对实践具有指导意义。

其次，在农村服务业发展现状研究中，我们从宏观方面对中国农村服务业的规模、供需因素、产业结构、细分产业特点以及产业政策等进行了考查，全面、深入地分析了中国农村服务业发展的实际情况，为今后理论研究与实证分析提供了理论与数据基础。

再次，我们考查了农村服务业的市场需求、生产要素供给以及制度环境变迁三个关键因素对中国农村服务业发展的影响。农村服务业作为服务业的重要组成部分，应遵循服务业发展的一般规律，然而已有文献并没有把农村服务业作为独立的服务业来看待，更多的是将其作为农业、农民、农村的"附属品"来研究，强调农业现代化、农民消费升级以及新农村建设等对农村服务业发展的重要作用，而以上诸多因素也仅是现实世界中容易被观察到的与农村服务业发展相关的一系列特征，不是农村服务业产生与发展的实质解释因素。因此，从服务业发展的内在逻辑出发，开展对农村服务业发展的相关理论研究，丰富了关于农村服务业发展的相关理论内容，也有助于人们对农村服务业发展本质及规律的探索。

最后，我们还深入探讨了农村服务业的经济增长效应，重点分析了中国农村服务业对农业经济、农业现代化以及农村就业的影响。通过其对各变量影响水平的测度，我们总结出中国农村服务业对农村经济支持程度的动力机制，这对于从理论上探讨和利用农村服务业的经济增长效应具有重要意义，并为后续相关研究提供了理论参考。

（二）实践价值

本书的实践价值主要体现在产业发展与区域发展两个层面。

1. 产业发展层面

从当前情况看，农村服务业自身固有的属性使其无论是价值创造能力，还是劳动力吸收能力，都落后于城市服务业，与此同时，农村服务业的需求与供给在发展阶段、总体规模和空间布局上也与城市服务业有明显区别。因此，务必把握好农村服务业发展的方向和重点，集中力量发展农村最需要的、最薄弱的、最契合当地资源环境特点的服务业中的重点行业和领域。

我们站在国家服务业发展整体的高度，对目前中国农村服务业的战略及其实施效果进行了综合评价，并以此为依据，对中国农村服务业各发展阶段的特征、实现的程度、战略升级和路径转换模式等进行了动态性或前瞻性的实证分析，从产业组织、市场运作以及制度设计等维度提出了对策建议，这为中国早日制订面向 2020 年的农村服务业建设规划提供了重要依据。

2. 区域发展层面

随着中国国民经济的快速发展，经济结构也发生了深刻变化，服务业在国民经济中的地位日益提高，农村服务业亦从多方面服务于农村地区的居民生产、生活以及公共服务，已经成为农村经济的重要组成部分。农村服务业在农村经济中保持着快速发展的态势，必然会对所在农村区域经济产生重要影响。

我们在正确理解农村服务业在区域经济中扮演角色的基础上，通过建立中国农村地区的实践研究框架，科学、准确地对农村服务业对区域经济影响的外部表现予以评价，得出的结论对制订农村服务业和农村经济和谐发展的政策措施具有重要的现实意义。

第二节　研究思路与研究内容

一、研究思路

我们站在农村服务业发展的角度，探索在中国实践背景下农村服务业的理论体系，提出面向 2020 年的中国农村服务业发展战略和实现路径。针对该研究问题，我们在对服务业发展相关理论文献进行梳理和述评的基础上，每章按照"理论研究－实证分析－对策建议"的基本逻辑框架展开，从产业发展和区域发展两个层面对中国农村服务业的理论发展、实践活动和政策设计进行研究。

具体来说，我们将农村服务业作为服务业的地理研究对象进行界定，将优化农村服务业的产业发展（产业层面）和增强农村服务业的区域经济辐射效应（区域层面）作为研究主题。在理论与实证分析部分，我们借鉴传统产业经济学"状态–结构–行为–绩效"的分析范式，将产业的影响机制与区域的效应分析纳入统一框架，即在总体阐述农村服务业发展的基本逻辑的基础上，分别对农村服务业发展的阶段特征（状态）、空间差异（结构）、动力机制及影响因素（行为）以及农村服务业与区域经济关系（绩效）进行理论阐述，并基于中国农村发展的相关数据，运用计量模型对以上理论机理进行实证检验。最后，根据理论模型与实证检验的结果，从需求、供给、政策、产业和区域等多维度提出中国农村服务业发展的对策建议。

二、主要研究内容

根据研究思路，本书的具体内容安排如下：

第一，农村服务业发展的理论研究——对农村服务业的相关概念进行界定，对国内外研究现状进行述评，对农村服务业相关理论进行梳理，在此基础上，构建农村服务业发展的理论体系框架。

第二，中国农村服务业的发展现状——在对中国农村服务业总体规模与发展趋势进行评价的基础上，分别从时间序列、结构演进、细分行业以及政策演进等不同层面，解析中国农村服务业的产业特征和发展现状，并初步分析造成中国农村服务业发展滞后的原因，为后续理论与实证分析提供逻辑起点。

第三，中国农村服务业的空间分布与区域差异——从综合发展水平差异、机构分布差异、发展环境差异三个维度对中国农村服务业发展的区域差异进行深入剖析，在了解地区差异现状的同时，揭示造成这些差异的深层次原因。

第四，中国农村服务业发展的影响因素与作用机理——重点从产业层面考查影响农村服务业发展的作用机理，即归纳和提出市场需求、要素供给以及制度环境变迁三个关键因素的影响假设，并进行实证检验，识别中国农村服务业发展的障碍性因素，深化对农村服务业发展水平决定因素的认识。

第五，中国农村服务业发展的溢出效应——从理论分析与实证检验两方面探讨了农村服务业发展对农业经济、农业现代化以及农村就业的影响，深入剖析农村服务业在实现"三产融合"以及"新四化"过程中发挥的作用。

第六，国外农村服务业发展的经验借鉴——介绍国外农村服务业的发展实践，总结出可用于国内农村服务业发展的宝贵经验。

第七，促进中国农村服务业发展的政策建议——在得出的研究结论基础上，分别从需求层面、供给层面、制度层面、区域层面以及产业层面提出促进中国农村服务业发展的政策建议。

第三节　研究方法与技术路线

一、研究方法

本书的研究方法讲究实用与先进，力求理论与实证有机结合，坚持说理有依据、实证有数据。计量软件主要采用 Eviews、Stata、Matlab、Amos，统计分析软件主要采用 SPSS。

（一）理论研究部分

我们以文献分析以及理论归纳和演绎方法为主，对国内外相关经典文献和最前沿的研究成果做了分类，进行文献信息提取、观点方法梳理、不同模型多维验证，在理论归纳和实证检验基础上形成了关于中国农村服务业的理论假设和理论模型。

（二）实证研究部分

在实证研究部分，我们以经济计量方法为主，辅之以问卷调查、统计分析、系统仿真等。在实证分析农村服务业的空间分布与区域差异时，我们主要采用地理信息分析、因子分析、主成分分析、基尼系数和广义熵指标等；在实证分析农村服务业发展的影响因素时，我们主要采用面板数据模型和结构方程模型；在实证分析农村服务业发展的溢出效应时,我们主要采用"门槛效应"面板模型。

二、技术路线

本书研究的技术路线如图 1-1 所示。

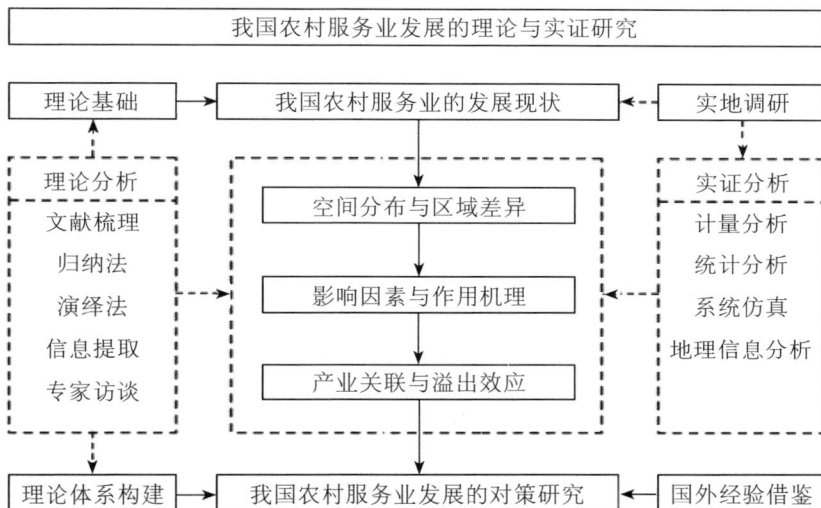

图 1-1 技术路线

第四节 基本观点与突出特色

一、基本观点

(一)农村服务业是破解中国农村经济低水平发展陷阱的重要途径

农村生产性服务业滞后将阻碍农业的发展,影响农村居民生产性收入。农民生产性收入过低会加速农村生活性服务业的萎缩,同时,也将降低农村居民非农产业收入;而农村居民收入整体下降将导致农村劳动力迁移,致使农村空心化,农村经济在低水平发展。因此,解决这两个负反馈过程的重要途径就是大力发展农村服务业。

（二）农村服务业是实现中国城乡一体化的主要渠道

相对于其他产业，服务业是城乡之间联系最为紧密的产业。大力发展农村服务业，可以促进城乡要素平等交换，引导各类市场主体和生产要素进入农村，在进一步增强农村经济发展活力、逐步缩小城乡差距的同时，也实现"以城带乡、城乡融合"的共同繁荣局面。

（三）中国农村服务业适用的理论体系具有独特性

任何理论都有其适用范围。一方面，由于西方发达国家基本不存在中国突出的城乡二元经济结构问题，国外农村服务业发展理论在中国必然水土不服；另一方面，服务业本身具有高度的异质性，城市与农村的经济形态不同，这导致中国目前以城市为中心的服务业相关理论不能完全适用于中国农村地区。

二、突出特色

（一）研究视角上的突出特色

本书将农村服务业作为服务业的地理研究对象进行界定，站在农村服务业发展的角度，实现了从还原论到整体论、局部观到整体观的跨越。

（二）研究内容上的突出特色

本书不仅从单一产业和单一区域层面解析农村服务业的发展机理和溢出效应，还从产业融合和城乡互动层面探讨农村服务业发展的长效机制和成长路径。

（三）研究方法上的突出特色

在借鉴产业经济学"状态-结构-行为-绩效"的分析范式基础上，我们引入区域经济学中的区域经济发展梯度理论、区域经济辐射理论和区域差异理论，将产业的影响机制与区域的效应分析纳入统一框架，采用问卷调查、专家访谈、统计分析、地理信息分析、空间计量、经济计量和系统仿真等方法，分别对农村服务业发展的阶段特征（状态）、空间差异（结构）、动力机制及影响因素（行为）以及农村服务业与区域经济关系（绩效）等进行理论分析和实证检验。

第五节　研究创新与研究不足

一、研究创新

（一）中国农村服务业发展理论分析框架的构建

在对农村服务业相关理论进行全面梳理的基础上，我们结合中国城乡经济的特点，将产业、市场等要素纳入研究范畴，从农村服务业发展与产业组织能力、区域市场运作相结合的角度，开展宏观层面、中观层面的理论体系研究，构建了中国农村服务业发展的理论框架体系，丰富了农村服务业的相关理论。

（二）中国农村地区基本公共服务现状的调研

通过问卷调查，我们对中国农村地区基本公共服务现状进行了较全面的调查，分析了中国农村居民基本公共服务需求情况、满意度情况，深化了对中国农村基本公共服务状况的认识。

（三）中国农村服务业发展水平的实证评价

我们从发展规模、发展速度、发展结构和发展环境四个维度构建了中国农村服务业发展水平综合评价体系，并对 2008—2013 年各省（市、区）的农村服务业水平进行了评价，弥补了现有评价方法在合理性和有效性上的不足，为正确评估各地区农村服务业发展水平提供了较为合理的方法。

（四）中国农村服务业发展的区域差异分析

我们运用基尼系数、广义熵指标，分别从发展水平、机构分布和发展环境三个方面对中国农村服务业的区域差异进行了全面、深入的研究，深化了对不同地区农村服务业发展状况的认识。

（五）中国农村服务业影响因素模型的构建

我们以城市服务业影响因素模型为基础，引入区域经济学、农村非农化等理论，构建了农村服务业影响因素模型，丰富了农村服务业发展理论；通过理论推导和实证分析，揭示了市场需求、要素供给和制度变迁等因素的作用机理，识别了中国农村服务业发展的障碍性因素，深化了对农村服务业发展水平决定因素的认识。

（六）中国农村服务业发展溢出效应的实证分析

我们运用面板数据，实证分析了农村服务业对农业经济、农业现代化以及农村就业的影响，验证了农村服务业发展具有显著的溢出效应，为中国政府制定"三农"政策提供了理论依据。

（七）促进中国农村服务业发展的对策建议

在本书研究结论的基础上，我们从需求、供给、制度、产业、区域五个层面提出了诸多政策建议，为相关政府部门制定促进农村服务业发展政策提供了思路。

二、研究不足

第一，对中国农村服务业的产业政策研究仅停留在政策梳理与理论分析层面，缺乏对政策效果的评价，未来应持续追踪政策演进，结合农村服务业发展水平评价，对各级各类产业政策效果的有效性进行综合评价。

第二，由于农村服务业相关宏观数据较少被统计，我们在研究中更多地采用了相近数据予以替代，在统计分析与实证分析时，有效性欠佳。

第三，缺少国内典型案例研究。我们的研究中缺少对国内农村服务业发展较好地区的案例研究，国内各地区农村服务业发展的成功经验可能比其他国家的成功经验更有借鉴意义。

第二章 文献综述与理论基础

  2007 年，国务院出台了《关于加快发展服务业的若干意见》，标志着服务业正式成为中国国民经济的主导产业，这在明确服务业在中国经济和社会发展中重要地位的同时，也为服务业的理论研究迎来了重要的发展机遇。通过梳理国内外文献，我们发现，服务业基础理论和内容体系已经基本成熟并不断完善，研究领域持续扩展，研究内容不断深化。目前，随着中国服务业从城市向农村地区扩散以及农村居民的消费偏好不断转变，农村服务业的发展已经颠覆了原来农村服务业在经济发展中仅处于从属地位的传统观点。基于以上认识，我们觉得很有必要对农村服务业理论体系进行系统和全面的探讨。

  本章将结合第一章提出的研究问题和研究目的，首先对研究中涉及的基本概念进行界定，包括农村、服务业、农村服务业等，并将农村服务业与相关概念进行辨析；然后对国内外农村服务业的相关研究进行梳理和述评，阐释相关理论内涵，分析其对农村服务业的适用性和借鉴意义，为构建本章的理论研究框架奠定基石。

第一节　农村服务业相关概念界定

概念是开展理论研究的基础，明确的概念界定可以确定研究范围和内容，为后面的理论分析提供清晰的概念框架和理论演绎基础。基于此，本章首先对农村服务业及其相关概念进行界定、阐述和分析。

一、农村

农村作为农村服务业的区域载体，划定了农村服务业的区域边界，是我们界定农村服务业的核心概念。总体而言，目前对"农村"概念的理解通常与"城镇"概念相对，并分为空间、产业以及功能三个层面。

从空间层面来看，农村泛指自然景观和生态资源大部分被保留的区域。相对于城市而言，农村大量自然景观被保留，并具有较低的人口密度、亲近自然的居住环境，在农村开放的生态空间中，各地都包含特定的自然景观和社会经济条件。

从产业层面来看，我们可以将农村定义为以农业生产为主要目的的人所集中居住的社会区域。此概念不仅包含地域特征，还包含经济结构属性。与非农产业占经济主导地位的城市地区不同，农村居民大多以农业为主要谋生手段，农村地区具有"农"的经济属性。因此，农村与农业具有紧密相连的关系，这使得我们在对农村进行的研究中，大部分指标统计口径和理论研究内容都具有统一性。

在中国，尤其是在 20 世纪 70 年代以前，农村地区的主导产业以农业为主，农业在农村经济中的主导地位决定了"农村"概念的"稳定"，其产业特色明显。根据所从事农业生产的不同，我们可以进一步将农村分为农作物种植村、林业村、渔业村、畜牧业村等，但是自改革开放后，随着中国农村市场化和城镇化进程的加快，中国农村产业结构不断调整，以传统农业为主的产业结构逐渐被打破，并且所在区域大量景观被"城镇化"改造，"农村"概念单纯从空间或产业层面来界定已经不再合适，因此，当前对"农村"概念的界定更多的是从功能层面来进行的。

基于农村的功能视角，农村不仅承担居住（空间层面）和生产（产业层面）两个主要功能，还承担公共服务、基础设施建设等政府管理功能，因此，为了强化农村的"政府功能"，"农村"概念在现实中已经作为一种行政区划来表征，它具有明确的地理边界。根据《中华人民共和国宪法》的规定，中国行政区划分为省、县、乡三级基本行政区划，在实际操作中，主要包括省级、地级、县级、乡级、村级、组级六级行政区划。从现有文献中可以看出，学者们经常按照人口规模或人口数量来区分农村与城镇，因此，我们结合中国的实际情况和经济发展程度，中国县级及以下区域还具有明显的农村经济和产业特征。基于此，我们将农村界定为县级及以下行政区域，这是我们的主要研究对象。

二、服务业

服务业作为现代经济体系中重要的产业部门，一般泛指向人们提供服务产品的所有行业，即生产和销售服务产品的生产部门和企业的集合[①]。与一般产业部门相比，其提供的产品具有非实物、不可储存以及生产与消费同时进行等特征。学界对服务业的理解大多是从第三产业的角度展开的，认为服务业就是第三产业的衍生物，两者在内涵和构成上基本不存在区别。

为了更好地理解和把握服务业的具体内容，国内外学者从不同角度对服务业的构成进行了理论划分，主要有：

第一，根据产业发展阶段不同，Katouzian（1970）[②]将服务业划分为三种类型：传统服务业、新兴服务业以及补充服务业。其中，传统服务业包括运输邮电、住宿餐饮以及家庭服务业等在内的产业，新

① 方远平，阎小培，陈忠暖. 服务业区位因素体系的研究［J］. 经济地理，2008（1）：44-48，58.
② KATOUZIAN M A.The development of the service sector：a new approach［J］. Oxford Economic Papers，1970，22（3）：362-382.

兴服务业包括教育、医疗、娱乐业等，补充服务业包括金融、物流、商业等。

第二，根据服务业的功能不同，Brownin 和 Singelman（1975）[①]将服务业区分为四种主要类型：一是消费性服务业，包括住宿餐饮、娱乐休闲、旅游以及家庭服务等与个人服务相关的行业；二是流通性服务业，主要包括交通运输、仓储零售以及广告通信等行业；三是生产性服务业，主要包括工程建筑、房地产以及金融保险等与生产相关的行业；四是社会性服务业，包括教育、公共卫生、公共管理等主要由政府主导的社会化保障行业。

第三，根据服务主体和服务对象不同，Grubel（1987）[②]等学者把服务业分为三个层次：面向个体的消费者服务业、面向企业的生产者服务业以及面向社会的政府服务业。

第四，郑凯捷（2008）[③]从服务需求层面把服务业分为中间需求服务业和最终需求服务业。

在实践层面，国内外对服务业划分的口径也不尽一致。例如，中国的《国民经济行业分类》（GB/T 4754—2011）和《三次产业划分规定》将服务业分为批发零售、交通运输、仓储邮政、住宿餐饮、信息技术服务、金融、房地产、公共服务业，以及农林牧渔服务业等18大类；联合国统计署在1990年将服务业分为商业零售、交通仓储、通信、酒店旅游、金融中介、房地产租赁、教育医疗等19大类，后来在2005年又进一步做了修改；美国的《北美产业分类体系》则将服务业分为16个门类，具体内容略。

综上，学界对服务业内涵的理解基本达成一致，但由于服务业（第三产业）是包含众多行业的一个产业，在理论与实践中，往往要根据理论研究和实际工作的需要，将服务业根据阶段、功能、服务面

---

① BROWING, SINGELMANN. The emergence of a service society: demographic and sociological aspects of labor force in the USA [J]. National Technical Information Service, 1975, 32 (6): 342-348.
② GRUBEL H G. All traded services are embodied in materials or people [J]. World Economy, 1987, 10 (10): 319-330.
③ 郑凯捷. 中国服务业发展的中间需求因素分析——中间需求表现及工业产业分工发展的影响 [J]. 山西财经大学学报, 2008 (2): 47-55.

向等进行不同的划分，这也反映了服务业构成的复杂性。因此，为了研究农村的各个特点对服务业发展的影响机理，我们要对农村服务业的基本概念，尤其是产业构成做进一步研究和分析。

三、农村服务业

农村服务业是农村经济的重要组成部分，从实践来看，它主要由农业生产性服务、农民消费性服务和农村公共性服务三大部分组成[1]。但作为服务业的下位概念，学者们对农村服务业的理解也呈现出多维性和复杂性的特点。

就农村服务业的内涵而言，我们可以从农村服务业的功能定位和农村服务业的产业构成对现有文献进行分类。

在农村服务业的功能定位方面，Bosworth（2012）[2]认为，农村服务业是在农村地区运营并服务于农村人口的企业集合，主要服务于农村地区的居民消费；王新华（2013）[3]从服务业视角出发，认为农村服务业是现代服务业的组成部分，具有服务于农业再生产和农村经济发展的功能；严先锋（2014）[4]则将农村服务业纳入现代农业的重要内容中，认为农村服务业就是面向农业生产链的生产性服务，农村服务业是对农业进行现代化改造的衍生品；Higgs（1997）[5]认为，农村服务业的重要职能是服务当地社区，他进一步强调了农村服务业的社会保障功能和社会化服务职能。

在农村服务业的产业构成方面，Bosworth（2012）[6]、商海岩（2014）[7]认为，农村服务业是根植于农村地区的第三产业，至少要满

① 张颖熙，夏杰长. 促进中国农村服务业发展的思考 [J]. 广东商学院学报，2009（3）：53-59.
② BOSWORTH. Characterising rural businesses Tales from the paperman [J]. Journal of Rural Studies，2012，28（4）：499-506.
③ 王新华. 湖北省农村服务业发展对策研究 [J]. 荆楚学刊，2013（2）：18-21.
④ 严先锋. 生产性服务业、制造业与农村服务业的联动新探索 [J]. 经济研究参考，2014（5）：67-69.
⑤ HIGGS G，WHITE S D. Changes in service provision in rural areas [J]. Journal of Rural Studies，1997，13（4）：441-450.
⑥ BOSWORTH. Characterising rural businesses Tales from the paperman [J]. Journal of Rural Studies，2012，28（4）：499-506.
⑦ 商海岩. 演进路径、产业粘性与市场适宜性——对农村服务业理论演进及发展现状的分析 [J]. 山东财政学院学报，2014（1）：105-110.

足以下一个特征：位于农村地区，服务于农民的生产和生活，或者是销售源于农村地区的产品。张颖熙（2009）[1]、杜传忠（2010）[2]结合中国农村的实际情况，进一步探讨了中国农村服务业的具体构成，认为中国农村服务业主要包含三个方面的内容：一是农村生产性服务业，主要包括农村交通运输和仓储、邮政和信息传输、批发零售、金融、租赁业等；二是农村消费性服务业，主要包括乡村旅游和住宿、餐饮和文化娱乐业等；三是农村公共服务业，主要包括科技服务、基础教育、医疗卫生以及政府提供的行政服务等。

在此基础上，部分学者按照农民对服务业需求的性质不同，对农村服务业涉及的领域进行了具体考查和界定。杨其元（2008）[3]将农村服务业划分为消费类服务和生产类服务，消费类服务主要满足农村居民的生活需要。邹坦永（2014）[4]认为，农村地区主要包括零售商贸、餐饮住宿、农业旅游观光、教育医疗、农业科技知识普及、农村社区娱乐等服务产业，并把此类服务统称为农村消费性服务业。与服务于农民生活相对应的是农业生产性服务业，庄丽娟（2011）[5]从农业生产链角度，将农业生产性服务业分成农业的产前、产中和产后服务。其中，产前服务包括良种、农机具、农药化肥等农用物资的生产和供应等服务；产中服务主要包括技术、信息、植保防疫、保险等服务；产后服务主要有农产品采后处理、保鲜储运、加工包装、营销等服务；资金服务贯穿于整个产业链条。

此外，部分学者也从农村服务供给的角度对农村服务业进行了刻画。Mosele 和 Owen（2008）[6]考查英国农村典型服务业时发现，通过市场机制的运行不可能完全提供所有产品和服务供给，还存在市场

① 张颖熙，夏杰长. 促进中国农村服务业发展的思考 [J]. 广东商学院学报，2009（3）：53-59.
② 杜传忠，刘英基. 中国农村工业化进程中农村服务业发展的障碍及对策探析 [J]. 江西财经大学学报，2010（4）：69-74.
③ 杨其元. 如何完善农村公共服务体系 [J]. 中国改革，2008（5）：65-66.
④ 邹坦永. 服务业与农业现代化互动关系研究 [J]. 河南商业高等专科学校学报，2014（5）：16-19.
⑤ 庄丽娟，贺梅英，张杰. 农业生产性服务需求意愿及影响因素分析——以广东省450户荔枝生产者的调查为例 [J]. 中国农村经济，2011（3）：70-78.
⑥ MOSELEY M J，OWEN S. The future of services in rural England：the drivers of change and a scenario for 2015 [J]. Progress in Planning，2008，69（3）：93-130.

失灵或市场不可能有效率地配置资源的服务业领域，需要由其他经济性质的主体来供应，并提出农村服务业需要公共、私人和志愿/社区机构三类供应主体；尉福生（2014）[1]将农村服务业归纳为政府公益性服务、企业经营性服务以及合作组织互助性服务；朱玲（2004）[2]、刘卫星（2008）[3]、邹坦永（2014）[4]等学者进一步对农村公共服务领域，特别是政府主导提供的农业基础设施服务进行了总结，认为它具体包括公共管理、基础教育、公共卫生、医疗及公益性信息服务等。

综上，可以看出，农村服务业目前还没有一个统一的定义，对农村服务业内涵的理解也存在广义和狭义之分。从广义角度看，农村服务业作为服务业的区域概念，应包括农村区域范围内所有生产和销售服务产品的产业部门集合，涉及生活服务、生产活动和公共服务各个方面。然而，从国内外文献来看，研究者多从狭义的角度，即产业的功能定位、供给主体等方面对农村服务业进行界定或分类。例如，Bosworth（2012）[5]根据农村服务业主要服务于农村地区居民消费这一功能，将其定义为：在农村地区运营并满足于农村地区居民消费性服务的企业集合。张颖熙（2009）[6]则从服务业视角出发，认为农村服务业是服务于农业生产和农民生活的农村社会化服务体系。

根据上述对"农村服务业"概念的探讨，学界对"农村服务业"概念的理解基本趋于一致，其内涵必须满足以下两个基本特征：第一，位于农村地区的第三产业；第二，服务于农村经济和社会发展需要。因此，我们认为，只要同时满足以上两个基本条件，就可以称作农村服务业。农村服务业是服务业的区位概念，包括农村地区的所有

① 尉福生，付帅. 关于山西省建设新型农业社会化服务体系的调查与思考 [J]. 晋阳学刊，2014（2）：105-110.
② 朱玲. 西藏农牧区基层公共服务供给与减少贫困 [J]. 管理世界，2004（4）：41-50，155-156.
③ 刘卫星. 试论健全新农村社区公共服务供给体系 [J]. 贵州师范大学学报：社会科学版，2008（4）：68-71.
④ 邹坦永. 服务业与农业现代化互动关系研究 [J]. 河南商业高等专科学校学报，2014（5）：16-19.
⑤ BOSWORTH. Characterising rural businesses tales from the paperman [J]. Journal of Rural Studies，2012，28（4）：499-506.
⑥ 张颖熙，夏杰长. 促进中国农村服务业发展的思考 [J]. 广东商学院学报，2009（3）：53-59.

服务行业。由于受到农村地区经济发展、社会文化以及区域环境的制约，农村服务业呈现出独有的演化特征。

另外，农村服务业的分类是对农村服务业内涵的进一步明晰。从农村服务业分类的实践来看，各国普遍将农村服务业划分为农村生产性服务业和农村生活性服务业两种类型。例如，欧盟2005年出台的《共同农业和农村发展政策》将农村服务业分为农村生产性服务业和农村生活性服务业，强调农业发展和农民生活对农村发展的重要意义；中国于2012年颁布的《服务业发展"十二五"规划》提到，提升农村服务业发展水平就是大力发展农村生产性和生活性服务业。

另外，农村服务业理论研究往往要基于其产业供需背后的多重信息，因此，也有学者从供需属性等方面对农村服务业进行划分。例如，根据产业外需特征不同，将农村服务业分为面向农村居民生活的消费性服务业、面向农业生产链的生产性服务业以及面向农村社区的社会保障服务业；根据产业供给模式特征不同，将农村服务业归纳为个人合作组织互助性服务、企业经营性服务和政府公益性服务三种类型。

四、农村服务业与相近概念的辨析

目前，在国内各种文献中还经常出现与农村服务业类似的概念，如农业服务业、农业社会化服务体系等。学界虽然没有对这些概念做严格的区分，但是以上概念既有联系也有区别。

（一）农业服务业与农村服务业

农业服务业主要是指为农业的产前、产中以及产后提供专业化服务的行业统称。农业服务业旨在延长农业产业链，提高农产品附加值。其中，产前服务包括良种、农机具、农药化肥等农用物资的生产和供应等服务；产中服务主要包括技术、信息、植保防疫、保险等服务；产后服务主要有农产品采后处理、保鲜储运、加工包装、营销等服务；资金服务贯穿于整个产业链条[①]。

农村服务业的形成与发展源于农村地区传统的小农经济，当时农村地区主要以第一产业为主导产业，农村即农业，此阶段农业服务业等同于农村服务业；后来，乡镇企业在农村地区兴起，农村居民向其他产业转移，农村产业结构多元化特征日益明显，农业村、工业村、商业村等社区形态出现。相应地，农村服务业的业态变得更加丰富，农业服务业就成为农村服务业中的一个产业。但是，我们要指出的是，目前中国大部分农村地区的农村服务业还是以农业服务业为主的。

（二）农业社会化服务体系与农村服务业

农业社会化服务体系是以政府公共服务机构和农民合作经济组织为基础，包括其他经营性社会组织，公益性服务和经营性服务相结合、专项服务和综合服务相协调，为农业生产经营提供覆盖全程、综合配套、便捷高效服务的网络体系总称[②]。这具体包括农业技术推广体系、农产品质量监管体系、动植物防控疫病体系、农业信息技术收集和发布体系、农产品市场体系、农业金融和保险服务体系等。

农业社会化服务体系与农村服务业的区别主要有两点：

一是服务范围不同。农业社会化服务体系主要服务于农业，为农业产前、产中和产后提供全过程综合配套服务；而农村服务业更强调地域性，它服务于农村地区的居民生产和生活，服务领域不仅包括农业生产，还包括为农村居民生活条件的改善提供有效服务。

二是服务职能不同。前者主要强调政府为主导的涉农专业经济技术部门、农村合作经济组织和社会其他方面为农、林、牧、副、渔各业的发展所提供的服务；后者更强调在社会主义市场经济制度下各类组织机构和相应的方法制度及服务职能的总和。

---

① 庄丽娟，贺梅英，张杰. 农业生产性服务需求意愿及影响因素分析——以广东省450户荔枝生产者的调查为例 [J]. 中国农村经济，2011（3）：70-78.
② 黎家远. 统筹城乡背景下财政支持新型农业社会化服务体系面临的挑战及对策 [J]. 农村经济，2013（10）：59-61.

第二节　农村服务业的研究现状综述

20 世纪 90 年代以来，国内学者相继对农村服务业理论与实践进行了大量研究。在有关农村服务业的文献中，最常见的概念是"农村服务业"以及"农村社会化服务体系"，现有文献并没有对二者进行严格的区分，因此我们把上述有关内容均纳入了考查范畴。近年来，国内外学者对农村服务业的研究主要集中在产业自身及其对区域经济的影响两个层面。

一、产业层面

目前，全球经济正由传统的工业经济向服务经济转变，经济结构经历着深刻的变革，在服务业持续快速发展背景下，农村服务业的形成与发展也成为农村经济结构变革的一种必然趋势。在本部分，我们将对农村服务业自身发展与演化机制进行综述，重点考查中国农村服务业的内涵、形成以及演化，旨在为构建中国农村服务业理论体系框架奠定理论基础。

（一）农村服务业的内涵

农村服务业作为农村经济的重要组成部分，包括的内容十分广泛。从实践上看，农村服务业主要是由农业生产性服务、农民消费性服务和农村公共性服务三大部分组成的[①]。从理论层面看，学者们对农村服务业的理解并不一致，呈现出多维性和复杂性的特点。

通过梳理已有文献，我们发现，就农村服务业的内涵而言，我们可以从农村服务业的功能定位和农村服务业的产业构成对现有文献进行分类。在农村服务业的功能定位方面，Bosworth（2012）[②]认为，农村服务业是在农村地区运营并服务于农村人口的企业集合，主要服

---

① 张颖熙，夏杰长. 促进中国农村服务业发展的思考 [J]. 广东商学院学报，2009（3）：53-59.

② BOSWORTH. Characterising rural businesses tales from the paperman [J]. Journal of Rural Studies，2012，28（4）：499-506.

务于农村地区的居民消费。王新华（2013）[1]从服务业视角出发，认为农村服务业是现代服务业的组成部分，具有服务于农业再生产和农村经济发展的功能；严先锋（2014）[2]则将农村服务业纳入现代农业的重要内容中，认为农村服务业就是面向农业生产链的生产性服务，农村服务业是对农业进行现代化改造的衍生品；Higgs等（1997）[3]学者认为，农村服务业的重要职能是服务当地社区，他进一步强调了农村服务业的社会保障功能和社会化服务职能。

在农村服务业的产业构成方面，Bosworth（2012）[4]、商海岩（2014）[5]认为，农村服务业是根植于农村地区的第三产业，至少要满足以下一个特征：位于农村地区，服务于农民的生产和生活，或者是销售源于农村地区的产品。张颖熙（2009）[6]、杜传忠（2010）[7]结合中国农村的实际情况，进一步探讨了中国农村服务业的具体构成，认为中国农村服务业主要包含三个方面的内容：一是农村生产性服务业，主要包括农村交通运输和仓储、邮政和信息传输、批发零售、金融、租赁业等；二是农村消费性服务业，主要包括乡村旅游和住宿、餐饮和文化娱乐业等；三是农村公共服务业，主要包括科技服务、基础教育、医疗卫生以及政府提供的行政服务等。

在此基础上，部分学者按照农民对服务业需求的性质不同，对农村服务业涉及的领域进行了具体考查和界定。杨其元（2008）[8]将农村服务业划分为消费类服务和生产类服务。消费类服务主要满足农村

① 王新华. 湖北省农村服务业发展对策研究 [J]. 荆楚学刊，2013（2）：18-21.
② 严先锋. 生产性服务业、制造业与农村服务业的联动新探索 [J]. 经济研究参考，2014（5）：67-69.
③ HIGGS G，WHITE S D. Changes in service provision in rural areas. Part 1: The use of GIS in analysing accessibility to services in rural deprivation research [J]. Journal of Rural Studies，1997，13（4）：441-450.
④ BOSWORTH. Characterising rural businesses Tales from the paperman [J]. Journal of Rural Studies，2012，28（4）：499-506.
⑤ 商海岩. 演进路径、产业粘性与市场适宜性——对农村服务业理论演进及发展现状的分析 [J]. 山东财政学院学报，2014（1）：105-110.
⑥ 张颖熙，夏杰长. 促进中国农村服务业发展的思考 [J]. 广东商学院学报，2009（3）：53-59.
⑦ 杜传忠，刘英基. 中国农村工业化进程中农村服务业发展的障碍及对策探析 [J]. 江西财经大学学报，2010（4）：69-74.
⑧ 杨其元. 如何完善农村公共服务体系 [J]. 中国改革，2008（5）：65-66.

居民的生活需要。邹坦永（2014）[①]认为，农村地区主要包括零售、住宿、餐饮、农业旅游观光、商贸、教育、农业科技知识普及、农村社区娱乐、医疗保健等，并把此类服务统称为农村消费性服务业。与服务于农民生活相对应的是农业生产性服务业，庄丽娟（2011）[②]从农业生产链角度将农业生产性服务业分成农业的产前、产中和产后服务。其中，产前服务包括良种、农机具、农药化肥等农用物资的生产和供应等服务；产中服务主要包括技术、信息、植保防疫、保险等服务；产后服务主要有农产品采后处理、保鲜储运、加工包装、营销等服务；资金服务贯穿于整个产业链条。

此外，部分学者也从农村服务供给的角度对农村服务业进行了刻画。Moseley 和 Owen（2008）[③]考查英国农村典型服务业时发现，通过市场机制的运行不可能完全提供所有产品和服务供给，还存在市场失灵或市场不可能有效率地配置资源的服务业领域，需要由其他经济性质的主体来供应，并提出农村服务业需要公共、私人和志愿/社区机构三类供应主体；尉福生（2014）[④]将农村服务业归纳为政府公益性服务、企业经营性服务以及合作组织互助性服务；朱玲（2004）[⑤]、刘卫星（2008）[⑥]、邹坦永（2014）[⑦]等学者进一步对农村公共服务领域，特别是政府主导提供的农业基础设施服务进行了总结，认为它具体包括公共管理、基础教育、公共卫生、医疗及公益性信息服务等。

（二）农村服务业的产生

当前，学术界对农村服务业作为一个独立产业是否能真正形成，存在三种不同的观点。

① 邹坦永. 服务业与农业现代化互动关系研究 [J]. 河南商业高等专科学校学报，2014（5）：16-19.
② 庄丽娟，贺梅英，张杰. 农业生产性服务需求意愿及影响因素分析——以广东省450户荔枝生产者的调查为例 [J]. 中国农村经济，2011（3）：70-78.
③ MOSELEY M J，OWEN S.The future of services in rural England：the drivers of change and a scenario for 2015 [J]. Progress in Planning，2008，69（3）：93-130.
④ 尉福生，付帅. 关于山西省建设新型农业社会化服务体系的调查与思考 [J]. 晋阳学刊，2014（2）：105-110.
⑤ 朱玲. 西藏农牧区基层公共服务供给与减少贫困 [J]. 管理世界，2004（4）：41-50，155-156.
⑥ 刘卫星. 试论健全新农村社区公共服务供给体系 [J]. 贵州师范大学学报：社会科学版，2008（4）：68-71.
⑦ 邹坦永. 服务业与农业现代化互动关系研究 [J]. 河南商业高等专科学校学报，2014（5）：16-19.

第一种是产业消失主义观点。该观点认为，由于农村存在消费市场小且分散、有专业技能的人才缺乏、基础设施建设薄弱等先天劣势，农村地区的商业企业存活率要远远低于城市地区的商业企业，致使农村服务业进一步萎缩，无法真正形成一个独立产业（Richter，1985[①]；Reid 和 Frederick，1990[②]）。

第二种是产业发展主义观点。该观点的形成基于第二次世界大战后各国现实发展情况。首先，世界各国的农村服务业发展规模不断扩大。增长速度迅速提高，特别是在发达国家的城郊农村和一些内陆小城镇，农村服务业已经成为当地的主导产业（Majchrowicz，1995[③]）；其次，农村传统产业面临发展瓶颈问题，实践证明，通过农村服务业来综合改造和延伸农业产业链，实现农业转型与升级，是当今学者们能开出的唯一良药，因此农村服务业成为农村地区不可或缺的产业。

第三种为产业依附主义观点。该观点是前两种观点的折中，也是对农村服务业理论的初步思考。持该观点的学者认为，农村服务业虽然是农村地区的重要产业，但从服务企业自身角度来看，其在农村地区发展服务业看重的并不是本地的市场需求，而是农村拥有廉价的劳动力以及丰富的土地资源等生产要素。服务业，尤其是消费服务业的中心依然在城市，农村服务业仅仅是城市服务业的"后台业务"或"分厂经济"。相应地，对农村服务业的研究也只是以城市为中心的服务业理论体系衍生的附属品（Glasmeier，1989[④]）。

但是，事实远非如此，在此基础上，学者们又对城乡服务业进行了比较。Fuguitt（1989）[⑤]、Fawson（1998）[⑥]等通过考查美国等发达

① RICHTER K.Nonmetropolitan growth in the late 1970s: the end of the turnaround? [J]. Demography, 1985, 22（2）: 245-263.
② REID J N, SEARS D W.Symposium on rural development strategies [J]. Policy Studies Journal, 1992, 20（2）: 214-217.
③ VELTEN S, LEVENTON J, JAGER N, et al.What is sustainable agriculture? A systematic review [J]. Sustainability, 2015, 7（6）: 7833-7865.
④ GLASMEIER A, BORCHARD G. From Branch Plants to Back Offices: Prospects for Rural Service Growth [J]. Environment & Planning A, 1989, 21（12）: 1565-1583.
⑤ FUGUITT G V, BROWN D L, BEALE C L.Rural and small town America [M]. Russell Sage Foundation, 1989.
⑥ FAWSON C, THILMANY D, KEITH J E. Employment Stability and the Role of Sectoral Dominance in Rural Economies [J]. American Journal of Agricultural Economics, 1998, 80（3）: 521-533.

国家或地区发现，城乡服务业呈现出两极化发展态势。其中，城市服务业主要表现为外向型产业特征，农村服务业则内向型产业特征明显，农村服务业个体经营依然是主要经营模式，城市服务业理论不能简单地用于解决农村服务业的实际问题。基于此，农村服务业自身发展相关理论研究成为后续研究的重点。

（三）农村服务业的发展

近年来，学术界对农村服务业发展的研究大多结合农村服务业某一具体产业或区域展开，主要集中在影响农村服务业发展的主要因素（Marshall，1990[①]；Reardon，2001[②]）、农村服务业实践创新模式（Kinsella 和 Wilson，2000[③]）、农村服务业未来发展方向（Henderson，2002[④]）相关产业发展层面的问题。

大多数研究从整体上探讨了农村服务业的制约因素，马金华和陈国华（2001）[⑤]从现代服务业发展要素视角，分析了产业化、社会化、市场化和信息化对农村服务业发展的重要作用；梁兴英（2009）[⑥]考查了中国农村服务业发展存在的问题，认为制约农村服务业发展的因素有体制机制因素、供求因素、投入因素以及组织化程度因素；Bosworth（2012）[⑦]则将影响农村服务业发展的因素归纳为人口因素、环境因素和政策因素。

此外，部分学者又重点考查了某些具体要素对农村服务业的影

---

① MARSHALL J N，JAEGER C.Service activities and uneven spatial development in Britain and its European partners：determinist fallacies and new options ［J］. Environment and Planning A，1990，22（10）：1337-1354.

② REARDON T，BERDEGUé J，ESCOBAR G.Rural nonfarm employment and incomes in latin America：overview and policy implications ［J］. World Development，2001，29（3）：395-409.

③ KINSELLA J，WILSON S，JONG F D，et al. Pluriactivity as a livelihood strategy in Irish farm households and its role in rural development ［J］. Sociologia Ruralis，2000，40（4）：481-496.

④ HENDERSON J.Building the rural economy with high-growth entrepreneurs ［J］. Economic Review，2002，87（3）：45-70.

⑤ 马金华，陈国华. 调整农村服务业结构 加快第三产业发展［J］. 农村·农业·农民，2001（9）：22.

⑥ 梁兴英，王言秋. 工业化中期农村服务业发展问题研究［J］. 青岛农业大学学报：社会科学版，2009（2）：27-32.

⑦ BOSWORTH G.Characterising rural businesses Tales from the paperman ［J］. Journal of Rural Studies，2012，28（4）：499-506.

响。例如，Fuguitt（1989）[①]认为，农村服务业中很多行业与当地的自然属性密切相关，对自然环境有较强的依附性，因此，农村服务业，特别是农村生产性服务业受到季节性因素的显著影响；Gatrell（1999）[②]认为，除了区域环境因素，农村居民受教育程度、农民收入水平、农民思想观念更新也是影响农村服务业发展的主要因素；Mason（2011）[③]考查了英国农村地区以家庭经营为单位的服务企业，结果表明，当地基础设施建设情况、人口密度以及城乡间联系紧密程度对农村服务业发展具有显著正向影响。

然而，学界关于政策因素对农村服务业的影响的观点却不尽一致。Bosworth（2012）[④]认为，农村服务业并不是高增长和知识驱动产业，农村服务业经常缺乏政策支持，甚至很少受到政策因素的影响；但是，张卫静（2014）[⑤]通过研究中国农村服务业的历史变迁发现，导致中国农村服务业长期处于落后状态的主要症结恰恰在于中国长期实行城乡二元发展战略及高度集权的行政管理体制和财政体制。

在考查农村服务业影响因素的基础上，有些学者对农村服务业发展的实现路径开展了对策研究。Kinsella 和 Wilson（2000）[⑥]结合欧盟地区现代农业综合开发案例，探讨了通过农村服务业拉伸农业产业链、提高产业附加值等来建立农村服务业实践创新模式；姜长云（2012）[⑦]以中国农村服务业发展为例，认为加强农村服务业发展的关键是建立城乡协调、区域协调和可持续发展机制，积极推进农村服务

① FUGUITT G V，BROWN D L，BEALE C L.Rural and small town America ［M］. New York：Russell Sage Foundation，1989.
② GATRELL J D.Re-thinking economic development in peripheral regions ［J］. Social Science Journal，1999，36（4）：623-639.
③ MASON C M，CARTER S，TAGG S. Invisible businesses：the characteristics of home-based businesses in the United Kingdom ［J］. Regional Studies，2011，45（5）：625-639.
④ BOSWORTH G.Characterising rural businesses Tales from the paperman ［J］. Journal of Rural Studies，2012，28（4）：499-506.
⑤ 张卫静. 中国新时期农村公共服务体制研究 ［J］. 山东社会科学，2014（7）：182-187.
⑥ KINSELLA J，WILSON S，JONG F D，et al. Pluriactivity as a livelihood strategy in Irish farm households and its role in rural development ［J］. Sociologia Ruralis，2000，40（4）：481-496.
⑦ 姜长云. 中国服务经济发展对策建议 ［J］. 宏观经济管理，2012（2）：21-23.

业的市场化、产业化、社会化和民营化；尉福生（2014）[1]则从培育服务主体、健全服务体系和改善服务内容、提供服务质量两个方面，提出完善农村服务业发展路径的对策建议。

二、区域层面

进入 21 世纪以来，国内外学者对农村服务业的研究触角亦延伸到区域经济层面，考查对象主要集中在一些新兴发展中国家。大量研究表明，发展农村服务业对促进农业现代化、增加农民收入和提高农民生活质量，以及加快农村城镇化进程等都有积极的促进作用。基于以上考虑，我们将从以下三个方面就农村服务业对区域经济影响的相关研究进行梳理：

（一）发展农村服务业有利于推进农业现代化

发展农村服务业，特别是农业生产性服务业，对加快发展现代农业、实现农业产业化具有重要意义。Kinsella 和 Wilson（2000）[2]通过对西欧各国农业的调查，发现农村服务业对现代农业的发展起到明显的助力作用；涂俊（2005）[3]从创新系统的角度，指出农村服务业在农业产业化中起到的是支持子系统的作用；杜传忠（2010）[4]则进一步对农村服务业推动传统农业向现代农业转变进行了机理分析，认为农村服务业有助于实现农业生产经营的规模化、专业化、区域化，降低公共成本和外部成本，提高农业的效益和竞争力，因此，农村服务业在加快农业现代化进程中发挥着不可替代的作用。毛飞（2012）[5]认为，中国现代农业的特征就是实现农业生产技术的现代化和农业组织管理的现代化，而农村服务业极大地拓展了农业的外部功能，在农

① 尉福生，付帅. 关于山西省建设新型农业社会化服务体系的调查与思考 [J]. 晋阳学刊，2014（2）：105-110.
② KINSELLA J, WILSON S, JONG F D, et al.Pluriactivity as a livelihood strategy in Irish farm households and its role in rural development [J]. Sociologia Ruralis, 2000, 40（4）：481-496.
③ 涂俊，吴贵生. 县域农业创新系统：以莱州市为例 [J]. 农业经济问题，2005（1）：61-65.
④ 杜传忠，刘英基. 中国农村工业化进程中农村服务业发展的障碍及对策探析 [J]. 江西财经大学学报，2010（4）：69-74.
⑤ 毛飞，孔祥智. 中国农业现代化总体态势和未来取向 [J]. 改革，2012（10）：9-21.

业科技成果转化、农业专业化和社会化生产、农业产加销一体化等方面都发挥了积极的作用。

（二）发展农村服务业有利于促进农民增收和提高农民生活质量

发展农村服务业，扩展了农村地区的增收空间，拓宽了农民的增收渠道，大量实证研究表明农村服务业的发展与农民收入增长有显著的正相关性。Mwabu（2001）[1]、Haggblade（2007）[2]等对拉丁美洲、非洲等国家农村人口的收入情况进行了考查，发现农村地区从事服务业的居民人均收入要远高于从事其他行业的居民人均收入；沈艳兵（2007）[3]从中国新农村建设的角度分析了农村服务业发展对实现农民收入增加的积极作用；夏杰长（2009）[4]的研究结果也表明，发展农村服务业可以增加农民收入和提高农民生活质量。

（三）发展农村服务业有利于加快农村城镇化进程

普雁翔（2009）[5]提出，农村服务业发展是加快农村城市化进程的主要因素之一；冯芸等学者（2008）[6]认为，村镇是农村社会化服务体系的载体，农村服务业的发展要与农村城镇化建设紧密结合起来，农村服务业既为农村城镇化提供了支撑，城镇的集聚效应和扩散效应也促进了农村服务业的集聚和发展；薛贺香（2013）[7]基于 VAR 模型对农村服务业与城镇化的动态关系进行了深入研究，发现城镇化对农村服务业的长期促进作用明显，并具有明显的滞后性。

三、现有研究不足

综上可知，已有文献在农村服务业的形成与演变及影响以及农村

① MWABU G M, UGAZ C, WHITE G.Social provision in low-income countries: new patterns and emerging trends [M]. New York: Oxford University Press, 2001.
② HAGGBLADE S, HAZELL P B R, REARDON T.Transforming the rural nonfarm economy [J]. Opportunities & Threats in the Developing World, 2007, 44 (5): 763-764.
③ 沈艳兵. 新农村建设中的农村服务业发展探究 [J]. 北方经济, 2007 (8): 13-14.
④ 夏杰长. 大力发展服务业是扩大内需的重要途径 [J]. 经济学动态, 2009 (2): 61-64.
⑤ 普雁翔. 中国农村城市化扩展趋势研究——基于空间视角 [J]. 农业经济问题, 2009 (12): 68-74, 111.
⑥ 冯芸, 雷敏, 吴冲锋. 是什么制约着中国第三产业的发展? [J]. 中国软科学, 2008 (11): 67-73.
⑦ 薛贺香. 城镇化、农业生产性服务业与农村居民消费互动的实证研究 [J]. 广东商学院学报, 2013 (6): 81-88.

服务业与农业现代化、农民收入、农村城镇化的关系等研究层面进行了大量研究，取得了诸多有创见的成果，为构建中国农村服务业理论体系研究框架、考查中国农村服务业对区域经济的影响提供了良好的研究基础。然而，现有研究仍存在以下不足：

（一）在农村服务业产业层面

学界研究了农村服务业的影响因素、发展模式和实现形式，在研究范式上没有完全摆脱计划经济范畴，多把农村服务产业看作政府主导下的企业行为。然而，农村服务业作为服务业的重要组成部分，实质上是市场主导下的企业集聚与产业区位形成。因此，有必要将产业、市场等要素纳入农村服务业理论体系，从农村服务业发展与产业组织能力、区域市场运作相结合的角度，开展中微观层面的理论研究，来不断拓展与丰富当前农村服务业的相关理论。

（二）在农村服务业区域层面

现有研究从发展农村服务业对促进农业现代化、增加农民收入和提高农民生活质量，以及加快农村城镇化进程等层面进行了大量研究，但这些研究主要集中在某一具体区域，主要是开展对策分析，即使有实证分析，也多是对国内外农村服务业基本经验的总结，因此这方面的研究基本停留在政策和战略制定的规范分析阶段。但是，不同农村地区的现实基础、发展环境不同，决定了农村服务业发展在不同区域的效果也不同。因此，有必要对不同区域农村服务业发展的效果进行综合评价，以更好地理解农村服务业的形成、发展在不同地区的深层原因和演变趋向。

（三）在产业与区域互动层面

已有研究多根据一种确定的规划思想，对某一区域或农村服务业某具体产业的形成、发展等进行刚性或单维研究，缺乏对中国农村服务业与区域之间互动、动态以及前瞻性的实证分析。然而，农村服务业理论体系和实践模式的探讨应根源于对其全面、系统、深入的研究，因此，有必要采用回溯式研究方法和系统仿真等动态分析方法，研究农村服务业各产业与区域之间的互动关系，这对于修正与完善农村服务业理论体系、完善其对实践的指导功能具有一定的现实意义。

（四）在中国农村服务业理论研究层面

农村服务业理论研究一直是中国服务业研究的短板，然而，任何理论体系都有其适用范围。一方面，由于西方发达国家基本不存在中国突出的城乡二元经济结构问题，国外农村服务业发展的实证与理论研究结果在中国必然水土不服；另一方面，服务业本身具有高度的异质性，城市与农村的经济形态不同，中国目前以城市为中心的服务业相关理论研究成果也不能完全适用于农村地区。

因此，有必要在对中国农村服务业理论体系基本框架的构建，以及对中国农村服务业目前的战略及效果综合评价的基础上，探讨中国农村服务业的发展战略与实现路径，在战略研究和战略设计等方面给出一个系统的解决方案。这为中国面向 2020 年的农村服务业建设提供了技术路线支撑，为中国今后制订中长期农村服务业发展规划提供了重要的决策依据。

第三节　基础理论

本节主要从服务业的发展与农村区域经济发展两方面阐述相关理论，为构建农村服务业发展的理论框架提供理论基础。

一、服务业阶段理论

服务业阶段理论又称为服务业经济发展阶段理论。该理论是基于时间序列数据变动，对一国或地区的经济进行判断和评价，并认为服务业的发展和成熟往往出现在经济发展水平较高的阶段。早在 20 世纪 50 年代，英国经济学家克拉克基于威廉·配第的研究基础，对劳动力逐渐从农业向制造业和服务业转移的现象进行了研究，得出了著名的配第-克拉克定理。该定理主要表述了劳动力将沿着"第一产业-第二产业-第三产业"的递推轨迹转移，并进一步指出，人均国民收入变化是引起产业结构变化的主要动因，即随着人均国民收入的提高，劳动力首先由第一产业向第二产业转移，当人均国民收入进一步提高时，劳动力便由第一产业或第二产业向第三产业转移[①]。

在此基础上，美国经济学家罗斯托在 1971 年出版的《政治与增长阶段》一书中提出，人类社会的经济发展经历了传统社会、准备起飞、经济起飞、经济成熟、大众消费以及超越大众消费六个阶段，并且每一个阶段都有标志性特征。罗斯托认为，当一国或一个地区进入大众消费阶段时，由于此时人民的消费结构发生了转变，尤其是在娱乐休闲、文化教育以及社会保障等方面的消费投入加大，这使得服务业将成为该阶段及以后的主导经济部门。

然而，罗斯托的研究结论并不意味着其他经济发展阶段不发展甚至不存在服务业。在其他经济发展阶段，服务业只不过隐藏在其他产业部门之中，显得不那么明显而已。美国社会学家贝尔（1959）[②]分析了服务业在不同经济发展阶段的特征。首先，贝尔根据生产技术的变化，将人类社会发展分为前工业社会、工业社会和后工业社会三个阶段；其次，他分析了服务业在不同经济阶段的特征，认为服务业在前工业社会以家庭或个人服务为主，在工业社会以面向制造业的生产性服务为主，而在后工业化社会，技术服务、知识服务和公共服务则逐渐占据服务业的主导地位；最后，贝尔还指出，服务业虽然在人类社会的不同阶段存在差异，但其具有很高的成长性和带动性，从而对每个阶段的经济发展都具有促进和推动作用。

二、服务业地理理论

随着新经济地理学的发展，从地理学角度研究服务业、探索服务业空间活动的一般规律逐渐成为新的发展趋势，服务业地理理论已经成为经济地理学的重要研究方向。

目前，服务业地理学的研究主要包括服务业区位理论和服务业空间布局（过程）两个方面。服务业区位理论最早始于 20 世纪 30 年

① COLIN C.The Conditions of economic progress ［M］. London：Macmillan，1951.
② 贝尔. 后工业化社会 ［M］. 彭强，编译 .北京：科学普及出版社，1985.

代，是服务业地理学的核心内容。德国经济学家克里斯塔勒于1933年在《南部德国的中心地》一书中提出"中心地"概念，认为中心地的核心职能就是提供贸易、金融、手工业、行政、文化和精神等服务，是服务业集聚的场所。克里斯塔勒在杜能农业区位理论和韦伯工业区位理论的基础上，又进一步分析了中心地的数量、规模和分布规律，认为中心地的服务范围与等级高低成正比，中心地的等级决定了中心地的数量、分布和服务范围。

我们梳理了国内外服务业区位理论的相关研究成果。当前，服务业区位理论的研究内容主要集中在服务业区位特征、区位选择以及影响因素等领域。在服务业的区位特征方面，Wyckoff（1989）[1]认为，服务业的布局基本与当地人口分布一致。此外，还有学者结合某个具体国家或地区，进一步分析了不同类型服务业的空间分布以及相应的区域特征，指出影响服务业区位的因素十分复杂，既包括环境、劳动力、土地、交通等传统因素，也包括信息技术、知识、创新、人才等新区位因素。这些因素对不同类型的服务业影响作用是不同的，前者对传统服务业影响较大，后者则对现代服务业影响较大；且随着信息技术的普及，对整体服务业的影响日益显著[2][3]。

服务业的区位选择不仅是一个静态的结果，还是一个不断变化的动态过程。关于服务业空间布局的研究，就是从时间序列角度来分析服务业空间的变化，以及造成服务业空间布局改变的原因。我们认为，服务业的空间改变可以归纳为两种形式：一是集聚；二是扩散。通过这两种形式的改变，形成了服务业新的空间形态或格局。Daniels（1985）[4]通过分析欧盟服务业的区域分布发现，服务业的区域分布表现出明显的空间差异，形成分散但产业关联密切的空

① WYCKOFF W.Central place theory and the location of services in Colorado in 1899 [J]. Social Science Journal, 1989, 26（4）: 383-398.
② 刘曙华, 沈玉芳. 生产性服务业的区位驱动力与区域经济发展研究 [J]. 人文地理, 2007（1）: 112-116.
③ 程大中, 黄雯. 中国服务业的区位分布与地区专业化 [J]. 财贸经济, 2005（7）: 73-81, 97.
④ DANIELS P W.Service industries: a geographical appraisal [M]. London: Methuen, 1985.

间格局。胡霞（2008）①对中国服务业进行了实证研究，结果表明，服务业，尤其是城市服务业具有明显的集聚特征，且集聚程度与服务业的性质有关。

在此基础上，学界进一步分析了服务业空间集聚与扩散的作用机理。Chadee（2008）②认为，服务业具有不可储存、不可转移以及生产和消费同时进行的特征，这使得服务企业在生产和再生产过程中始终要与市场保持面对面的接触；而服务业具有不能远离需求的特性，这使得其更倾向于向有一定服务市场需要规模的地区集聚。柳坤（2014）③认为，服务业主要由生产性服务业组成，而生产性服务业的发展又依附于制造业，因此，服务业的集聚与扩散主要受制造业集聚与扩散的影响，具体表现为服务业与制造业有相似的规模经济和聚集效应偏好。

然而，也有许多学者并不认同服务业聚集发展的观点。Kirn（1987）④认为，服务业的集聚与扩散是同时存在的，表现的形式为服务业在大城市中不断集聚和在农村地区逐渐分散，服务业到底是集聚还是扩散主要受服务交易频率、持续时间、复杂性和人口分布等多种因素影响。Surborg（2006）⑤则认为，随着信息技术的兴起，服务业的地理邻近效应越来越弱，这使得服务业的发展呈现越来越分散的趋势。

总体来看，尽管地理学和服务业经济学有较长的发展历史并且理论较为完善，但服务业地理学至今并未形成一套完善的理论体系，这使得该学科内部的分异与深化趋势交织，服务业地理学的基本理论和框架尚不明晰，服务业区位研究多个领域的发展并不平衡，一般性规

① 胡霞. 中国城市服务业空间集聚变动趋势研究 [J]. 财贸经济，2008（6）：103-107，129.
② CHADEE D，NAIDOO V.Higher educational services exports：sources of growth of Asian students in US and UK [J]. Service Business，2009，3（2）：173-187.
③ 柳坤，申玉铭. 中国生产性服务业外向功能空间格局及分形特征 [J]. 地理研究，2014（11）：2082-2094.
④ KRIN T.Growth and chang in the service sector of the U.S.：a spatial perspective [J]. Annal of the Association of American Geographers，1987，77（2）：353-372.
⑤ SURBORG B.Advanced services，the New Economy and the built environment in Hanoi [J]. Cities，2006，23（4）：239-249.

律的探讨与总结还不够深入。

虽然学者们研究了服务业的区位特征、区位选择以及影响因素等，理论体系相对完整和成熟，但是已有研究大多是对某些具体服务行业进行的局部研究，而将服务业作为整体进行系统考查的则很少，且在城乡二元经济结构中，农村服务业的区位选择变得更为复杂。

三、产业服务化理论

产业服务化理论是服务业经济发展阶段理论的逻辑延伸与发展，该理论主要关注的是经济发展进程中产业的演变规律。该理论认为，产业服务化是社会分工、市场竞争、产业发展的必然结果，是经济服务业趋势下的重要方向。

关于产业服务化理论，最早可追溯到波特的价值链理论和竞争优势理论。波特的价值链理论剖析了企业创造价值的过程，具体由基本生产活动和辅助生产活动两部分组成。其中，服务作为辅助活动分布在整个基本生产活动价值链中，是企业创造价值的基本活动之一。波特的竞争优势理论则提出，企业的核心竞争力源于比竞争对手更强大的可持续性优势，而这种可持续性优势可以通过产业内部各企业的价值链分工获得。基于上述理论，越来越多的企业为了获得竞争优势，倾向于将资源集中在价值链的制造或者服务的某一中心环节，而由于制造环节和服务环节相分离，越来越多的企业为生产企业提供原材料采购、技术研发、人力资源、财务、营销等"外包"服务，从而出现了产业服务化的现象。

目前，产业服务化从表现形式来看，可分为微观层面的产业部门服务化和宏观层面的产业结构服务化。

（一）产业部门服务化

产业部门服务化的研究者认为，在需求结构变化不大的情况下，由于技术的发展、国家制度的不同，消费者的需求决定了生产。而服务作为中间性要素，与商品是互补的，服务已经渗透在生产的每个环节中，可以作为企业的中间投入，对生产体系进行空间协调。目前，产业部门服务化的研究主要集中在制造业领域。

Vandermerwe 和 Rada（1988）[①]指出，现今越来越多的制造企业倾向于业务服务化，即通过向消费者提供非实物性服务来提高自己的核心产品的价值，企业非生产部门已经成为企业创造利润的主要业务部门。在此趋势下，White 等（1999）[②]认为，企业到底是制造企业还是服务企业将变得越来越模糊，虽然一些企业表面上是制造企业，但是实质上它们提供服务和解决方案，如戴尔、IBM、苹果等，服务化使得越来越多的制造企业开始转变为以服务业务为主的企业。

Fishbein（2000）[③]则将产业部门服务化定义为制造企业角色的服务化转变，即由销售产品的营销者转变为提供服务的专家顾问。Szalavetz（2003）[④]进一步从两方面阐述了产业部门服务化对于企业效率的影响：一方面，从企业内部来说，企业服务效率改进的重要性高于企业传统影响因素，如技术研发、人力资源、财务管理等；另一方面，从企业外部来讲，企业为顾客提供与产品相关的额外服务已经成为企业吸引消费者的主要因素。

（二）产业结构服务化

如果说产业部门服务化考查企业服务化现象，那么，产业结构服务化则立足于区域经济，考查地区三次产业比重的变化。产业结构服务化实质上是产业部门服务化的变动结果和最终体现，强调第三产业在地区经济总量和就业规模中的比重将超过其他产业，成为支撑国民经济发展的主导产业。

目前，学界主要从需求和供给两个方面探讨产业结构的演进和变迁出现服务化趋势的原因。

---

① VANDERMERWE S, RADA J.Servitization of business: adding value by adding services [J]. European Management Journal, 1988, 6（4）: 314-324.
② WHITE A L, FENG L, WHITE A L, et al.Servicizing: the quiet transition to extended product responsibility [R]. Boston: Tellus Institute, 1999.
③ 转引自方润生、郭朋飞、李婷. 基于陕鼓集团案例的制造企业服务化转型演进过程与特征分析 [J]. 管理学报, 2014, 11（6）: 889-897.
④ 转引自李文强、陈宪. 新型工业化理论研究的发展 [J]. 上海经济研究, 2011,（5）: 16-24.

在需求层面，Kuznets（1941）[①]在其著作《国民收入及其构成》中指出，随着现代经济的发展和工业化进程的推进，三次产业的产值结构将从"二三一"或"二一三"格局向"三二一"格局改变，而造成这种改变的原因主要是人均国民收入的提高；Geo（1991）[②]从技术变迁的视角探讨了由于技术变革引致中间需求增加，带来对生产性服务业发展的促进。

在供给层面，国内外学者认为，产业间生产效率的差异是导致产业结构服务化的主要原因。例如，Baumol（1967）[③]提出两部门非均衡增长模型，他认为由于服务需求业的收入弹性大于制造业的收入弹性，且服务业的劳动生产率低于制造业，因此，为了满足人们对服务业需求的快速增长，只能通过增加服务部门的就业规模来实现，这会导致劳动力不断流入服务部门，最终形成产业结构服务化趋势。Acemogl 和 Guerrieri（2006）[④]进一步放宽了 Baumol（1967）的模型假设条件，研究结论表明，资本要素也是造成两部门非均衡增长的原因。

综上，学界在需求和供给层面对产业结构服务业的动因开展了大量研究，并取得富有创建性的成果，但是无论是基于哪个层面的研究，都把诸多影响因素建立在孤立的基础上。众所周知，需求和供给各因素之间亦存在错综复杂的联系，它们相互关联、相互影响，一种因素的变化可能导致周遭其他因素的变化，因此，需求和供给各因素对产业结构服务化的影响往往是相互交织作用的。

此外，基于供给侧对产业结构服务化的考查还有一个暗含条件，就是行业间的生产要素可以自由流动，并且劳动力是充分和无限制的。而我们所说的是在市场经济条件下，由于信息的不对称性和机会

---

① KUZNETS S.National income and industrial structure ［J］. Econometrica，1949，17（3）：205-241.
② GOE W R.The growth of producer services industries： sorting through the externalization debate ［J］. Growth & Change，1991，22（4）：118-141.
③ BAUMOL W J. Macro economics of unbalanced growth： the anatomy of urban crises ［J］. American Economic Review，1967，57（3）：415-426.
④ ACEMOGLU D，GUERRIERI V.Capital deepening and nonbalanced economic growth ［J］. Ssrn Electronic Journal，2006，116（3）：467-498.

成本的存在，尤其是中国受传统的二元经济结构的影响，生产要素自由流动，尤其是在城乡之间自由流动不太现实，因此，在考查供给侧对产业结构服务业化的影响时，不能忽略当地现实的市场结构特征。

四、农村非农化理论

"非农化"概念由来已久，学者们结合自身的背景开展了多维度研究，并给出了不同层面的界定。人口学家认为，非农化是农村人口向城镇人口的转移；地理学家认为，非农化是农村自然景观和空间地域属性的改变，是一个变传统落后的乡村社会为现代的城镇社会的自然历史过程；经济学家则认为，非农化是由农村自然经济转变为社会化大生产的过程，即通过三次产业结构构成的转化，使农村生产方式发生改变。

刘怀廉（2006）[①]结合上述观念，对"非农化"概念进行了综合，他认为非农化既包括农村人口结构和生活方式的变动，也包括该地区经济结构和产业要素的变动，是农业现代化、工业化和城镇化的最终体现。

非农化作为社会生产力发展到一定阶段的产物，在农村经济中也具有重要的地位和作用，国内外学者建立了不少理论模型以解释农村非农化发展的动因和各种影响因素。农村非农化起初主要是指发展农村工业，即农村工业化。美国经济学家 Gillis 和 Perkins（1983）在其专著《发展经济学》中全面分析了通过城市化实现工业化的代价，认为这种代价包括基础设施建设费用和农村劳动者迁往城市的社会成本在内的高昂的城市化成本，因此他们认为，为了避免高度城市化，鼓励新建的工业企业分散到中小城市乃至农村地区，小型企业可设在农村地区，以便促进农村的发展。

诺贝尔经济学奖获得者刘易斯同样从分析城市化费用入手得出了发展乡村工业的结论[②]。城市工业化进程带来的是城市建设费用逐年

---

① 刘怀廉. 推进非农化是建设新农村的重要途径 [J]. 领导科学，2006（7）：9-10.
② 鲁明泓. 国外农村非农化理论及对中国的启示 [J]. 南京大学学报：哲学社会科学版，1994（3）：73-78.

增加，从直接费用角度看，约有 2/3 的费用用于城市地区居民居住设施建设，这要远远高于农村工业化的代价。因此，刘易斯从节省城市化费用的角度，提出有必要发展农村工业。

还有学者分析了发展中国家农村非农化发展的原因，归纳起来主要有以下三点：一是发展中国家的农业部门吸收现有的农村劳动力、满足农村大部分人的最低生活需要能力有限；二是保障城乡社会公平，丰富农村居民的物质生活和提高农村居民的社会福利；三是劳动力转移到城市的成本问题。美国经济学家沃特斯顿在《农村发展的一个可行模式》一文中进一步提出了农村发展模式：第一，在农业中尽可能地使用低成本的劳动密集型技术；第二，修建使用劳动力多的小型发展工程；第三，农村地区应该建立只需要少量资本而使用较多劳动力的小规模轻工业，以增加农业就业机会。

何保山（1988）[①] 在总结亚洲国家农村非农化发展经验的同时，提出了农村非农化发展的推力和拉力理论。他认为，农村非农化发展的水平是由"推"和"拉"两种因素共同作用的结果。"推"的因素即人均耕地面积的减少迫使农民从事非农产业活动，"拉"的因素即非农产业就业机会的可得性和吸引力诱使农民离开农业。除了这两个决定性因素之外，城市型就业机会（包括农场距离城市的地理距离、工业布局模式等）、农村劳动力市场和教育三个重要因素也对农村非农化发展有着不可估量的影响。

第四节　农村服务业理论分析框架

目前，中国农村服务业尚未形成系统的理论体系，需要在诸多方面进行深化研究。因此，在界定农村服务业的基本概念和阐述可借鉴的基础理论之后，我们要构建一个统领"全书"的理论分析框架。我们借鉴刘洁（2011）[②] 的研究思路，构建了一个整合产业组织理论中

---

① 包宗顺. 亚洲非农化发展研究 [M]. 南京：南京出版社，1988.
② 刘洁. 农民专业合作社契约选择与运营绩效的理论分析与实证研究 [D]. 武汉：华中农业大学，2011.

SSP 分析范式和 SCP 分析范式的"状态-结构-行为-绩效"(SSCP)基本分析框架,并将其运用到中国农村服务业的理论与实证研究中去(如图 2-1 所示)。

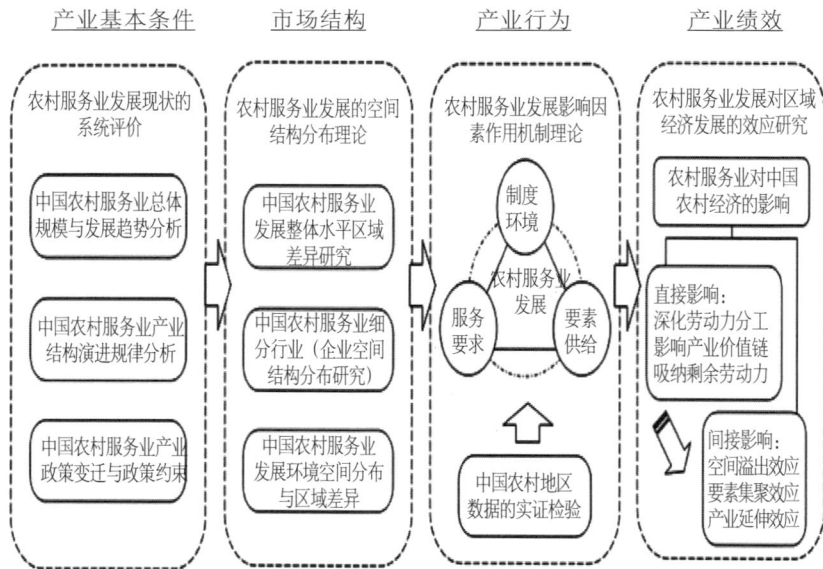

图 2-1 中国农村服务业发展的基本分析框架

这一分析框架的逻辑思路为:作为区域概念的农村服务业遵循服务业和区域经济学发展的一般规律,根据服务阶段理论和区域差异理论,农村服务业的现实发展情况决定了农村服务业发展的空间结构;而根据服务业地理理论和区域经济发展梯度理论,农村服务业的区域差异性带来的是区域各生产要素的流动或集聚,区域经济的差异进一步扩大,市场供需因素和制度环境相应也发生了改变,这又进一步对农村服务业的发展产生了本质影响;与此同时,区域经济辐射理论告诉我们,区域经济与区域产业结构之间存在密切联系,区域经济在影响农村服务业发展的同时,农村服务业对区域经济发展也有"助推器"的作用;根据产业服务化理论和农村非农化理论,我们将农村服务业的区域经济辐射效应主要归纳为直接与间接两个方面。上述一般理论阐释和实证分析将会在后面的章节中具体体现。

综上，我们对本章小结如下：

本章的基本概念、研究综述和相关基础理论为我们构建中国农村服务业发展理论体系提供了逻辑起点，在此基础上，我们构建了整合产业组织理论中 SSP 分析范式和 SCP 分析范式的"状态-结构-行为-绩效"基本分析框架，为后文阐释农村服务业发展的相关机理提供了重要的理论依据。

从基本概念来看，农村服务业是区域服务业的研究范畴，作为服务业的区域概念，它泛指农村地区的所有服务行业；从研究综述来看，农村服务业发展的相关理论研究包含两个层面：一是产业发展层面，研究农村服务业的影响因素、发展机理和实现形式；二是区域发展层面，探讨农村服务业与区域经济发展的关系。因此，以上研究明确了本章的逻辑前提和研究范围，即将农村服务业作为服务业地理研究对象，将推进农村服务业的发展和增强农村服务业的区域经济辐射效应作为主要研究问题。

另外，通过对基础理论进行梳理，我们发现，中国农村服务业发展包含以下特征：一是从服务业阶段理论来看，农村服务业由于受到农村地区经济发展、社会文化以及区域环境的制约，呈现出独有的系统演化特征，因此，我们要进一步对农村服务业的产业阶段特征进行实证考查；二是从服务业地理理论来看，服务业的发展呈现空间集聚与空间迁移的演化特征，因此，考查农村服务业的空间分布结构也是农村服务业理论研究的重要课题之一；三是从产业服务化理论来看，全球经济正由传统工业经济向服务经济转变，经济结构经历着深刻的变革，农村服务业的形成与发展成为农村经济结构变革的一种必然趋势，因此，我们要进一步在理论层面揭示那些对农村服务业发展有重要影响的关键因素；四是从农村非农化理论来看，随着经济不断发展，农村经济增长方式和发展模式发生了深刻改变，而这种改变依赖于农村产业结构的优化，其中农村服务业就扮演着重要的角色，因此，如何看待农村服务业在区域经济中扮演的角色、怎样进一步发挥其对经济发展的带动作用将是后续理论研究的重点。

第三章　中国农村服务业的发展现状

　　自 1978 年中国提出社会主义市场经济体制改革和农村推行家庭联产承包责任制以来，农村地区就出现了农业专业合作社这一最初为农村居民提供社会化服务的组织形式。农业专业合作社为其成员提供生产、流通、销售等农业生产经营方面的社会化服务，使农业生产满足市场经济和农业产业化发展的需要；后来随着农村地区市场经济体制改革的全面推进，农村地区又出现了各级各类满足农业生产需要的专业化社会组织，农业社会化服务体系得以完善，如农业专业合作社、专业行业协会等。这标志着以服务于当地农业生产为特征的农村服务业正式形成。

　　进入 21 世纪，在政府与市场等外界力量的推动下，城市服务企业直接进入农村，现代农业功能不断拓展，服务领域不仅包括传统农业服务业，还包括与城市类似的生活服务业以及现代农业服务业等各种业态。

　　一方面，伴随着农村居民收入提高和消费观念不断升级，农村居民生活需求亦日趋多样。农村居民在满足食品和居住等基本生活性物质消费的同时，对服务性消费的需求也在不断增长，这直接给为居民提供生活性服务的企业带来了巨大商机，在市场机制和企业逐利行为的引导下，城市服务业开始进入农村，为农村居民提供餐饮住宿、娱乐休闲、卫生教育等各种市场化和社会化生活服务。

另一方面，农业科技不断进步，在其带动下，第一、二、三产业的融合发展大大带动了农业生产性服务业的发展，农业生产性服务业已经不再仅仅局限于农业产前、产中和产后阶段，而是为农业提供农机、农资、农技、农产品流通以及农经管理等专业服务，进一步拓展了农业的价值链。一些多功能新型现代农业服务业涌现出来，如农业休闲旅游、农业金融保险、农业信息技术等现代服务业等，这使得农村服务业向市场化、社会化和专业化又迈进了一大步。

随着城镇化和农业现代化进程不断加快，中国农村服务业成为农村区域经济中重要的组成部分。但是长久以来，中国农村经济相对薄弱，而经济基础的薄弱决定了中国农村服务业发展的起点较低。在近几年的农村工作会议上，中央对农村服务业的发展也做出了重要部署，加速推进农村服务业的发展成为一项较为迫切的任务。由于历史的原因，相比城市服务业，当前农村服务业发展水平相对较低，经济规模相对较小，产业结构不尽合理，产业特色也未得以显现，因此亟须对农村服务业进行深入研究。本章将从总体规模、发展趋势、行业特点和产业政策等方面对中国农村服务业的现状进行深入剖析。

第一节　中国农村服务业总体规模与发展趋势

一、农村服务业增加值稳步增长

2014 年，中国农村服务业（第三产业）增加值为 82 761.6 亿元，比 2013 年实际增长 9.62%；为 2000 年的 6.8 倍，年均增长14.72%。农村服务业增加值占国内生产总值的比重为 13.01%，比

2013 年提高 0.17 个百分点。从图 3-1 可以看出，中国农村服务业增加值总体规模在稳步增长，但增长率波动较大（如图 3-2 所示）：2001—2008 年处于震荡上升过程，2009—2014 年则是震荡下降趋势。

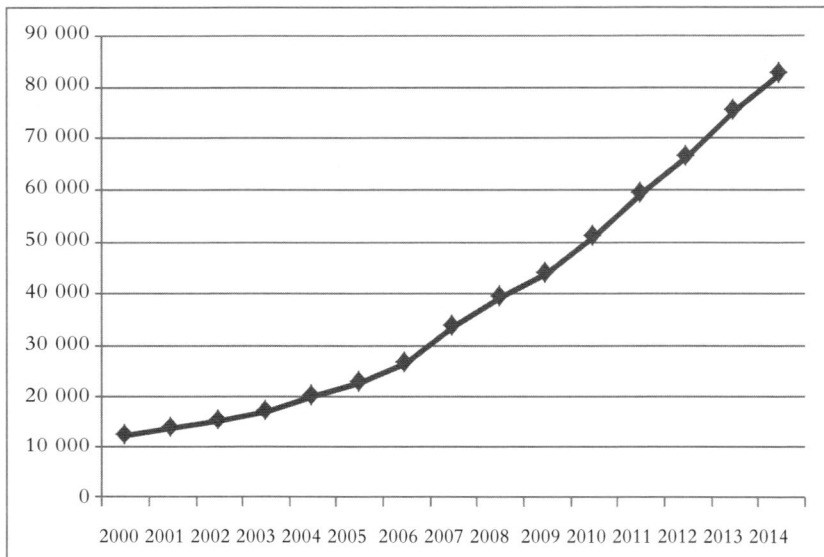

图 3-1　中国农村服务业增加值趋势图（单位：亿元）

资料来源：根据 2000—2015 年《中国统计年鉴》[①]和《农村绿皮书》[②]相关数据计算得出；以下图表未特别注明的，数据均来源于 2000—2015 年《中国统计年鉴》和《农村绿皮书》。

从图 3-2 可以看出，中国农村服务业增加值增长率总体上比同期国内生产总值增长率要高，这表明中国农村服务业的发展速度要明显高于中国整体经济增长速度。究其原因，这一方面源于中国愈发关注农村经济发展，尤其是近年来新农村建设带动了农村服务业的快速发展；另一方面源于中国农村经济结构调整的显著成效。但是，中国农村服务业的发展与城市相比仍处于较落后水平。如图 3-3 所示，2000—2014 年，城市服务业增加值均为农村服务业增加值的两倍以

---

① 国家统计局. 中国统计年鉴 [M]. 北京：中国统计出版社，2000—2015.
② 中国社会科学院农村发展研究所，国家统计局农村社会经济调查司. 农村绿皮书：中国农村经济形势分析与预测 [M]. 北京：社会科学文献出版社，2000—2015.

图 3-2　农村服务业增加值增长率与国内生产总值增长率对比图

上，且城市服务业的增速高于农村服务业。农村服务业发展滞后的原因有很多，最主要的原因是中国长期存在的城乡二元经济体制制约了农村经济发展。在现阶段，要发展农村服务业，除了要在政策、制度方面进行改革外，还需借鉴城市服务业发展的先进经验并发挥城市服务业对农村服务业的辐射带动作用。

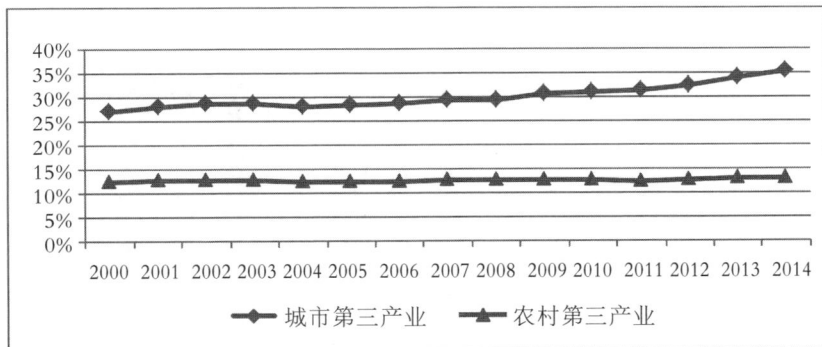

图 3-3　第三产业占国内生产总值比例城乡对比图

二、农村服务业固定资产投入增速放缓

2014 年，中国农村（农户）固定资产投入总额为 10 755.8 亿元，比 2013 年增长 1.98%，其中投向农村服务业的数额为 8 209.2

亿元，同比增长 2.41%①。由图 3-4 可知，中国农村服务业固定资产投资额在逐年增加，每年的增速高低不一。在 2010 年之前呈震荡上升趋势，从 2010 年开始呈震荡下降趋势；在 2009 年达到最高的 30.9%，这可能源于 2008 年金融危机爆发之后中国采取的财政政策，4 万亿元投资中有一部分投向了农村服务业，导致 2009 年增幅较大。从 2010 年开始，农村服务业固定资产投资增速又回到较低水平，维持在 12% 以下，2014 年达到了 2003 年以来的最低点，仅为 2.4%。可以看出，近几年，中国农村服务业固定资产投资增速明显放缓，出现这一现象的原因可能是政策转向。因为近几年来，中国政府更加注重经济结构转型，改变了以往过多依赖投资拉动经济增长的粗放型发展方式。但是对于基础比较薄弱的农村地区来说，投资增速的快速下降可能严重制约农村服务业乃至农村整体经济的发展。

图 3-4　中国农村服务业固定资产投资额及增长率（单位：亿元）

---

①　国家统计局. 中国统计年鉴 [M]. 北京：中国统计出版社，2015.

三、农村居民服务业收入比重提高

如图 3-5 所示，中国农村居民人均服务业收入呈逐年增加的态势，从 2003 年的 237.1 元上涨到 2014 年的 979.6 元，增长幅度为 313%，年均增长 13.8%。在 2012 年之前，农村居民服务业收入占家庭经营性收入的比重维持在 15%左右，变动幅度不大，但总体上缓慢上升；从 2012 年开始，第三产业收入比重有加速提高的趋势，2014 年的比重达到了 23.1%。中国农村居民的收入来源更加丰富，收入结构更趋合理，但农村居民服务业收入整体上仍处于较低水平。

图 3-5   中国农村居民人均第三产业收入规模及
占家庭经营性收入的比重（单位：元）

第二节   中国农村服务业产业结构演进

一、中国农村三次产业结构演进

通过对中国农村三次产业结构演进图（如图 3-6 所示）的分析，我们发现，1980—2014 年，中国农村三次产业结构不断发生变化。其中，农村第一产业占比由 1990 年的 68.86%，降至 2014 年的 22.2%；农村第二产业占比由 1990 年的 25.93%，增至 2014 年的

46.3%；农村第三产业占比从 1990 年的 5.21%，增至 2014 年的 31.5%。在 25 年的发展中，中国农村三次产业的演进主要可以分为三个时期：

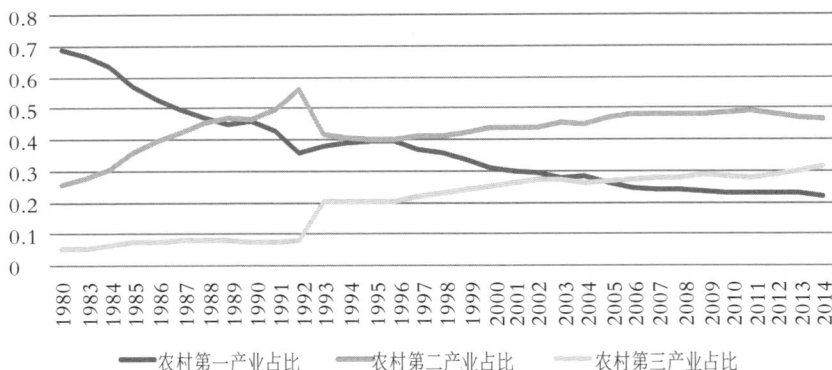

图 3-6 中国农村三次产业占比演进图

第一个时期，即 1980—1990 年，作为农村三次产业中主导产业的中国农村第一产业占比高，但其比例逐步下降，且降速较快；第二产业与第三产业占比逐步上升，其中第二产业的发展速度较快。在此阶段之前，中国农村的大多数居民以在居住的地方从事农业生产为主，生产力水平较低，商品经济发展缓慢，第一产业占比巨大。改革开放后，中国城市与农村的商品经济逐步发展起来，物资、人员、信息交流广泛，农产品加工更深入，大量的工业、制造业进入农村。农村第二产业占比迅速提高，导致第一次产业占比逐步下降。

第二个时期，即 1990—2005 年，农村第二产业占比于 1991 年超过第一产业占比，成为农村产业结构的主导产业。1992—1993 年，农村第二产业占比有所下降，与此相对应，农村第三次产业快速发展。而后，农村第一产业占比逐年下降，第二产业占比提高速度逐渐放缓，而第三产业快速发展，在农村三次产业结构中的比重逐步加大。在此时期，随着科技不断进步，农业生产力提高，农村第一产业人口向第二产业转移，第二产业占比仍然不断增加；农村的基础设施、公路交通、医疗保健系统等不断完善，这使得农村交通运输、医疗保健、金融等服务业也快速兴起，农村第三产业占比也有逐年上升的趋势。

第三个时期，即 2006—2014 年，农村第二产业占比仍为最高，第三产业占比超过第一产业，并逐年缓慢上升。由于农村第二、三产业的不断发展，农村第一产业人口不断向利润更高的第二、三产业转移，农村第一产业占比不断下降；而技术的不断进步、人们需求的多样化也使得农村第二产业更加精细化、规模化，第二产业占比仍在上升；随着农村居民经济条件的改善、基础设施的进一步完善，以及国家对于网络技术的推广等，农村服务业也呈现出多样化发展态势，例如通信、金融保险、网络服务等行业大力发展，促使农村第三产业占比逐渐超过第一产业。

二、中国农村服务业内部产业结构演进

随着中国经济的飞速发展，农村产业结构中第三产业占比逐年提高，目前已超过第一产业。在农村第三产业的发展中，生产性服务业所占比重较大，但近年来随着经济的不断发展、农民的消费需求改变，以及政府对基本公共服务设施的投入增大，农村基本公共服务和生活性服务也在飞速发展。

中国政府为提高农村居民的生活水平，加大了公共服务的财政投入，这使得农村基本公共服务水平得到了较快提高，如在农村从事教育和医疗的就业人口数量逐年加大，教育经费和医疗保障投入逐年增加等。

随着经济条件的改善，中国农村居民的收入水平及文化水平不断提高，他们对休闲娱乐等方面的需求逐渐加大，因此农村生活性服务业的占比不断提高。中国农村商贸业、休闲观光农业、娱乐健身项目等服务业不断兴起和发展，在农村第三产业中的占比也不断增加。

在中国农村第三产业中，由于很多服务业的产生依托于第一产业和第二产业，因此，生产性服务业的发展起步比较早，农林牧渔服务业随着经济的发展不断深入，占比逐年增高。其中，因为关乎农业技

术的提高与发展，研究与试验发展行业投入的比重逐年增高；国家新
农村建设政策提出后，水利、环境和公共设施管理业等很多服务行业
在此方面符合国家政策，随着这些行业为农村提供服务的增加，这些
行业在农业生产性服务业中的比重也是逐年上升的；农产品、工业品
的增加以及农村商贸业的发展使得农村在交通运输及仓储业的投入较
大，约占总投入的 1/3，虽然受到 2008 年金融危机的影响，投资金
额有所下降，但随着中国兴建高铁和"村村通"等项目的开展，交通
运输及仓储业的投入与产出逐年回升，这也为信息服务业、批发零售
业、邮政业提供了发展机会，促进了这些行业的发展；中国农业金融
保险业、租赁业和商务服务业近年来的总投入比重呈下降趋势。

第三节　中国农村服务业细分行业现状

一、农村生产性服务业现状

生产性服务业是指为生产者的生产经营活动提供中间服务的知识
或技术密集型服务部门与行业总称[①]。农村生产性服务业是指为农村
经济发展服务的生产性服务业。按照服务对象的不同，农村生产性服
务业可以分为两大类：一类是服务于农业生产的农林牧渔服务业，也
可称为农业生产性服务业；另一类是服务于农村制造业（农产品加工
业、食品饮料制造业、饲料工业、纺织业、服装鞋帽制造业、木材加
工业、家具制造业、小型农具制造业、制药业等）的服务业。农村生
产性服务业主要包括农机服务业、农产品流通业、农业科技服务业、
农村交通运输业、农村金融保险业、农村信息服务业、农村商务服务
业等。

近年来，随着中国新农村建设和农业现代化的不断推进，中国农
村生产性服务业有较快发展：总量上快速增加，类别上日趋细化，发

① 张振刚，陈志明，等. 生产性服务业对制造业效率提升的影响研究［J］. 科研管
理，2014（1）：131-138.

展模式上日趋多样化，并不断向农村经济的各领域延伸，对中国农村
经济的转型升级和繁荣发展起到了重要的推动作用。但是，中国农村
生产性服务业整体上依然存在诸多问题，具体表现在以下几个方面：

（一）农业生产性服务业产值低

农业是中国农村地区的主导产业，农业生产性服务业则在农村生
产性服务业中占有举足轻重的地位。由表 3-1 可以看出，中国农林
牧渔服务业产值从 2003 年的 905.4 亿元上升到 2014 年的 3 908.1 亿
元，增长了 4.3 倍，年均增长 13.2%，增速高于同期 GDP 增速。但是
农业生产性服务业产值占农业总产值的比重没有明显提高，仅从
2003 年的 3.05%上升到 2014 年的 3.82%；2014 年农业生产性服务业
增加值占农业总产值的比重则低至 3.03%[1]。而美国农业生产性服务
业增加值占农业总产值的比重已达到 12.7%[2]。可以看出，中国农业
生产性服务业的发展严重滞后。

表 3-1　　　　2003—2014 年中国农业生产性服务业产值情况　　　单位：亿元

年份	农林牧渔业总产值	农林牧渔服务业产值		生产性服务业产值占比
		产值	增长率	
2003	29 691.8	905.4	—	3.05%
2004	36 239.0	994.1	9.80%	2.74%
2005	39 450.9	1 085.1	9.15%	2.75%
2006	40 810.8	1 623.4	49.61%	3.98%
2007	48 893.0	1 790.8	10.31%	3.66%
2008	58 002.2	2 018.2	12.70%	3.48%
2009	60 361.0	2 295.7	13.75%	3.80%
2010	69 319.8	2 535.1	10.43%	3.66%
2011	81 303.9	2 856.0	12.66%	3.51%
2012	89 453.0	3 170.1	11.00%	3.54%
2013	96 995.3	3 525.4	11.21%	3.63%
2014	102 226.1	3 908.1	10.85%	3.82%

[1]　由《2015 中国农村统计年鉴》中的相关数据计算得出，2014 年农林牧渔服务业增加值为 1 822.3 亿元，此数据除以 2015 年农林牧渔总产值，结果为 3.03%。
[2]　韩长赋. 积极推进新型农业经营体系建设 [N]. 人民日报，2013-08-07.

（二）农村生产性服务业投入不足

生产性服务业的投入能够推动生产向规模经济和更高的效率发展[①]。由表 3-2 可以看出，2010—2014 年，中国农林牧渔业生产性服务支出增加了 2 273.1 亿元，增加幅度达到了 57.65%，但中国农林牧渔业生产性服务支出占农业总生产支出的比重的上升幅度非常小，仅有 1.08 个百分点；而农村居民个人生产性服务业固定资产投资占农村居民个人固定资产投资总额的比重有降低的趋势，从 7.83% 降低到 6.72%，下降了 1.11 个百分点。由此可见，尽管中国农村生产性服务业投入总量有明显增长，但相对于农村生产总投入来说，增速缓慢，不能满足农村经济发展对生产性服务业的需求。

表 3-2　2010—2014 年中国农村生产性服务业投入情况

年份	农林牧渔业生产性服务支出			农村居民个人固定资产投资		
	农业总生产支出（中间消耗，亿元）	生产性服务支出（亿元）	生产性服务支出占比	固定资产投资总额（亿元）	生产性服务业固定资产投资额（亿元）	生产性服务业固定资产投资占比
2010	28 786.2	3 943.2	13.70%	7 886.0	617.4	7.83%
2011	33 817.8	4 627.7	13.68%	9 089.1	592.1	6.51%
2012	37 079.4	5 195.0	14.01%	9 840.6	620.8	6.31%
2013	40 029.3	5 750.4	14.37%	10 546.7	711.5	6.75%
2014	42 068.1	6 216.3	14.78%	10 755.8	722.7	6.72%

发达国家的农业生产实践表明，生产性服务的大量使用能够提高农业生产效率[②]。农业对生产性服务业的直接消耗系数能够反映在农业生产中单位总产出所消耗的生产性服务的数量，同时也能反映农业对生产性服务的依赖程度。如图 3-7 所示，中国农业对生产性服务业的直接消耗系数整体呈上升趋势，并且从 2005 年开始上升幅度减

① 臧霄鹏，林秀梅. 生产性服务业与其他产业的关联关系研究——基于投入产出模型的动态分析 [J]. 经济问题，2011（6）：23-26.
② 韩坚，尹国俊. 农业生产性服务业：提高农业生产效率的新途径 [J]. 学术交流，2006（11）：107-110.

小；中国农业对生产性服务业的直接消耗系数一直处于较低水平，2010 年的数值为 0.06，而美国同期达到了 0.14。我国同美国的差距非常大，这表明中国农业生产性服务投入量明显不足，中国农业生产的社会化程度和专业化程度比较低。

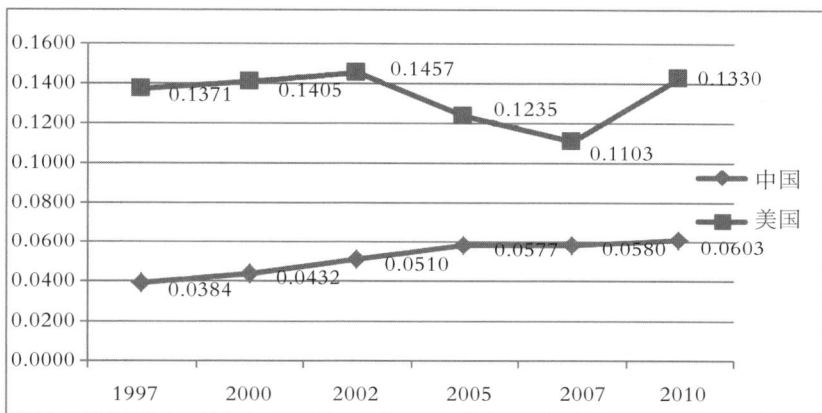

图 3-7　中美农业对生产性服务业的直接消耗系数对比

资料来源：数据是由 1997 年、2000 年、2002 年、2005 年、2007 年、2010 年中国和美国的《投入产出表》计算所得。

（三）农业生产性服务业投入结构不尽合理

现代服务业对农业现代化的发展和农业生产效率的提高有显著作用[①]。由表 3-3 可以看出，中国农业生产性服务业投入主要集中在交通运输及仓储业、批发和零售业等传统服务业，占比达到 52% 以上；而信息传输、计算机服务和软件业，研究与试验发展业，综合技术服务业，金融保险业等新兴的现代服务业发展比较缓慢，尤其是金融保险业、租赁和商务服务业，投入占农业生产性服务业总投入的比重呈现下降趋势，金融保险业由 2005 年的 17.83% 下降到 2010 年的 13.20%，租赁和商务服务业从 2005 年的 4.13% 下降到 2010 年的 2.45%。中国农业现代服务业发展缓慢无疑会阻碍中国农业现代化进程和农业生产效率的提高。

---

① 潘锦云，汪时珍，李晏墅. 现代服务业改造传统农业的理论与实证研究——基于产业耦合的视角 [J]. 经济学家，2011（12）：40-47.

表 3-3　　　　　　中国农业生产性服务业投入构成　　　　　单位：%

年份	交通运输及仓储业	邮政业	信息传输、计算机服务和软件业	批发和零售业	金融保险业	租赁和商务服务业	研究与试验发展业	综合技术服务业	水利、环境和公共设施管理业	其他服务业
2005	35.68	0.61	2.50	19.33	17.83	4.13	0.41	12.68	2.99	3.84
2007	26.97	1.14	6.11	25.47	14.32	2.52	2.57	10.88	3.48	6.54
2010	30.67	1.05	5.36	22.79	13.20	2.45	2.47	12.81	4.08	5.12

资料来源：数据通过 2005 年、2007 年、2010 年中国《投入产出表》计算得出。

（四）农村生产性服务业人才短缺

生产性服务业的价值增值更多地体现在专业服务人员与客户之间不断的交流和沟通上，生产性服务人员的知识储备、专业化水平对生产性服务业的发展起决定性作用[①]。中国高层次人才主要向城市聚集，导致农村生产性服务业中高层次、专业化人才非常少。不仅如此，中国农村生产性服务业的从业人员也严重短缺。如表 3-4 所示，中国农村生产性服务业就业人数呈不断上涨趋势，从 2003 年的 2 901.57 万人增加到 2012 年的 4 319.5 万人，增幅为 48.9%；农村生产性服务人数占农村总人口数的比重也不断提高，从 2003 年的 3.78%增加到 2012 年的 6.73%，提高了将近 3 个百分点。但是，中国农村生产性服务业中高层次人才相对短缺，农村生产性服务从业人数占农村总人口数的比重仍然处于比较低的水平。

二、农村生活性服务业现状

生活性服务业是服务业的重要组成部分，它直接向人们提供物质和精神生活消费产品及服务，其产品、服务用于满足购买者生活中的各种需求。生活性服务业一般包括商贸流通、旅游休闲、餐饮住宿、娱乐健身、社区服务等行业。

---

① 吕政，刘勇，王钦．中国生产性服务业发展的战略选择——基于产业互动的研究视角［J］．中国工业经济，2006（8）：5-12.

表 3-4　　　　　　　中国农村生产性服务业就业人数情况　　　　单位：万人

年份	农村人口数	农村（乡镇）生产性服务业就业人数	生产性服务人数占比
2003	76 851	2 901.57	3.78%
2004	75 705	2 969.71	3.92%
2005	74 544	3 050.57	4.09%
2006	73 160	3 442.49	4.71%
2007	71 496	4 083.92	5.71%
2008	70 399	4 667.96	6.63%
2009	68 938	4 173.25	6.05%
2010	67 113	4 168.46	6.21%
2011	65 656	4 234.71	6.45%
2012	64 222	4 319.50	6.73%

注：此表中的生产性服务业包括交通运输及仓储业、批发零售业和社会服务业；数据根据《2013 中国统计年鉴》和《2013 中国劳动统计年鉴》计算得出；2012 年之后的数据未被统计。

（一）农村商贸流通业

1. 农村商业网点分散、定位不明

由于中国大多数农村地区位置较偏僻，便利性不足，加之市场需求小且不集中，很多大型企业不愿意涉足农村市场，因此，中国农村市场零售网点少且经营效率不高。在当前中国的农村市场中，商品流通主要还是以供销社系统为主，多由个体经营者承包柜组实施经营，但其规模不大，经营者对于市场的把握多靠经营经验，零售业经营者的总体素质不高，加之农村购买力有限，有大量假冒伪劣产品流入市场。

虽然近年来中国经济发展迅速，第三产业的发展势头比较迅猛，但政府对于农村商贸业的重视程度不够，也未进行合理的商贸业态规划，这使得农村商贸流通业发展落后，经营混乱。大多数农村地区的商业网点为传统的杂货店，基础设施不足，经营条件差，资金有限，经营理念落后，经营规模小，产品种类有限，没有明确的市场定位和经营目标，缺乏创新，利润有限。混乱的市场经营状态导致中国农村商贸流通业发展缓慢。

2. 农村商贸流通不畅

农村商贸流通业的发展需要建立在良好的运输条件上。虽然中国一些省份的公路、铁路等密度较大，但个别偏远村庄仍存在交通不畅的问题，且当前一些公路、铁路由于使用时间久、维护不足，运输条件也比较差，这都导致农村商贸流通效率不高。此外，农村与城市商贸业的互动程度不高，农村商贸业的经营者思路狭窄，经营理念落后，且市场中存在很多假冒伪劣商品，经营混乱。农村生产的产品因营销网络不完善、产销一体化程度低，很多农产品的流通限制在周边的小范围内，农村商品向城市流通的效率低。这些都极大地限制了农村商贸业的发展。

3. 农村商贸业缺乏高素质人才

与城市居民相比，农村居民的收入水平有限，消费观念和理财观念比较落后，对自身的消费没有明确的规划，不能将有限的资金有效地利用。此外，农村商贸业的发展离不开人，而当前商贸业人才更倾向于在城市中就业，不愿意回到农村。农村商贸业的经营者大多并未学习过相关的经营知识，经营理念落后，素质普遍较低。因此，引进高素质商贸人才对于农村商贸业的发展是非常重要的。

（二）农村休闲农业

农村休闲农业是将农村生态资源与自然景观相结合，开展观光旅游等活动的一种新兴产业。2005 年《中共中央关于制定国民经济和社会发展第十一个五年规划的建议》中提出"生产发展、生活富裕、乡风文明、村容整洁、管理民主"的要求，中国休闲农业在新农村建设中逐渐发展起来。休闲农业将第一产业和第三产业结合起来，共同发展，不仅可以保证农业生产，还可以挖掘农业资源的潜力，增强农村的娱乐功能；游客既可以采摘观光，也可以了解、体验农村居民的生产和生活，感受乡村气息，还可度假休闲，这也为农村经济的发展带来了新的机遇。但在休闲农业发展的过程中，也存在以下几方面问题：

1. 休闲农业项目的建设缺乏合理的规划

近年来，中国休闲农业发展速度很快，规模扩张迅速，但很多休闲农业项目的建设缺乏合理的科学论证，盲目投资，导致同区域内的资源没有很好地、合理地配置，产品同质化现象严重；总体布局规划缺乏统一概念，各农庄为了自己的利益竞争激烈，项目缺乏整体协同性。

2. 休闲农业市场定位不明确

一些地方发展休闲农业缺乏对实际情况的考量，没有对基础设施进行科学的评估就盲目投资；大部分农庄开展的经营项目比较单一，无外乎采摘、垂钓、农家餐饮等，甚至在同一乡村内的农庄经营方式与项目极其类似，没有各自的特色。乡镇政府对休闲农业引导不足，也未能提供有效的保障政策；农庄没有深度挖掘农村文化，对于休闲农业的定位不明确，导致农庄之间竞争激烈，互相争抢游客；景点建设质量较差，注重眼前短期利益，缺乏相互之间的协同合作与共同发展。

3. 休闲农业缺乏专业人才

中国开展休闲农业的很多农庄是由农村居民借助自家的环境、条件改造而成的，多数农庄仅注重外在硬件条件的建设，特意打造优良的环境，而农村居民对于休闲农业的相关服务知识的学习比较欠缺，加之中国对于休闲农业的相关管理也没有统一的标准，很多休闲农业农庄服务质量较差，特别是在房间的管理与清洁、餐饮标准的制定方面，有很多不足之处。而具有相关知识的人才大多倾向于在城市就业，这导致休闲农业缺少相关的专业人才，现有人才缺乏必要的知识和技能。

（三）农村娱乐健身业

1. 农民缺乏健身娱乐意识

当前中国大多数农民的劳动时间较长，劳动强度较大，闲暇时间较少，平时除了干农活，其他时间多用来休息，仅有的娱乐活动也限于与街坊邻居、亲戚朋友聊天、打牌、看电视等。很多农民思想观念比较落后，生活比较节俭，缺乏娱乐健身意识，认为花钱娱乐、健身是浪费，消费观念也比较落后。

2. 农村缺少娱乐健身场地

农村基础设施建设相对于城市来说比较落后，很多乡镇政府财政资金有限，因此，农村娱乐健身场地的建设也极为有限。在中国农村地区，虽然有一些村镇建立了综合文化站，但活动内容匮乏，群众接受度不高，几乎形同虚设，公园、游乐园、电影院、KTV、健身会所等娱乐场所更是少见。缺少娱乐健身场所，也是限制农村娱乐健身业发展的重要因素。

3. 农村娱乐健身市场小

相对于城市居民来说，农村居民的收入水平较低，经济条件不好，这使得农村居民除了饮食、房产建设、教育、人情世故消费、医疗等生活必要开支以外，剩余的可支配收入较少，很难有多余的金钱进行娱乐健身活动。此外，当前中国农村娱乐健身业也刚刚起步，规模小，体系不完善，没有形成一定的市场。

三、农村基本公共服务现状

近年来，为提高人民生活水平，中国各级政府不断加大对公共服务的财政投入，并注重向农村地区倾斜，农村基本公共服务水平得到了较快提高。但中国农村基本公共服务整体上还处于较低水平，与城市相比差距较大，存在较严重的城乡非均等现象，主要表现在以下几个方面：

（一）城乡义务教育水平非均等

从城乡义务教育投入经费来看，城乡之间的差距比较明显。从表

3-5 可以看出，2013 年，初中城乡生均教育经费之比为 1.34，小学城乡生均教育经费之比为 1.24。而城乡之间的生均公共财政预算教育经费差距更为显著，初中城乡比达到 2.42，小学城乡比为 2.10。《2013 国家教育督导报告》显示，城市与农村的教师达标率差距在缩小，但高学历、高职称教师的比例差距有不断扩大的趋势；农村的教学仪器设备条件较差，普遍缺乏多媒体教学设备，制约了教学手段的多样化；农村的音乐、体育、美术等学科专任教师严重不足，素质教育难以实现。农村的义务教育水平整体上与城市的差距在不断扩大。

表 3-5 　　　　　　　2013 年全国城乡义务教育经费情况　　　　　　　单位：元

种类	生均教育经费			生均公共财政预算教育经费		
	城镇	农村	城乡比	城镇	农村	城乡比
初中	10 121.35	7 452.86	1.34	73 36.23	2 986.41	2.42
小学	7 352.9	5 786	1.24	8 056.54	3 804.36	2.10

数据来源：数据由《2014 中国教育经费统计年鉴》和《2014 中国统计年鉴》相关数据计算得出。

（二）城乡公共卫生水平非均等

中国 80% 的卫生资源集中在城市，农村的卫生资源只占 20%，农村医疗卫生机构普遍存在设施落后、人员缺乏等问题[①]。从表 3-6 可以看出，2003—2014 年的 12 年间，中国农村公共卫生水平有了显著提升，农村年人均卫生费用从 2003 年的 274.67 元上升到 2013 年的 1 274.44 元，上涨了 4.64 倍；2014 年农村每千人口卫生技术人员人数为 3.77 人，是 2003 年的 1.67 倍；2014 年农村每千人口床位数为 3.54 张，为 2007 年的 1.77 倍。但是，城乡之间的公共卫生差距依然明显。2013 年，人均卫生费用的城乡比为 2.54，表明城乡差距依然不小；乐观的是，城乡差距有逐年缩小的趋势，年人均卫生费用城乡比从 2003 年的 4.04 下降到 2013 年的 2.54。而每千人口卫生技术人

① 孙德超，曾媛.中国城乡基本公共服务均等化的发展现状及实现途径［J］.商业研究，2011（4）：173-177.

员城乡比不仅没有降低，反而增大了，从 2003 年的 2.16 增大到 2014 年的 2.57，城乡差距在不断扩大；乐观的是，每千人口床位城乡差距不断缩小，每千人口床位城乡比从 2007 年的 2.45 下降到 2014 年的 2.21，但降幅较小，城乡差距依然显著。

表 3-6　　　　2003—2014 年中国农村、城市公共卫生状况

年份	年人均卫生费用（元）			每千人口卫生技术人员（人）			每千人口床位（张）		
	城市	农村	城乡比	城市	农村	城乡比	城市	农村	城乡比
2003	1 108.91	274.67	4.04	4.88	2.26	2.16	—	—	—
2004	1 261.93	301.61	4.18	4.99	2.24	2.22	—	—	—
2005	1 126.36	315.83	3.57	5.82	2.69	2.16	—	—	—
2006	1 248.30	361.89	3.45	6.09	2.70	2.26	—	—	—
2007	1 516.29	358.11	4.23	6.44	2.69	2.39	4.90	2.00	2.45
2008	1 861.76	455.19	4.09	6.68	2.80	2.39	5.17	2.20	2.35
2009	2 176.63	561.99	3.87	7.15	2.94	2.43	5.54	2.41	2.30
2010	2 315.48	666.30	3.48	7.62	3.04	2.51	5.94	2.60	2.28
2011	2 697.48	879.44	3.07	6.68	2.66	2.51	6.24	2.80	2.23
2012	2 999.28	1 064.83	2.82	8.55	3.41	2.51	6.88	3.11	2.21
2013	3 234.12	1 274.44	2.54	9.18	3.64	2.52	7.36	3.35	2.20
2014	—	—	—	9.70	3.77	2.57	7.84	3.54	2.21

（三）城乡基本社会保障水平非均等

近年来，中国农村社会保障制度逐步完善，在扩大农村基本社会保障覆盖面和提高农村基本社会保障水平上有了较大进展，但整体水平依然较低。当前，中国农村社会保障制度包括新农村合作医疗保险、新型农村社会养老保险等社会保险制度，农村最低生活保障、农村五保供养、农村传统救济等社会救济制度。尽管农村社会保障种类有所增加，覆盖面较广，但与中国城镇较完善的社会保障制度比起来，差距依然比较大。中国城镇已建立起包括社会保险制度、社会福利制度、住房保障制度等在内的较为完善的社会保障系统，而农村社会保障水平与城市差距较大，不仅种类较少，在保障力度上也有明显的差距。例如，2015 年农村社会养老金人均为 86 元，而城市基本社

会养老金为 322 元，企事业单位职工养老金平均达到 2 600 元。2015年 5 月的《社会服务统计月报》显示，2015 年 5 月城市最低生活保障支出水平为 287.8 元/年/人，而农村仅为 130.5 元/年/人。

（四）城乡就业服务水平非均等

人才就业服务关系民生问题，属于基本公共服务范畴。随着中国经济和社会快速发展、市场化程度不断提高，中国整体就业服务水平有了较大提升，但城乡之间的非均等问题依然显著。作为人才就业的主战场，城市形成了较为完善的就业服务体系，包括就业供求信息发布、就业政策咨询、职业指导、职业培训、职业介绍、劳动保障事务代理等，并且信息化、现代化程度较高。与此形成鲜明对比的是，农村的就业服务水平低下。尽管各地区、各部门为提高农民工就业服务水平做了很多工作，但迄今为止，农村公共就业服务体系尚未成形。中国农村剩余劳动力数量巨大，据《2014 年全国农民工监测调查报告》显示，2014 年全国农民工总量为 27 395 万人，同比增长 1.9%。农村公共就业服务需求不断扩大，但农村就业服务水平低下。尽管绝大多数乡镇均设有就业服务机构，但总体上存在服务设施条件差、工作人员缺乏且学历较低、就业信息发布少、信息发布不及时等问题，服务机构服务能力低下；农村就业培训机构数量极少，虽然大多数城市都有培训机构面向农民工，但也存在培训内容与岗位需求脱节、针对性和实效性差等问题；农村就业服务投入资金严重不足，导致农村就业培训服务大多是收费的，农民工参与的积极性不高。

（五）农村基本公共服务供求结构性失衡较为突出

基本公共服务供求结构性失衡是指基本公共服务的供给与居民的基本公共服务需求不匹配。农村除了基本公共服务供给总量不足，基础设施条件较差，教育、医疗、社会保障、就业服务等公共服务水平相对偏低以外，还存在较严重的基本公共服务供求结构性失衡问题[①]，这在一定程度上扩大了城乡基本公共服务非均等的程度。导致

---

① 林万龙.中国农村公共服务供求的结构性失衡：表现及成因 [J]. 管理世界，2007（9）. 62-68.

这一问题的根本原因可能在于相比城市政府而言，乡镇政府的服务能力较弱。由于各地的现实状况不同，农村居民的基本公共服务需求也存在较大差异，但农村乡镇政府在提供公共服务时往往主观随意性较严重，往往依据政府自身的供给能力来决定基本公共服务的供给，这就导致本来就匮乏的农村基本公共服务与农村居民的现实需求不匹配，造成公共资源供给低效和一定程度的浪费，农村居民对基本公共服务的满意度较低[①]。例如，中国农村养老服务机构床位不足老人数量的 5%，但床位空置率达到了 50% 以上；目前农村基本公共服务财政投向结构中，建设环节所占比例较高，但对设施的管护投入相对缺乏，导致农村基础设施利用率较低，使用寿命缩短。

（六）农民居民对基本公共服务的满意度偏低

问卷调查结果显示（见表 3-7），在农村基本公共服务整体方面，68.4% 的农村居民选择了一般满意及以上，选择"不满意"的为 27.7%，选择"非常不满意"的为 3.9%，不满意率为 31.6%；在分项满意度方面，农村义务教育满意率为 80.3%，是所有分项满意度中最高的，选择"非常不满意"的仅有 1.3%，也是所有分项满意度中最低的，表明农村义务教育的满意度明显高于其他基本公共服务；农村基础医疗的满意率为 67.2%，不满意率为 32.8%，其中选择"非常不满意"的为 9.3%，数值较高；农村社会保障的满意率为 71.7%，不满意率为 28.3%；农村就业服务的满意率为 51.8%，排在所有分项满意度的倒数第二位，11.9% 的农村居民选择了"非常不满意"，这一数值也处在第二高的位置，表明农村居民对就业服务的满意度较低；农村基础设施的满意率为 65.4%，不满意率为 34.6%；农技推广服务的满意率仅为 48.8%，不满意率达到了 51.2%，其中选择"非常满意"的仅为 3.7%，为所有分项满意度中最低的，选择"非常不满意"的为 15.3%，是所有分项满意度中最高的，表明农技推广服务在所有基本公共服务中的满意度是最低的。

---

① 吕炜，王伟同. 中国基本公共服务提供均等化问题研究——基于公共需求与政府能力视角的分析 [J]. 财政研究，2008（5）：10-18.

表 3-7　　　　　农村居民对各类基本公共服务的满意度　　　　单位：%

基本公共服务	非常满意	比较满意	一般满意	不满意	非常不满意	满意率	不满意率
农村基本公共服务	8.4	25.8	34.2	27.7	3.9	68.4	31.6
农村义务教育	12.3	32.4	35.6	18.4	1.3	80.3	19.7
农村基础医疗	9.6	26.7	30.9	23.5	9.3	67.2	32.8
农村社会保障	9.2	30.2	32.3	20.5	7.8	71.7	28.3
农村就业服务	4.6	22.8	24.4	36.3	11.9	51.8	48.2
农村基础设施	7.6	24.2	33.6	27.8	6.8	65.4	34.6
农技推广服务	3.7	20.3	24.8	35.9	15.3	48.8	51.2

　　注：数据根据问卷调查统计分析获得，其中"满意率"为"非常满意"、"比较满意"和"一般满意"三项数值的总和，"不满意率"为"不满意"和"非常不满意"两项数值的和。

　　总体而言，尽管 75.8%的农村居民认为基本公共服务水平较五年前有提高①，但农村居民对农村基本公共服务的满意度仍然偏低，尤其是农技推广服务和农村就业服务，表明农村基本公共服务水平的提高速度满足不了农村居民的需求。政府在加大力度提高农村基本公共服务水平的同时，也应考虑提高居民的满意度，而实现这一目标的关键在于更加关注农村居民的迫切需求，并且补齐现有农村基本公共服务的短板。

第四节　中国农村服务业的产业政策

一、中国农村服务业发展的主要政策评述

根据中国农村研究网、中国政策网、中国产业政策网等国家官方

---

　　①　数据来源于问卷调查结果，详见本书附录《中国农村基本公共服务现状调查报告》。

网站公布的有关农村服务业的相关法规、农业部规章、涉农部门规章、中央"一号文件"等政策法规的内容，我们发现，2000 年之前中国出台的服务业相关政策法规数量相对较少，具体涉及农村服务业的政策数量少之又少，因此，本章主要针对 2000 年之后中国出台的农村服务业相关政策开展研究，具体政策文件见表 3-8 和表 3-9。

表 3-8　　　历年中央"一号文件"中农村服务业的相关内容

年份	政策名称	相关内容
2014	关于全面深化农村改革加快推进农业现代化的若干意见	健全农业社会化服务体系；强化金融机构服务"三农"职责；发展新型农村合作金融组织；加大农业保险支持力度；开展村庄人居环境整治；推进城乡基本公共服务均等化；创新基层管理服务
2013	关于加快发展现代农业进一步增强农村发展活力的若干意见	改善农村金融服务；强化农业公益性服务体系；培育农业经营性服务组织；创新服务方式和手段；加强农村基础设施建设；大力发展农村社会事业；有序推进农业转移人口市民化；推进农村生态文明建设
2012	关于加快推进农业科技创新持续增强农产品供给保障能力的若干意见	提升农村金融服务水平；着力抓好种业科技创新；强化基层公益性农技推广服务；引导科研教育机构积极开展农技服务；培育和支持新型农业社会化服务组织；振兴发展农业教育；加快培养农业科技人才；搞好生态建设；加强农产品流通设施建设；创新农产品流通方式
2011	关于加快水利改革发展的决定	无
2010	关于加大统筹城乡发展力度进一步夯实农业农村发展基础的若干意见	提高农村金融服务质量和水平；提高农业科技创新和推广能力；努力促进农村就业创业；提高农村教育卫生文化事业发展水平；加强农村水电路气房建设

年份	政策名称	相关内容
2009	关于2009年促进农业稳定发展农民持续增收的若干意见	加快农业科技创新步伐;推进生态重点工程建设;推进基层农业公共服务机构建设;加快农村社会事业发展;加快农村基础设施建设;积极扩大农村劳动力就业
2008	关于切实加强农业基础建设进一步促进农业发展农民增收的若干意见	继续加强生态建设;加快推进农业科技研发和推广应用;积极发展农民专业合作社和农村服务组织;积极推进农村信息化;提高农村义务教育水平;增强农村基本医疗服务能力;繁荣农村公共文化;不断提高扶贫开发水平;大力发展农村公共交通;继续改善农村人居环境;加快农村金融体制改革和创新
2007	关于积极发展现代农业扎实推进社会主义新农村建设的若干意见	加大乡村基础设施建设力度;加强农业科技创新体系建设;推进农业科技进村入户;大力推广资源节约型农业技术;加快农业信息化建设;建设农产品流通设施和发展新型流通业态;积极发展多元化市场流通主体;加强农民转移就业培训和权益保护;加快发展农村社会事业;提高农村公共服务人员能力;大力发展农民专业合作组织;加强和改进农村社会管理
2006	关于推进社会主义新农村建设的若干意见	大力提高农业科技创新和转化能力;加强农村现代流通体系建设;加快乡村基础设施建设;加强村庄规划和人居环境治理;加快发展农村义务教育;大规模开展农村劳动力技能培训;积极发展农村卫生事业;繁荣农村文化事业;加快推进农村金融改革;培育农村新型社会化服务组织

续表

年份	政策名称	相关内容
2005	关于进一步加强农村工作提高农业综合生产能力若干政策的意见	加强农业科技创新能力建设；加大良种良法的推广力度；加快改革农业技术推广体系；加大农村小型基础设施建设力度；加快农产品流通和检验检测设施建设；加强农业发展的综合配套体系建设；推进农村金融改革和创新；全面开展农民职业技能培训工作；进一步发展农村教育、卫生、文化等社会事业
2004	关于促进农民增加收入若干政策的意见	加强农业科研和技术推广；保障进城就业农民的合法权益；加强对农村劳动力的职业技能培训；进一步加强农业和农村基础设施建设；深化粮食流通体制改革；改革和创新农村金融体制；完善扶贫开发机制；认真安排好灾区和困难农户的生产生活

表 3-9　　　　　　　　**中国农村服务业相关政策**

年份	政策名称	类别
2013	关于加强农业行业助残扶贫工作促进农村残疾人增收的通知	农村公益服务
	农业部关于促进企业开展农业科技创新的意见	农业科技
	全国农业农村信息化示范基地认定办法（试行）	农业信息化
2012	国务院办公厅关于规范农村义务教育学校布局调整的意见	农村教育
2011	国务院办公厅关于进一步加强乡村医生队伍建设的指导意见	农村医疗
	全国农业农村信息化发展"十二五"规划	农业信息化
	农村实用人才和农业科技人才队伍建设中长期规划（2010—2020年）	农业科技
	农业科技发展"十二五"规划	农业科技
	农业部关于进一步加强农业和农村节能减排工作的意见	农村环境保护

年份	政策名称	类别
	关于扶持建立农业科技示范场的指导意见	农业科技
2010	关于做好2010年扩大村级公益事业建设一事一议财政奖补试点工作的通知	农村公益服务
2009	全民健身条例	农民健康
	关于加快推进乡镇或区域性农业技术推广机构改革与建设的意见	农业技术推广
	乡镇综合文化站管理办法	农村文化
	关于加快农产品流通网络建设推进"双百市场工程"的通知	农业流通
	关于完善农业生产资料流通体系的意见	农业流通
2008	关于扎实做好"十一五"广播电视村村通工程建设有关工作的通知	农村基础设施
2007	关于加强农村环境保护工作的意见	农村环境保护
	关于做好"十一五"农村电网完善和无电地区电力建设工作的通知	农村基础设施
2006	国务院关于深化改革加强基层农业技术推广体系建设的意见	农业技术推广
	全国农业广播电视学校"十一五"发展规划	农村教育
	关于加强农村基础设施建设,扎实推进社会主义新农村建设的意见	农村基础设施
	农业部关于进一步加强农业信息化建设的意见	农业信息化
	关于做好2006年度农产品现代流通体系建设资金管理工作的通知	农业流通
	关于完善农村商品流通网络有关问题的通知	农业流通
	关于在农村义务教育经费保障机制改革中坚决制止学校乱收费的通知	农村教育

年份	政策名称	类别
2006	全国亿万农民健康促进行动规划（2006—2010年）	农民健康
	农业科技发展规划（2006—2020年）	农业科技
	农业系统法制宣传教育第五个五年规划	农村教育
	农村公路建设管理办法	农村基础设施
	农民专业合作经济组织示范章程（试行）	农民专业合作组织
2005	关于进一步加强农村文化建设的意见	农村文化
	农村公路改造工程管理办法	农村基础设施
	教育部关于实施农村实用技术培训计划的意见	农业技术推广
2004	农业主导品种和主推技术推介发布办法	农业技术推广
	关于大力发展农民专业合作经济组织的意见	农民专业合作组织
2003	国办要求做好农民进城务工就业管理和服务工作	农村劳动力就业转移
	国务院办公厅关于做好农民进城务工就业管理和服务工作的通知	农村劳动力就业转移
	全国新型农民科技培训规划（2003—2010年）	农业科技
	关于做好2003年科教兴农工作的意见	农业科技
2002	国务院办公厅关于完善农村义务教育管理体制的通知	农村教育
	关于加快农产品流通设施建设的若干意见	农业流通
	农业部关于做好农村富余劳动力转移就业服务工作的意见	农村劳动力就业转移

资料来源：根据中国农村研究网、中国政策网、中国产业政策网等国家官方网站公布的资料内容整理。

中央"一号文件"原指中共中央每年发布的第一份文件，在国家全年工作中具有纲领性和指导性地位。"一号文件"中提到的问题是中央全年需要重点解决，也是当前国家亟须解决的问题，它从一个侧面反映出待解决问题的难度。2004—2016 年，中共中央连续 13 年发布以"三农"为主题的中央"一号文件"，强调了"三农"问题在中国社会主义现代化建设时期"重中之重"的地位。

2004 年，针对全国农民人均纯收入连年增长缓慢的情况，中央下发《中共中央 国务院关于促进农民增加收入若干政策的意见》；2005 年，《中共中央 国务院关于进一步加强农村工作提高农业综合生产能力若干政策的意见》强调，要把加强农业基础设施建设、加快农业科技进步、提高农业综合生产能力作为重大而紧迫的战略任务；2006 年，《中共中央 国务院关于推进社会主义新农村建设的若干意见》显示，中共十六届五中全会提出的社会主义新农村建设的重大历史任务将迈出有力的一步；2007 年，《中共中央 国务院关于积极发展现代农业扎实推进社会主义新农村建设的若干意见》要求，发展现代农业是社会主义新农村建设的首要任务；2008 年，《中共中央 国务院关于切实加强农业基础建设进一步促进农业发展农民增收的若干意见》强调，要加快构建强化农业基础的长效机制，切实保障主要农产品基本供给，突出抓好农业基础设施建设等；2009 年，《中共中央 国务院关于 2009 年促进农业稳定发展农民持续增收的若干意见》要求，扩大国内农村的潜在需求，实现农业对经济平稳较快发展的基础支撑，突破保障和改善农民民生的难题；2010 年，《中共中央 国务院关于加大统筹城乡发展力度进一步夯实农业农村发展基础的若干意见》提出了在保持政策连续性、稳定性的基础上，进一步完善、强化"三农"工作的政策；2011 年，《中共中央 国务院关于加快水利改革发展的决定》是新中国中央文件首次对水利工作进行的全面部署；2012 年，《关于加快推进农业科技创新持续增强农产品供给保障能力的若干意见》突出强调农业科技创新，把推进农业科技创新作为"三农"工作的重点；2013 年，《中共中央 国务院关于加快发展现代农业进一步增强农村发展活力的若干意见》突出强调了发展现代农业对于增强农村发展活力的重要意义；2014 年，《关于全面深化农村改革加快推进农业现代化的若干意见》再次从多层面强调了推进农业现代化建设的重要意义与举措等。

根据以上各年中央"一号文件"，我们从中分选出与农村服务业相关的政策内容，整理成表 3-8。2014 年，中央"一号文件"中有关农村服务业的政策内容主要集中于农业社会化服务、金融服务、环境治理、公共服务、社会管理等方面；2013 年，中央"一号文件"中有关农村服务业的政策内容主要集中于金融服务、公共服务、经营性服务、基础设施建设、社会事业、劳动力转移就业、生态环境等方面；2012 年，中央"一号文件"中有关农村服务业的政策内容主要集中于金融服务、科技创新、公共服务、农村教育、社会化服务、生态环境、农业流通等方面；2010 年，中央"一号文件"中有关农村服务业的政策内容主要集中于金融服务、科技创新、劳动力转移就业、农村教育、农村卫生、农村文化、水电路气房等基础设施建设等方面；2009 年，中央"一号文件"中有关农村服务业的政策内容主要集中于科技创新、生态建设、公共服务、社会事业、基础设施、劳动力就业转移等方面；2008 年，中央"一号文件"中有关农村服务业的政策内容主要集中于生态建设、科技创新、合作服务组织、农村信息化、农村教育、农村医疗、农村文化、农村扶贫公益、农村交通、环境建设、金融服务等方面；2007 年，中央"一号文件"中有关农村服务业的政策内容主要集中于基础设施建设、科技创新、农业技术推广、农业信息化、农业流通、农村教育、社会事业、公共服务、专业合作组织、社会管理等方面；2006 年，中央"一号文件"中有关农村服务业的政策内容主要集中于科技创新、农业流通、基础设施建设、环境治理、农村教育、农村卫生、农村文化、金融服务、社会化服务等方面；2005 年，中央"一号文件"中有关农村服务业的政策内容主要集中于科技创新、农业技术推广、基础设施建设、农业流通、金融服务、农村教育、卫生、文化等方面；2004 年，中央"一号文件"中有关农村服务业的政策内容主要集中于农业技术推广、农业劳动力就业转移、农村教育、基础设施建设、农业流通、金融服务、公益服务等方面。除以上内容外，各项政策中还不同程度地提到了增加农村服务业的资本投入以及增强融资比例等财政扶持内容。

表 3-9 归纳整理了中国政府相继发布的涉及农村服务业的法规、农业部规章、涉农部门规章等政策文件。2013 年出台的 3 项相关政策主要涉及农村公益服务事业、农业科技、农业信息化等方面；2012 年出台的 1 项相关政策主要涉及农村教育等方面；2011 年出台的 6 项相关政策主要涉及农村医疗、农业信息化、农业科技、农村环境保护等方面；2010 年出台的 1 项相关政策主要涉及农村公益服务事业等方面；2009 年出台的 5 项相关政策主要涉及农民健康、农业技术推广、农村文化、农业流通等方面；2008 年出台的 1 项相关政策主要涉及农村基础设施建设等方面；2007 年出台的 2 项相关政策主要涉及农村环境保护、农村基础设施等方面；2006 年出台的 12 项相关政策主要涉及农业技术推广、农村教育、农村基础设施、农业信息化、农业流通、农民健康、农业科技、农民专业合作组织等方面；2005 年出台的 3 项相关政策主要涉及农村文化、农村基础设施、农业技术推广等方面；2004 年出台的 2 项相关政策主要涉及农业技术推广、农民专业合作组织等方面；2003 年出台的 4 项相关政策主要涉及农村就业转移、农业科技等方面；2002 年出台的 3 项相关政策主要涉及农村教育、农业流通、农村就业转移等方面。除以上内容外，大部分与农村服务业相关的法规、规章等也不同程度地提到了增加农村服务业的资本投入以及增强融资比例等财政内容。

二、中国农村服务业的政策变迁与政策聚集点转换

（一）中央"一号文件"

从表 3-8 可以看出，历年中央"一号文件"中有关农村服务业的政策内容主要涉及农业服务体系与组织、农村金融服务、农村环境治理、公共服务、基础设施建设、劳动力转移就业、科技创新、农业

教育、农业流通、农村信息化、农村文化、农村医疗、农业技术推广服务等方面。其中，2014 年中央"一号文件"中主要涉及 4 项农村服务业相关内容，2013 年中央"一号文件"中主要涉及 6 项农村服务业相关内容，2012 年中央"一号文件"中主要涉及 7 项农村服务业相关内容，2010 年中央"一号文件"中主要涉及 7 项农村服务业相关内容，2009 年中央"一号文件"中主要涉及 6 项农村服务业相关内容，2008 年中央"一号文件"中主要涉及 9 项农村服务业相关内容，2007 年中央"一号文件"中主要涉及 9 项农村服务业相关内容，2006 年中央"一号文件"中主要涉及 9 项农村服务业相关内容，2005 年中央"一号文件"中主要涉及 8 项农村服务业相关内容，2004 年中央"一号文件"中主要涉及 7 项农村服务业相关内容。

从以上统计数据来看，2006 年、2007 年、2008 年中央"一号文件"对农村服务业的扶持力度相对较大；2005 年的政策扶持力度次之，2004 年、2010 年、2012 年的政策扶持力度排第三位；2009 年、2013 年的政策扶持力度排第四位；2014 年的政策扶持力度暂居第五位。从表 3-9 的政策内容来看，中央"一号文件"中农村基础设施建设相关政策曾出现 8 次，农村金融服务的相关政策曾出现 7 次，农村公共服务的相关政策曾出现 7 次，农村科技创新的相关政策曾出现 7 次，农村教育的相关政策曾出现 7 次，农村环境治理的相关政策曾出现 6 次，农村社会化服务的相关政策曾出现 6 次，农业流通的相关政策曾出现 5 次，农业劳动力就业转移的相关政策曾出现 4 次，农村医疗的政策曾出现 4 次，农村文化的相关政策曾出现 4 次，农业技术推广的相关政策曾出现 3 次，农村信息化的相关政策曾出现 2 次，农村合作服务组织的相关政策曾出现 2 次。由此可知，农村基础设施建设、金融服务、公共服务、科技创新、农村教育、农村环境治理、社会化服务、农业流通等是新世纪以来中央"一号文件"发展农村服务业的重要政策聚焦点，而农村劳动力就业转移、农村医疗、农村文化、农业技术推广、农村信息化等农村现代服务业相关内容的政策聚焦力度相对次之。

（二）农村服务业其他相关政策

表 3-10 中有关农村服务业的相关法规、农业部规章、涉农部门规章等政策文件内容主要涉及农业科技、农村教育、农业流通、农村基础设施、农业技术推广、农业信息化、农村就业转移、农民健身、农村文化、农村公益服务事业、农村环境保护、农民专业合作组织、农村医疗等方面。其中，2013 年共 3 项相关政策，涉及 3 项农村服务业相关内容；2012 年共 1 项相关政策，涉及 1 项农村服务业相关内容；2011 年共 6 项相关政策，涉及 4 项农村服务业相关内容；2010 年共 1 项相关政策，涉及 1 项农村服务业相关内容；2009 年共 5 项相关政策，涉及 4 项农村服务业相关内容；2008 年共 1 项相关政策，涉及 1 项农村服务业相关内容；2007 年共 2 项相关政策，涉及 2 项农村服务业相关内容；2006 年共 12 项相关政策，涉及 8 项农村服务业相关内容；2005 年共 3 项相关政策，涉及 3 项农村服务业相关内容；2004 年共 2 项相关政策，涉及 2 项农村服务业相关内容；2003 年共 4 项相关政策，涉及 2 项农村服务业相关内容；2002 年共 3 项相关政策，涉及 3 项农村服务业相关内容。

从以上统计数据来看，2006 年出台的相关政策对农村服务业的扶持力度相对较大；2011 年、2009 年的政策扶持力度次之，2013 年、2005 年、2002 年的政策扶持力度排第三位；2007 年、2004 年、2003 年的政策扶持力度排第四位；2012 年、2010 年、2008 年的政策扶持力度暂居第五位。我们根据表 3-9 中政策文件涉及的内容，对其进行分类，分类结果见表 3-10。其中，农业科技的相关内容涉及 7 项政策；农村教育的相关内容涉及 5 项政策，农业流通的相关内容涉及 5 项政策，农业基础设施的相关内容涉及 5 项政策，农业技术推广的内容涉及 4 项政策，农业信息化的内容涉及 3 项政策，农业劳动力就业转移的内容涉及 3 项政策，农民健身的内容涉及 2 项政策，农村文化的内容涉及 2 项政策，农村公益服务事业的内容涉及 2 项政策，农村环境保护的内容涉及 2 项政策，农村专业合作组织的内容涉及 2 项政策，农村医疗的内容涉及 1 项政策。由此可知，农业科技、农业教育、农业流通、农业基础设施、农业技术推广等是新世纪以来政府相关法规、农业部规章、涉农部门规章等发展农村服务业的重要政策聚焦点，而农业劳动力就业转移、农民健身、农村文化、农村公益服务事业、农村环境保护、农村专业合作组织、农村医疗等农村服务业相关内容的政策聚焦力度相对次之。

表 3—10 中国农村服务业相关政策分类

类别	政策名称	年份
农业科技	农业部关于促进企业开展农业科技创新的意见	2013
	农业科技发展"十二五"规划	2011
	关于扶持建立农业科技示范场的指导意见	2011
	农业科技发展规划（2006—2020年）	2006
	全国新型农民科技培训规划（2003—2010年）	2003
	关于做好2003年科教兴农工作的意见	2003
	农村实用人才和农业科技人才队伍建设中长期规划（2010—2020年）	2011
农村教育	国务院办公厅关于规范农村义务教育学校布局调整的意见	2012
	国务院办公厅关于完善农村义务教育管理体制的通知	2002
	全国农业广播电视学校"十一五"发展规划	2006
	关于在农村义务教育经费保障机制改革中坚决制止学校乱收费的通知	2006
	农业系统法制宣传教育第五个五年规划	2006
农业流通	关于加快农产品流通网络建设推进"双百市场工程"的通知	2009
	关于完善农业生产资料流通体系的意见	2009
	关于做好2006年度农产品现代流通体系建设资金管理工作的通知	2006
	关于完善农村商品流通网络有关问题的通知	2006
	关于加快农产品流通设施建设的若干意见	2002

续表

类别	政策名称	年份
农村基础设施	关于扎实做好"十一五"广播电视村村通工程建设有关工作的通知	2008
	关于做好"十一五"农村电网完善和无电地区电力建设工作的通知	2007
	关于加强农村基础设施建设，扎实推进社会主义新农村建设的意见	2006
	农村公路建设管理办法	2006
	农村公路改造工程管理办法	2005
农业技术推广	国务院关于深化改革加强基层农业技术推广体系建设的意见	2006
	关于加快推进乡镇或区域性农业技术推广机构改革与建设的意见	2009
	教育部关于实施农村实用技术培训计划的意见	2005
	农业主导品种和主推技术推介发布办法	2004
农业信息化	全国农业农村信息化示范基地认定办法（试行）	2013
	全国农业农村信息化发展"十二五"规划	2011
	农业部关于进一步加强农业信息化建设的意见	2006
农村劳动力就业转移	国办要求做好农民进城务工就业管理和服务工作	2003
	国务院办公厅关于做好农民进城务工就业管理和服务工作的通知	2003
	农业部关于做好农村富余劳动力转移就业服务工作的意见	2002
农民健身	全民健身条例	2009
	全国亿万农民健康促进行动规划（2006—2010年）	2006
农村文化	关于进一步加强农村文化建设的意见	2005
	乡镇综合文化站管理办法	2009

类别	政策名称	年份
农村公益服务	关于加强农业行业助残扶贫工作促进农村残疾人增收的通知	2013
	关于做好2010年扩大村级公益事业建设一事一议财政奖补试点工作的通知	2010
农村环境保护	农业部关于进一步加强农业和农村节能减排工作的意见	2011
	关于加强农村环境保护工作的意见	2007
农民专业合作组织	农民专业合作经济组织示范章程（试行）	2006
	关于大力发展农民专业合作经济组织的意见	2004
农村医疗	国务院办公厅关于进一步加强乡村医生队伍建设的指导意见	2011

三、中国农村服务业发展的政策约束

通过以上分析可知，中国农村服务业中的农产品流通服务业、农业技术推广服务业、农业信息化服务业、农村就业转移服务业、农村公益服务事业、农民专业合作组织服务业、农村医疗服务业等行业的政策扶持力度与执行效果相对滞后，主要影响因素有以下五个：

（一）农产品流通服务业政策相对滞后

有关农产品流通服务业的政策法规，2009年中国主要出台了2项专项政策，分别为《关于加快农产品流通网络建设推进"双百市场工程"的通知》和《关于完善农业生产资料流通体系的意见》。前者强调支持农产品批发市场进行冷链、质量安全可追溯、安全监控、废弃物处理等准公益性设施以及交易厅棚、仓储物流、加工配送、分拣包装等经营性设施建设和改造，同时支持农贸市场进行交易厅棚、冷藏保鲜、卫生、安全、服务等设施建设和改造；后者强调通过发展农资现代流通网络、培育大型农资流通企业、完善农资多元服务功能、推进农资流通市场化、加强农资市场监测调控、加强农资行业自律、加强农资市场监管等措施完善农业生产资料流通体系。2006年主要出台了2项专项政策，分别为《关于做好2006年度农产品现代流通体系建设资金管理工作的通知》和《关于完善农村商品流通网络有关问题的通知》。前者强调国家对承担农产品现代流通体系建设项目的单位建设或改造配送中心、仓储、优质农产品常年展示交易中心等基础设施所取得的金融机构中长期固定资产贷款，予以利息补助；对建设或改造批发市场农产品消费安全、独立全封闭式活禽交易屠宰区等项目，以及流通企业农产品冷链系统建设或改造项目等准公益性设施予以资金资助。2002年中国出台了《关于加快农产品流通设施建设的若干意见》，强调完善现有市场的功能，提高市场档次，搞好全国骨干批发市场建设，加快农产品批发市场内部检验检测设施建设，加强农产品批发市场信息网络建设，加快农产品储藏、运输等物流设施建设，培育农民合作运销组织和大型经营企业。由此可见，农产品流通服务业的政策焦点集中于农产品流通网络、农产品流通基础设施、农产品流通体系建设资金管理等方面。根据本节对农产品流通政策效果的评价可知，虽然中国农产品市场流通交易额实现了较大幅度的增长，但农产品市场流通体系的规模与管理水平仍相对较低；虽然农产品会展流通项目蓬勃发展，但要实现尽快与世界农产品流通产业的接轨，规模化、高端化的农产品会展项目数量仍相对较少。此外，虽然中国农产品的国际流通实现了稳步增长，但进口流通增长速度显著高于出口流通增长速度，因此政府应积极出台相关政策，刺激农产品的出口流通。

（二）农业技术推广服务资金政策扶持相对有限

有关农业技术推广服务的政策法规，2009年中国主要出台了《关于加快推进乡镇或区域性农业技术推广机构改革与建设的意见》，强调加强机构建设并确保职能有效履行，加强队伍建设且提高人员素质，创新运行机制且增强农业技术推广活力，加强条件建设且提升公共服务能力，充分发挥公益性农业技术推广机构在农业技术推广服务中的主导作用，切实加强对乡镇或区域性农业技术推广机构改革与建设工作的领导等；2006 年中国主要出台了《国务院关于深化改革加强基层农业技术推广体系建设的意见》，强调推进基层农业技术推广机构改革，促进农业技术社会化服务组织发展，加大对基层农业技术推广体系的支持力度，切实加强对基层农业技术推广体系改革工作的领导等；2005 年中国主要出台了《教育部关于实施农村实用技术培训计划的意见》，提出加强培训网络建设并提高培训能力，改革教学内容和方法并提高培训质量，加强农村成人教育专兼职师资队伍建设，多渠道筹措农村实用技术培训经费，建立检查评估和表彰奖励机制；2004 年中国主要出台了《农业主导品种和主推技术推介发布办法》，强调推进建立科技人员直接到户、良种良法直接到田、技术要领直接到人的工作机制，引导广大农民选择优良品种和先进适用技术，发挥科技对粮食增产、农业增效和农民增收的支撑作用。由此可见，农业技术推广服务业的政策焦点集中于农业技术推广机构改革、农业技术推广体系建设、农村实用技术培训、农业主导品种和主推技术推介等方面。根据本章对农业技术推广服务政策效果的评价可知，虽然中国农业技术推广服务已取得了一定成效，但农业技术推广服务的资金政策支持力度一直相对有限。县级以上农业科技推广既有同级财政拨款的推广资金，也有上级财政专门拨款的推广资金，资金来源形式较为多样化。但乡镇情况完全不同，由于资金有限，许多农业技术推广站只能利用经营方式谋求生存与发展，其工作人员的工资和福利待遇也较差，导致乡镇不能有效吸纳并留住优秀的农业技术人员，这给乡镇农业科技推广带来消极影响。

（三）农业信息化政策有待进一步完善

2013 年中国出台了《全国农业农村信息化示范基地认定办法（试行）》，确定了全国农业农村信息化示范基地的分类与标准、申报条件、认定程序、考核与管理等。2011 年中国出台了《全国农业农村信息化发展"十二五"规划》，强调夯实农业农村信息化基础、加快用信息技术武装现代农业步伐、助力农业产业化经营跨越式发展、推进农业政务管理迈上新台阶、开创农业信息服务新局面等主要任务。2006 年中国出台了《农业部关于进一步加强农业信息化建设的意见》，提出认清形势，正确把握农业信息化建设的发展趋势，加大力度、推进农业信息资源开发与利用，实施重点工程、强化农业信息化建设基础，加强整合开发、推进农业信息网络系统建设，创新工作思路、通过多种方式推进农业信息化建设强化培训，抓紧抓好农业信息化队伍建设；加强研究，加快农业信息化标准体系建设；采取有效措施，确保农业信息化各项工作落到实处等。由此可见，农业信息化服务业的政策焦点集中于农业农村信息化示范基地建设、农村信息化发展战略等方面。通过本章对农业信息化服务政策效果的评价可知，虽然依托中国农业信息网建立的中国农产品"网上展厅"和"供求一站通"等信息化服务项目推动了中国农业信息化的产销对接，实现了稳步发展，但由于中国农业存在高度分散、时空变异大、量化规模化程度低、稳定性和可控程度低等行业性弱点，农业信息技术推动农业现代化发展的需求异常突出。然而，目前中国计算机价格、上网费用等信息化推广费用对于农村居民的日常消费来说相对过高，而且计算机、网络等信息化推广设备的使用和维护相对复杂，导致农村居民无法长期消费或者不会消费，因此，农村居民的信息化消费能力有限和农民整体文化素质较低等问题阻碍了中国农业信息化服务政策的实施。

（四）农村本地服务业就业转移政策效果不理想

2003 年中国出台了《国务院办公厅关于做好农民进城务工就业管理和服务工作的通知》，提出进一步提高对做好农民进城务工就业管理和服务工作的认识，取消对农民进城务工就业的不合理限制，切实解决拖欠和克扣农民工工资问题，改善农民工的生产生活条件，做好农民工培训工作，多渠道安排农民工子女就学，加强对农民工的管理等；2002 年中国出台了《农业部关于做好农村富余劳动力转移就业服务工作的意见》，提出充分认识做好农村富余劳动力转移就业服务工作的重要意义，积极开展农村富余劳动力的职业技能培训，努力做好农村富余劳动力转移就业的信息服务工作，切实保障外出农民的土地承包经营权，主动配合有关部门积极做好维护农民工合法权益工作，切实加强对农村富余劳动力转移就业服务工作的组织和领导等。由此可知，农村就业转移政策的焦点集中于农村劳动力外流与输出等方面的就业服务，这一特点限制了农村本地劳动力服务业就业转移的发展，因此，国家应及时出台相关政策，稳定农村本地或吸引外地劳动力就业转移，为农村服务业的发展集聚人力资源。

（五）农村公益服务事业体制有待深入改革

2013 年中国出台了《关于加强农业行业助残扶贫工作促进农村残疾人增收的通知》，强调进一步加强协调、落实责任、健全机制，加强对残疾人的农业生产技术服务，加大对残疾人创办农民专业合作社的扶持，加强农村残疾人农业生产与经营管理技能的培训工作，支持农村残疾人家庭购置和使用农机，加快改善农村残疾人家庭生活燃气环境等；2010 年中国出台了《关于做好 2010 年扩大村级公益事业建设一事一议财政奖补试点工作的通知》，强调继续扩大一事一议财政奖补试点范围，精心制定试点工作方案，进一步完善一事一议财政奖补制度，建立健全村级公益事业建设投入的有效机制，加强对一事一议财政奖补试点的监督检查，加强对一事一议财政奖补试点工作的领导等。由此可知，农村公益服务事业政策的焦点集中于农业行业助残扶贫工作、促进农村残疾人增收、扩大村级公益事业建设一事一议财政奖补等方面。通过本章对农村公益服务事业政策效果的评价可知，目前中国农村老年收养性福利机构的数量增长比率明显小于年末收养人数，也小于收养老人数量的增长速度，因此农村养老服务机构的容量饱和度逐渐升高，国家还应以政策推进农村养老机构数量的增加，缩小农村公益性服务市场的缺口。

2011 年中国出台了《国务院办公厅关于进一步加强乡村医生队伍建设的指导意见》，提出进一步加强乡村医生队伍建设的总体要求，明确乡村医生职责，实现村卫生室和乡村医生全覆盖，加强乡村医生和村卫生室管理，将村卫生室纳入相关制度实施范围，完善乡村医生补偿和养老政策，健全乡村医生培养培训制度，切实做好组织实施工作等。通过本章对农村医疗政策效果的评价可知，乡（镇）卫生院的规模在不断扩大，饱和程度也在不断提升，为保证乡（镇）卫生院的医疗质量，仍需要相关政策的扶持；同时，设置卫生室的乡村数量不断增加，但平均每村的乡村医生和卫生员绝对数量和每千农业人口乡村医生和卫生员绝对数量相对紧缺，因此，中国农村的医疗保障与完善仍需要政策的推进。

综上，我们对本章小结如下：

本章分别从总体规模、阶段特征、细分行业和产业政策四方面对中国农村服务业的发展状况进行了全面、深入的剖析，得出如下研究结论：

第一，中国农村服务业的总体规模不断扩大，发展速度高于GDP增速，但与城市服务业相比仍处于落后水平。

2014年，中国农村服务业（第三产业）增加值为82 761.6亿元，比2013年实际增长9.62%；为2000年的6.8倍，年均增长14.72%。农村服务业增加值占国内生产总值的比重为13.01%，比2013年提高0.17个百分点；中国农村服务业增加值总体规模在稳步增长，增长率总体上比同期国内生产总值增长率高。但是，中国农村服务业的规模与城市相比仍处于较落后水平，2000—2014年，城市服务业增加值均在农村服务业增加值的两倍以上，且城市服务业的增速高于农村服务业的增速。中国农村服务业固定资产投资额逐年增加，但由于国家政策转向的影响，投资增速在2012年之后明显放缓。2014年，中国农村服务业固定资产投资为8 209.2亿元，同比增长仅为2.41%。农村居民人均服务业收入逐年增加，2012年之后，居民服务业收入占居民总收入的比重有加速提高的趋势，2014年达到了23.1%。

第二，在农村生活性服务业、农村生产性服务业及农村公共服务业等行业中存在有效供给不足、供给结构不合理、供给种类欠丰富、居民满意度低等问题。

中国农村生产性服务业有较快发展，总量上快速增加，类别上日趋细化，发展模式上日趋多样，并不断向农村经济的各领域延伸，对中国农村经济的转型升级和繁荣发展起到了重要的推动作用。但是，中国农村生产性服务业整体上依然存在诸多问题，具体表现在以下几个方面：

一是农业生产性服务业增加值较小，占农业总产值比重较低。2014 年农业生产性服务业增加值仅为 1 822.3 亿元，占农业总产值的比重为 3.03%，而美国农业生产性服务业增加值占农业总产值的比重达到 12.7%。

二是农村生产性服务业投入不足，不能满足农村经济发展的要求。2010—2014 年，中国农林牧渔业生产性服务支出增加了 2 273.1 亿元，增加幅度达到了 57.64%，但中国农林牧渔业生产性服务支出占农业总生产支出的比重上升幅度非常小，仅有 1.08 个百分点。农村居民个人生产性服务业固定资产投资占农村居民个人固定资产投资总额的比重有降低的趋势，从 2010 年的 7.83% 降低到 2014 年的 6.72%，下降了 1.11 个百分点。

三是生产性服务业投入结构不合理。中国农业生产性服务业投入主要集中在交通运输及仓储业、批发和零售业等传统服务业，占比均达到 52% 以上；而信息传输、计算机服务和软件业，研究与试验发展业，综合技术服务业，金融保险业等新兴现代服务业发展比较缓慢，尤其是金融保险业、租赁和商务服务业的投入占农业生产性服务业总投入的比重呈现下降趋势，金融保险业由 2005 年的 17.83% 下降到 2010 年的 13.20%，租赁和商务服务业从 2005 年的 4.13% 下降到 2010 年的 2.45%。

中国农村基本公共服务水平得到了较快提高，但中国农村基本公共服务整体上还处于较低水平，与城市相比差距较大，存在较严重的城乡非均等现象。

首先，城乡义务教育水平非均等。2013 年初中城乡生均教育经费之比为 1.34，小学城乡生均教育经费之比为 1.24；而城乡之间的生均公共财政预算教育经费差距更为显著，初中城乡比达到 2.42，小学城乡比为 2.1；城市与农村的教师达标率差距在缩小，但高学历、高职称教师的数量差距有不断扩大的趋势；农村的教学仪器设备条件较差，普遍缺乏多媒体教学设备，制约了教学手段的丰富化；农村的音乐、体育、美术等学科专任教师严重不足，素质教育难以实现。农村的义务教育水平整体上与城市的差距在不断扩大。

其次，城乡公共卫生水平非均等。中国农村公共卫生水平有了显著提升，2014 年农村每千人口卫生技术人员人数为 3.77 人，是 2003 年的 1.67 倍；2014 年农村每千人口床位数为 3.54 张，为 2007 年的 1.77 倍。但是，城乡之间的公共卫生差距依然明显，2014 年，人均卫生费用城乡比为 2.54，每千人口卫生技术人员城乡比为 2.57，每千人口床位城乡比为 2.21。

再次，城乡基本社会保障水平非均等。中国城镇已建立起包括社会保险制度、社会福利制度、住房保障制度等在内的较为完善的社会保障系统，而农村社会保障水平较城市差距较大，不仅种类较少，在保障力度上也有明显的差距。2015 年，农村社会养老金人均为 86 元，而城市基本社会养老金为 322 元，企事业单位职工养老金平均达到了 2 600 元；2015 年 5 月，城市最低生活保障支出水平为 287.8 元/年/人，而农村仅为 130.5 元/年/人。

再次，城乡就业服务水平非均等。城市形成了较为完善的就业服务体系，包括就业供求信息发布、就业政策咨询、职业指导、职业培训、职业介绍、劳动保障事务代理等，并且信息化、现代化程度较高。与此形成鲜明对比的是，农村的就业服务水平低下。尽管绝大多数乡镇均设有就业服务机构，但总体上存在服务设施条件差、工作人员缺乏且学历较低、就业信息发布少、信息发布不及时等问题，服务机构服务能力低下；农村就业培训机构数量极少，虽然多数城市都有培训机构面向农民工，但也存在培训内容与岗位需求脱节、针对性和实效性差等问题；农村就业服务投入资金严重不足，导致农村就业培训服务大多都是收费的，农民工参与的积极性不高。

最后，农村基本公共服务供求结构性失衡较为突出。由于各地的现实情况不同，农村居民的基本公共服务需求也存在较大差异，但农村政府在提供公共服务时往往主观随意性较严重，往往依据政府自身的供给能力来决定基本公共服务的供给，导致本来就匮乏的农村基本公共服务与居民的现实需求不匹配，造成公共资源供给低效和一定程度的浪费，农村居民对基本公共服务的满意度较低。

第四章　中国农村服务业的空间分布与区域差异

近年来，中国农村服务业的发展速度较快，但整体发展水平仍然较低，地区之间发展不均衡，区域差异明显。要解决农村服务业的区域发展失衡问题，必须在全面了解差异现状的基础上，深入分析造成差异的本质原因，对先进地区的发展经验进行总结，对落后地区的困难和问题予以阐明，最后采取有效手段调控区域差异。本章选取2008—2014年间的数据，从综合发展水平差异、机构差异、环境差异三个维度对中国农村服务业的区域差异进行深入剖析，在了解地区差异现状的同时，揭示造成差异的深层次原因，并提出调控区域差异的政策建议。

第一节　区域差异度量方法

农村服务业发展差异的度量可以借鉴收入差距的度量方法，而常用的收入差距由基尼系数（Gini）、广义熵指标（GE_0 和 GE_1）、Atkinson 指数及变异系数（CV）来表示。本章从适用性角度考虑，选用基尼系数、泰尔指标（GE_1）和对数离差均值（GE_0）三个指标来评价农村服务业发展的机构差异和环境差异。这三种方法对不同水平数据的变化敏感度不同，基尼系数一般对中等水平的数据变化比较敏感，泰尔指标一般对上等水平的数据变化比较敏感，而对数离差均值对下等水平的数据变化较为敏感，同时选用这三种方法能够较为全面地度量农村服务业的发展差异。

统计学家洛伦茨将社会总人口按收入水平的高低平均分为 10组，计算每组的收入与总人口收入的比重，以人口累计百分比为横轴，以收入累计百分比为纵轴，画出洛伦茨曲线，来反映居民收入分配的差距。后来，经济学家基尼计算出一个反映收入分配平等程度的指标，可以更好地反映社会收入分配的平等状况，被称为基尼系数。基尼系数在国际经济学研究领域使用广泛，其值介于 0 与 1 之间，反映人口收入差距情况，比较方便。基尼系数对中等收入水平的变化比较敏感，若中等收入变化大，则系数不稳定，比较难以进行趋势分析。

反映农村服务业发展区域差异的基尼系数计算公式为：

$$Gini = \frac{-(n+1)}{n} + \frac{2}{n^2 \mu_y} \sum_{i=1}^{n} i y_i$$

式中，n 表示样本的数目，y_i 表示经过农村服务业发展水平由低到高排列后第 i 个个体的农村服务业发展水平，μ_y 表示农村服务业发展水平的平均值。

泰尔利用信息理论中的"熵"概念来计算收入不平等的指标，这就是对数离差均值（GE_0）和泰尔指标（GE_1）。对数离差均值和泰尔指标能够直接分解为组间和组内农村服务业发展水平差距。

对数离差均值和泰尔指标计算公式为：

$$GE_0(y) = \frac{1}{N} \sum_{i=N} \ln \frac{\mu}{y_i}$$

$$GE_1(y)=\frac{1}{N}\sum_{i=N}\frac{y_i}{\mu}\ln\frac{y_i}{\mu}$$

式中，N 表示地区个数，μ 表示全国农村服务业发展水平的平均值，y_i 表示各地区农村服务业发展水平的变量值。

泰尔指标也称泰尔熵标准（Theil's entropy measure），作为衡量个人之间或者地区间收入差距（或者称不平等度）的指标，这一指数经常被使用。泰尔熵标准因泰尔（1967）利用信息理论中的"熵"概念计算收入不平等而得名。

泰尔指标和基尼系数之间具有一定的互补性。基尼系数对中等收入水平的变化比较敏感，泰尔指标中的 T 对上等收入水平的变化比较敏感，而泰尔指标中的 L 和 V 对下等收入水平的变化敏感。

我们使用的数据主要来源于历年《中国农村统计年鉴》、《中国农业年鉴》、《中国劳动统计年鉴》和《中国统计年鉴》。

第二节　农村服务业水平差异——中国农村服务业发展水平的区域差异分析

农村服务业是服务于农村经济和社会发展的一大产业，是农村经济的重要组成部分。伴随着中国整体经济发展水平的提高以及近年来新农村建设的快速推进，中国农村服务业的发展取得了长足进步。2014 年，中国农村服务业（第三产业）产值为 82 761.6 亿元，比 2013 年实际增长 9.62%；为 2000 年的 6.8 倍，年均增长 14.72%，增长速度较快。但中国农村服务业的整体水平相较于发达国家和中国城市服务业而言，还处于落后水平。对于农村人口比重较高的中国（据国家统计局公布的数据计算，2014 年年末，中国大陆总人口中，乡村人口占总人口的比重为 45.23%）而言，发展农村服务业具有战略意义。同时，研究表明，发展农村服务业对促进农业现代化、增加农民收入和提高农民生活质量以及推进农村城镇化建设等方面都有积极的促进作用[①]。中国《服务业发展"十二五"规划》中也明确提出，"以繁荣农村经济、促进农业现代化、增加农民收入和提高农民生活质量为重点，推动农村服务业水平明显提升"，因此，客观了解现阶段中国各地农村服务业发展水平显得尤为重要，在此过程中，需建立合理和完善的农村服务业发展水平评价体系并进行实证测评。

一、中国农村服务业发展水平综合评价

（一）研究进展

由于国情不同，目前国外尚无专门针对农村服务业发展水平进行评价的研究，而国内学者对中国农村服务业发展水平的探讨多以定性分析为主，而且几乎都是"现状、问题及对策"的研究范式。如张颖熙等（2010）针对中国农村服务业发展现状及存在的主要问题，提出未来中国农村服务业的发展应从基础设施建设、科技创新与推广等多方面寻求对策[②]。杜传忠等（2010）分析了中国农村工业化进程中农村服务业发展的制约因素，从消除制度性障碍的角度提出了相应的对策建议[③]。袁媛等（2009）对云南省农村服务业的发展现状进行了总结，分析了其发展空间和潜力，提出了加快云南省农村服务业发展的对策措施[④]。林艳华等（2011）以山东省烟台市为例，分析了农村服务业发展的现状及存在的问题，提出了今后进一步发展农村服务业的对策[⑤]。而对中国农村服务业发展水平进行定量评价的研究仅有1篇，王新华（2013）利用因子分析法，选取了农林牧渔服务业增加值等10个指标，对中部六省农村服务业发展水平进行了综合评价[⑥]。但王新华（2013）选取的某些指标不能较好地反映农村服务业的发展水

---

① 单永贵. 新时期农村服务业发展探析 [J]. 宏观经济管理，2011（8）：43-48.
② 张颖熙，夏杰长. 促进中国农村服务业发展的思考 [J]. 广东商学院学报，2009（3）：53-59.
③ 杜传忠，刘英基. 中国农村工业化进程中农村服务业发展的障碍及对策探析 [J]. 江西财经大学学报，2010（4）：69-74.
④ 袁媛，李学林，彭子芸，等. 加快云南农村服务业发展的对策研究 [J]. 经济问题探索，2009（2）：172-178.
⑤ 林艳华，肖美香. 烟台市农村服务业发展现状及对策 [J]. 商业时代，2011（12）：136-137.
⑥ 王新华. 中部六省农村服务业发展水平评价的实证研究 [J]. 湖南商学院学报，2013（4）：23-26.

平，如农林牧渔服务业增加值仅能反映第一产业中的农业服务业规模，其占农村服务业总体规模的比例较低，将其作为主要衡量指标恐有失偏颇，且其选择标准化法进行无量纲化处理，这又会使多指标评价结果产生较大偏差。此外，尚无学者对中国各省的农村服务业发展水平进行综合评价。因此，对中国各地的农村服务业发展水平进行分析和评价不仅是新的理论研究课题，而且是发展农村服务业的实际需要。我们尝试在构建合理的农村服务业发展水平评价体系的基础上，采用因子分析和聚类分析方法，对中国省际间的农村服务业发展水平进行综合评价和分析。

（二）评价方法

我们要对同一年份中国各省农村服务业发展水平进行横向比较，农村服务业发展水平是一个抽象概念，其各组成要素的重要程度使得人们很难根据经济理论对其进行定性分析。为避免主观随机因素的干扰，我们采用主成分分析法确定各个指标的权重。主成分分析法最大的特点和优势在于客观性，即权重不是根据人的主观判断确定的，而是由数据自身的特征确定的。

1. 数据无量纲化处理

在具体评价时，指标的量纲往往不同，所以在计算主成分之前应先消除量纲的影响。消除数据量纲有很多方法，常用的方法有标准化法、极差化法和均值化法。

（1）标准化法

标准化（Z-score）的公式为：

$$y_i = \frac{x_i - \bar{x}}{s}$$

式中：

$$\bar{x} = \frac{1}{n}\sum_{i=1}^{n} x_i$$

$$s = \sqrt{\frac{1}{n-1}\sum_{i=1}^{n}(x_i - \bar{x})^2}$$

经标准化后，指标的均值为 0，方差为 1，消除了量纲和数量级的影响。但是，标准化法同时也消除了各指标变异程度的差异，因此经标准化后的数据不能准确反映原始数据所包含的信息，在做多指标综合评价时，这容易导致评价结果不准确。

（2）极差化法

极差化法的公式为：

$$y_i = \frac{\max\limits_{1 \leq i \leq n} x_i - x_i}{\max\limits_{1 \leq i \leq n} x_i - \min\limits_{1 \leq i \leq n} x_i}$$

$$y_i = \frac{x_i - \max\limits_{1 \leq i \leq n} x_i}{\max\limits_{1 \leq i \leq n} x_i - \min\limits_{1 \leq i \leq n} x_i}$$

运用极差化法时，如果最大值与最小值之差过大，所得到的量化值就会过小，相当于降低了该指标的权重；相反，当最大值与最小值之差很小时，所得到的量化值就会过大，相当于提高了该指标的权重，即指标的最大值和最小值对指标的权重产生了很大的影响。所以在多指标综合评价中，使用极差化法也是不可取的。

（3）均值化法

均值化法的公式为：

$$y_i = \frac{x_i}{\bar{x}}$$

$$\bar{x} = \frac{1}{n}\sum_{i=1}^{n} x_i$$

均值化后各指标的均值都为1，方差是各指标变异系数 $\bar{x}_j$ 的平方。均值化法不仅消除了量纲的影响，而且能更加全面地反映原始数据中各指标的变异程度和相互影响程度，所以，在多指标综合评价中，均值化法最为理想。

2. 主成分分析法确定指标权重

主成分分析的基本思想是设法将原来众多的具有一定相关性的指标 X_1，X_2，…，X_P（比如 p 个指标）重新组合成一组较少个数、互不相关的综合指标（Fm）来代替原来的指标。综合指标应该如何提取，才能使其既能最大限度地反映原变量（X_p）所代表的信息，又能保证新指标之间相互无关（信息不重叠）？

假设 F_1 表示原变量的第一个线性组合所形成的主成分指标：

$$F_1 = a_{11}X_1 + a_{21}X_2 + ... + a_{p1}X_p$$

由数学知识可知，每一个主成分所提取的信息量可用其方差来度量，其方差 $VarF_1$ 越大，表示 F_1 包含的信息越多。人们常常希望第一主成分（F_1）所包含的信息量最大，因此在所有线性组合中选取的 F_1 应该是 X_1，X_2，$\cdots$，X_p 所有线性组合中方差最大的，故称 F_1 为第一主成分。如果第一主成分不足以代表原来 p 个指标的信息，再考虑选取第二个主成分指标 F_2。为有效地反映原信息，F_1 已包含的信息就不需要再出现在 F_2 中了，即 F_2 与 F_1 要保持独立、不相关。用数学语言表达，就是其协方差 $Cov(F_1, F_2) = 0$，所以 F_2 是与 F_1 不相关的 X_1，X_2，$\cdots$，X_p 所有线性组合中方差最大的，故称 F_2 为第二主成分。依此类推，构造出 F_1、F_2……F_m 为原变量指标 X_1、X_2……X_p 第一、第二、第 m 个主成分。

$$\begin{cases} F_1 = a_{11}X_1 + a_{12}X_2 + ... + a_{1p}X_p \\ F_2 = a_{21}X_1 + a_{22}X_2 + ... + a_{2p}X_p \\ \vdots \\ F_m = a_{m1}X_1 + a_{m2}X_2 + ... + a_{mp}X_p \end{cases}$$

根据以上分析可知，F_i 与 F_j 互不相关，即 $Cov(F_i, F_j) = 0$，并有 $Var(F_i) = a_i'\sum a_i$。其中，$\sum$ 为 X 的协方差阵；F_1 是 X_1，X_2，$\cdots$，X_p 所有线性组合（系数满足上述要求）中方差最大的，F_m 是与 F_1，F_2，$\cdots$，F_{m-1} 都不相关的 X_1，X_2，$\cdots$，X_p 所有线性组合中方差最大的。F_1，F_2，$\cdots$，F_m（$m \leq p$）为构造的新变量指标，即原变量指标的第一、第二、第 m 个主成分。

（三）指标体系与数据来源

1. 指标体系构建

通过对已有研究文献的梳理，并考虑数据的可获取性，我们从发展规模、发展速度、发展结构和发展环境四个维度来构建评价指标体系，具体选择了 13 项指标来反映农村服务业的发展水平（见表 4-1）。

表 4-1   农村服务业发展水平评价指标体系

一级指标	二级指标	三级指标	单位
农村服务业 发展水平	发展规模	X_1：农村服务业净收入	亿元
		X_2：农村服务业人均净收入	元
		X_3：农村服务业固定资产投入值	亿元
		X_4：农村服务业人均固定资产投入值	元
		X_5：乡镇企业服务业从业人员数	人
	发展速度	X_6：农村服务业人均净收入增长速度	%
		X_7：乡镇企业服务业从业人员增长速度	%
	发展结构	X_8：农村服务业净收入占农村经济总净收入比重	%
		X_9：农村服务业固定资产投入比重	%
		X_{10}：乡镇企业服务业从业人员比重	%
	发展环境	X_{11}：农村居民人均纯收入	元
		X_{12}：农村居民人均受教育年限	年
		X_{13}：农村居民消费服务性支出比重	%

2. 指标内涵及数据来源

指标 X_1：农村服务业净收入，反映各地农村服务业的总体产出规模，数据来源于《中国农业年鉴》。由于《中国农业年鉴》中将广义服务业中的流通部门（运输业和商饮业）与服务部门区别开来，而我们研究的农村服务业是广义的农村区域的服务业，包含流通部门和服务部门，所以"农村服务业净收入"是"运输业收入"、"商饮业收入"和"服务业收入"相加之和。

指标 X_2：农村服务业人均净收入，反映各地农村服务业的人均产出规模，数据是根据《中国农业年鉴》和《中国农村年鉴》的相关数据计算得来的，具体就是指标 X_1 除以各地农村人口数量（数据来源于《中国农村年鉴》）。

指标 X_3：农村服务业固定资产投入值，反映各地农村服务业的总体投入规模，也可以反映各地对农村服务业发展的重视程度。数据根据《中国农村年鉴》的相关数据计算得来，为各地区农村固定资产投资投向服务业（包括交通运输、仓储和邮政业，信息传输、计算机服务和软件业，批发和零售业，住宿和餐饮业，金融业，租赁和商务服务业，科学研究、技术服务和地质勘查业，水利、环境和公共设施管理业，居民服务和其他服务业，教育、卫生、社会保障和社会福利业，文化、体育和娱乐业，公共管理和社会组织）的总额。

指标 X_4：农村服务业人均固定资产投入值，反映各地农村服务业的人均投入规模，数据为 X_3 除以各地农村人口数量。

指标 X_5：乡镇企业服务业从业人员数，反映各地农村服务业的人力资源规模，数据根据《中国农业年鉴》的相关数据计算得来，具体为各地区乡镇企业服务业（包括交通运输及仓储业、批发和零售业、住宿及餐饮业和社会服务业）从业人员数量总和。

指标 X_6：农村服务业人均净收入增长速度，反映各地农村服务业人均产出增长速度，数据根据《中国农业年鉴》的相关数据计算得来，具体就是：

$$X_6=\left(\begin{array}{c}2013年农村服务业\\人均净收入\end{array}-\begin{array}{c}2012年农村服务业\\人均净收入\end{array}\right)\div\begin{array}{c}2012年农村服务业\\人均净收入\end{array}$$

指标 X_7：乡镇企业服务业从业人员增长速度，反映各地农村服务业人力资源增长速度，数据根据《中国农业年鉴》的相关数据计算得来，具体就是：

$$X_7=\left(\begin{array}{c}2013年乡镇企业\\服务业从业人员数\end{array}-\begin{array}{c}2012年乡镇企业\\服务业从业人员数\end{array}\right)\div\begin{array}{c}2012年乡镇企业\\服务业从业人员数\end{array}$$

指标 X_8：农村服务业净收入占农村经济总净收入比重，反映农村服务业在农村经济中的地位，亦能反映农村产业结构状态，数据根据《中国农业年鉴》的相关数据计算得来，具体就是：

$$X_8=X_6\div农村经济总净收入$$

指标 X_9：农村服务业固定资产投入比重，反映农村服务业投入比重，数据根据《中国农村年鉴》的相关数据计算得来，具体就是：

$X_9 = X_3 \div$ 农村固定资产投资总额

指标 X_{10}：乡镇企业服务业从业人员比重，反映农村服务业从业人员比重，数据根据《中国农业年鉴》的相关数据计算得来，具体就是：

$X_{10} = X_5 \div$ 乡镇企业从业人员总数

指标 X_{11}：农村居民人均纯收入，反映农村地区的经济发展水平。农村地区的经济发展水平越高，对农村服务业的发展越有利。数据来源于《中国农村年鉴》。

指标 X_{12}：农村居民人均受教育年限，反映农村居民受教育程度。农村居民受教育程度越高，表示当地经济发展潜力越大，越有利于农村服务业的发展。数据来源于《中国农村年鉴》。

指标 X_{13}：农村居民消费服务性支出比重，反映农村居民的消费服务性需求。经济学理论认为，有效需求能刺激经济发展，因此，农村居民消费服务性需求越大，农村服务业发展前景越好。数据根据《中国农村年鉴》计算得来。

（四）实证评价及结果分析

1. 样本选择

本章主要分析中国现阶段各省农村服务业发展水平差异，所以我们尽量选取近几年的数据；考虑到数据的可得性和完整性，本章选取2013 年中国 30 个省（指省、自治区、直辖市，以下简称"省"）的数据，香港、澳门、台湾、西藏因数据不可得或不完整等原因不在此次考查之列。

2. 主成分分析步骤

（1）主成分分析适应性检验

在做主成分分析之前，应通过 KMO 检验和 Bartlett 球形检验来确定其是否符合相关分析要求。首先将原始数据进行均值化处理，消除量纲差异；然后将均值化处理后的数据录入 SPSS 软件，进行KMO 检验和 Bartlett 球形检验。KMO 值在 0 和 1 之间，当 KMO 值小于 0.5 时，表示不适合做主成分分析；当 KMO 值大于 0.5 时，表示适合做主成分分析；数值越接近 1 越理想。Bartlett 球形检验用于检验相关系数矩阵是否是单位矩阵，数值小于 0.05，则表示各个变量都是相互独立的。如表 4-2 所示，KMO 检验结果为 0.697，表示适合做主成分分析；Bartlett 球形检验的 Sig. 取值为 0.000，小于 0.05，表示非常适合进行主成分分析。

表 4-2　　　　　　　　　KMO 和 Bartlett 的检验

取样足够度的 Kaiser-Meyer-Olkin 度量		0.697
Bartlett 的球形度检验	近似卡方	332.794
	df	78
	Sig.	0.000

（2）求相关系数矩阵、特征值和贡献率

主成分的抽取原则为特征值大于 1，得到 4 个主成分，其特征值和贡献率见表 4-3。累积贡献率表示公共因子反映原指标信息的程度，由表 4-3 可以看出，4 个公共因子的累积贡献率达到 85.835%，能代表绝大部分信息，表明其可以显著反映农村服务业发展水平。

表 4-3　　　　主成分特征值、方差贡献率及累积贡献率

成分	初始特征值			提取平方和载入			旋转平方和载入		
	合计	方差的%	累积%	合计	方差的%	累积%	合计	方差的%	累积%
1	4.407	35.897	35.897	4.407	35.897	35.897	3.672	30.244	30.244
2	3.186	26.506	62.404	3.186	26.506	62.404	2.967	24.822	55.066
3	1.606	14.353	76.756	1.606	14.353	76.756	2.264	19.414	74.480
4	1.050	9.078	85.835	1.050	9.078	85.835	1.346	11.354	85.835
5	0.826	5.355	91.189						
6	0.669	3.146	94.335						
7	0.505	3.887	94.221						
8	0.325	2.499	96.720						
9	0.170	1.307	98.027						
10	0.138	1.065	99.092						
11	0.057	0.439	99.531						
12	0.051	0.389	99.920						
13	0.010	0.080	100.000						

（3）计算因子载荷矩阵

利用 SPSS 19.0 求得初始因子载荷矩阵。从表 4-4 可以看出，各公共因子的典型代表变量不是很突出，各指标前几个公共因子均有相当程度的载荷值，难以合理解释其实际意义，所以要进一步进行旋转。选择 Varimax 法进行因子旋转，得到旋转后的因子载荷矩阵，见表 4-5。

表 4-4　　　　　　　　　　　　初始因子载荷矩阵[a]

	成分			
	F_1	F_2	F_3	F_4
农村居民人均收入	0.856	0.286	−0.170	−0.079
农村居民人均受教育年限	0.800	0.034	0.399	−0.288
农村服务业人均固定资产投入值	0.751	0.485	−0.308	0.137
农村服务业净收入	0.734	−0.562	−0.245	0.058
农村居民消费服务性支出比重	0.715	−0.133	0.416	−0.246
农村人均服务业净收入	0.676	0.504	−0.112	0.100
农村服务业净收入占农村经济总收入比重	0.476	0.734	0.023	0.048
农村服务业固定资产投入值	0.542	−0.659	−0.385	0.057
乡镇企业服务业从业人员数	0.600	−0.644	−0.018	0.128
农村服务业固定资产投入比重	−0.121	0.594	−0.450	0.438
农村人均服务业净收入增长速度	0.022	−0.541	0.243	0.448
乡镇企业服务业从业人员比重	0.043	0.494	0.610	0.030
乡镇企业服务业从业人员增长速度	0.256	−0.049	0.542	0.673

注：提取方法：主成分。a. 旋转在 5 次迭代后收敛。

根据旋转后的因子载荷矩阵，可将指标集分成四个主成分：F_1 表示第一主成分，F_2 表示第二主成分，F_3 表示第三主成分，F_4 表示第四主成分。

表 4-5 旋转因子载荷矩阵 ᵃ

	成分			
	F₁	F₂	F₃	F₄
农村服务业人均固定资产投入值	0.940	0.172	0.015	−0.020
农村人均服务业净收入	0.848	0.016	0.114	0.038
农村居民人均收入	0.821	0.265	0.316	−0.073
农村服务业净收入占农村经济总收入比重	0.815	−0.314	0.074	−0.004
农村服务业固定资产投入值	0.058	0.922	0.153	0.041
农村服务业净收入	0.225	0.866	0.317	0.128
乡镇企业服务业从业人员数	0.035	0.752	0.369	0.299
乡镇企业服务业从业人员比重	0.214	−0.651	0.280	0.266
农村居民人均受教育年限	0.456	0.095	0.812	0.090
农村居民消费服务性支出比重	0.290	0.171	0.792	0.149
农村服务业固定资产投入比重	0.467	−0.192	−0.712	0.001
乡镇企业服务业从业人员增长速度	0.129	−0.066	0.116	0.883
农村人均服务业净收入增长速度	−0.321	0.313	0.038	0.592

注：提取方法：主成分。旋转法：具有 Kaiser 标准化的正交旋转法。a. 旋转在 5 次迭代后收敛。

第一主成分的权重最大，为 30.2%，它是最重要的影响因子。其在农村服务业人均固定资产投入值、农村人均服务业净收入、农村居民人均收入和农村服务业净收入占农村经济总收入比重上有很大的载荷，均在 0.8 以上。从指标的经济含义可知，它们显著反映了农村服务业的发展效益因素。

第二主成分的权重为 24.8%，是比较重要的影响因子。其在农村服务业固定资产投入值、农村服务业净收入、乡镇企业服务业从业人员数和乡镇企业服务业从业人员比重上有较大载荷。从指标的经济含义可知，它们显著反映了农村服务发展的总体规模因素。

第三主成分的权重为 19.4%，也是较重要的影响因子。其在农村居民人均受教育年限、农村居民消费服务性支出比重和农村服务业固定资产投入比重上有较大载荷。从指标的经济含义可知，它们显著反映了农村服务业的发展潜力因素。

第四主成分的权重为 11.4%，其在乡镇企业服务业从业人员增长速度和农村人均服务业净收入增长速度上有较大载荷。从指标的经济含义可知，它们显著反映了农村服务业的发展速度因素。

（4）计算各主成分得分矩阵和各省综合主成分得分

表 4-6 为各主成分得分矩阵，根据主成分得分矩阵可得出四个主成分的表达式，分别为：

$$F_1=0.048X_1+0.242X_2+0.017X_3+0.284X_4-0.012X_5\cdots-0.007X_{13}$$

$$F_2=0.287X_1+0.004X_2+0.335X_3+0.084X_4-0.224X_5\cdots-0.059X_{13}$$

$$F_3=-0.001X_1-0.051X_2-0.070X_3-0.136X_4+0.041X_5\cdots+0.382X_{13}$$

$$F_4=0.021X_1+0.037X_2-0.027X_3+0.005X_4+0.150X_5\cdots-0.024X_{13}$$

将各主成分得分乘以相应的权重并求和，即可得到各地区农村服务业发展水平的综合得分。综合评价模型为：

$$F=（F_1\times0.30244+F_2\times0.24822+F_3\times0.19414+F_4\times0.11354）\div0.85835$$

根据 2013 年各省的相关数据，运用主成分分析法对 30 个省的农村服务业发展水平进行测定，得出各省各主成分得分、综合主成分得分及排名情况，见表 4-7。

3.评价结果分析

在主成分分析中，权重最高的是第一主成分——发展效益因子，上海、北京和天津在该因子排名中位列前三位，这三个直辖市的人口密度较大，经济实力雄厚，基础设施条件优越，人均收入水平较高，这些因素使得这类地区的农村服务业发展效益较高。在第二主成分——总体规模因子排名上，山东、江苏和浙江位列前三位，这三个省份都是中国东部的经济大省，固定资产投资规模较大，服务业从业人员众多，这些因素导致这类省份的农村服务业总体规模较大。在第三主成分——发展潜力因子排名上，吉林、云南和浙江位列前

表 4-6 主成分得分矩阵

	主成分			
	1	2	3	4
农村服务业净收入（X_1）	0.048	0.287	−0.001	0.021
农村人均服务业净收入（X_2）	0.242	0.004	−0.051	0.037
农村服务业固定资产投入值（X_3）	0.017	0.335	−0.070	−0.027
农村服务业人均固定资产投入值（X_4）	0.284	0.084	−0.136	0.005
乡镇企业服务业从业人员数（X_5）	−0.012	0.224	0.041	0.150
农村人均服务业净收入增长速度（X_6）	−0.076	0.088	−0.098	0.459
农村服务业净收入占农村经济总收入比重（X_7）	0.230	−0.118	−0.011	0.022
乡镇企业服务业从业人员增长速度（X_8）	0.052	−0.074	−0.104	0.713
农村服务业固定资产投入比重（X_9）	0.229	0.048	−0.457	0.158
乡镇企业服务业从业人员比重（X_{10}）	0.024	−0.304	0.193	0.198
农村居民人均收入（X_{11}）	0.209	0.072	0.055	−0.103
农村居民人均受教育年限（X_{12}）	0.037	−0.086	0.396	−0.068
农村居民消费服务性支出比重（X_{13}）	−0.007	−0.059	0.382	−0.024

注：提取方法：主成分。旋转法：具有 Kaiser 标准化的正交旋转法。

三，这三个省份分别位于中国东北、西部和东部，地理区位差异很大，但共同点是居民消费中服务性支出占比较高，且对农村服务业的发展比较重视，服务业固定资产投资所占比例较高，这些因素使得这类省份农村服务业的发展潜力较大。第四主成分主要反映农村服务业的发展速度，位列前三位的分别是江苏、广西和山西，说明这三个省份农村服务业收入增长速度和从业人员增长速度较快。

从综合得分排名来看，排名前五位的依次是上海、江苏、山东、北京和广东，均为中国东部省份；排名前十位的省份中，有七个是东部省份；同时，中国东部十个省份的平均得分（1.387）也最高，表明中国东部省份的农村服务业整体发展水平最高。中国中部六省中，

表 4-7 各省农村服务业发展各主成分得分、综合主成分得分及排名情况

省份	发展效益 (F₁)	总体规模 (F₂)	发展潜力 (F₃)	发展速度 (F₄)	综合得分	排名
上 海	5.1734	0.4906	−0.7324	3.4694	2.5025	1
江 苏	1.8974	2.6744	−0.5145	5.8314	2.3571	2
山 东	1.4569	2.7546	−0.0177	2.0391	1.7414	3
北 京	3.8748	0.2850	−0.5521	1.5178	1.6782	4
广 东	1.4175	1.9044	0.1602	0.3330	1.2351	5
天 津	2.2345	0.0569	−0.0608	1.9859	1.1714	6
山 西	1.2793	−0.1180	0.0330	3.8195	1.0603	7
河 北	1.0613	0.7126	0.2277	2.3577	1.0570	8
四 川	1.1096	1.2223	−0.0602	1.5316	1.0357	9
辽 宁	1.1317	0.3348	0.5538	2.1116	1.0069	10
广 西	1.2686	−0.3760	−0.8165	5.3135	0.9999	11
河 南	0.9315	1.2072	0.1424	1.4469	0.9993	12
福 建	1.1501	0.6985	0.0840	1.7477	0.9557	13
浙 江	1.2854	2.1783	0.7254	−2.8430	0.9121	14
湖 南	0.8918	0.5858	0.3073	1.6231	0.8566	15
黑龙江	0.9421	−0.5084	0.2819	3.6579	0.8440	16
陕 西	1.0424	0.0219	0.2521	2.3170	0.8320	17
湖 北	0.8547	0.5795	0.4365	1.2700	0.8169	18
内蒙古	0.8904	−0.4932	0.4413	2.9822	0.7623	19
宁 夏	1.4257	−0.3403	−0.3867	2.5262	0.7405	20
安 徽	0.8135	0.4484	0.1331	1.3952	0.7047	21
重 庆	0.8799	0.4051	0.2023	0.3786	0.5742	22
贵 州	0.5807	0.0827	0.3352	1.4001	0.5508	23
甘 肃	0.8171	−0.0536	0.1570	1.0486	0.4996	24
江 西	0.7503	0.6860	0.5479	−1.2359	0.4451	25
海 南	0.7942	−0.5483	0.5024	0.7723	0.3768	26
吉 林	0.6989	−0.0265	0.9010	−0.8575	0.3473	27
青 海	0.7134	−0.0665	0.3600	−0.5657	0.2528	28
新 疆	0.5544	0.1521	0.4733	−0.8129	0.2497	29
云 南	0.6485	0.7767	0.8607	−4.5575	0.0089	30

排名最前的是山西（第七位），排名最后的是江西（第二十五位）；中部六省的平均得分（0.8137）排在第二位。东北三省的平均得分（0.7327）排在第三位。排在最后的是西部，平均得分只有 0.5899，其中云南、新疆和青海位列全国所有省份中的倒数三位，表明中国西部地区的农村服务业整体发展水平最落后。全国 30 个省份的平均得分为 0.9186，可以看出，中国中部、西部以及东北地区的区域平均水平都低于全国平均水平，而东部地区"一枝独秀"。高于全国平均水平的省份仅有 13 个，其中东部地区占八席，分别是上海、江苏、山东、北京、广东、天津、河北和福建；中部地区占两席，为山西和河南；东北地区仅有辽宁一省；西部地区有四川和广西两省。

二、发展水平区域差异分析

按照与 2013 年的评价方法相同的方法，对 2008—2013 年各省农村服务业水平进行评价，结果见表 4-8。

从表 4-8 可知，2008—2013 年，中国各省农村服务业发展水平总体上呈现逐年提高趋势，增速最快的是江苏，2013 年较 2008 年提高 133.8%；其后依次是宁夏、陕西、内蒙古和福建，增速分别是 112.4%、92.9%、90% 和 82.4%；增速排在后五位的是云南、浙江、吉林、湖南和江西。

表 4-9 为 2008—2013 中国农村服务业发展水平区域差异。

由表 4-9 可知，2008—2013 年，中国农村服务业发展平均水平呈逐年上升趋势，从 2008 年的 0.5440 上升到 2013 年的 0.8956，增幅为 64.6%。但中国农村服务业发展水平的区域差异较大，2013 年的 Gini、GE_0 和 GE_1 分别为 0.3427、0.3217 和 0.2082，数值较大；区域差异整体呈逐年上升趋势，Gini、GE_0 和 GE_1 在 2008 年的基础上分别提高了 8.59%、31.95% 和 21.54%。

三、评价结论

本节通过构建较为全面的评价指标体系，运用主成分分析法对中

表 4-8 2008—2013 年中国农村服务业发展水平指数

省 别	2008	2009	2010	2011	2012	2013	2008—2013 年均值
上 海	1.4076	1.5597	1.4962	1.7566	2.1356	2.5025	1.8097
江 苏	1.0083	1.3394	1.5731	1.8573	2.1489	2.3571	1.7140
山 东	1.0032	1.3404	1.2662	1.4519	1.5088	1.7414	1.3853
北 京	1.2427	1.1853	1.3147	1.4262	1.5217	1.6782	1.3948
广 东	0.7748	0.9108	0.8962	1.0542	1.0979	1.2351	0.9948
天 津	0.8534	0.8479	0.9034	1.0885	1.0676	1.1714	0.9887
山 西	0.6158	0.7192	0.6922	0.8919	0.9539	1.0603	0.8222
河 北	0.7014	0.7167	0.7396	0.8592	0.9546	1.057	0.8381
四 川	0.6247	0.6302	0.7535	0.8259	0.9303	1.0357	0.8001
辽 宁	0.6031	0.7183	0.6987	0.7385	0.9206	1.0069	0.7810
广 西	0.5784	0.5433	0.6157	0.7468	0.9194	0.9999	0.7339
河 南	0.5845	0.5995	0.6422	0.7534	0.8963	0.9993	0.7459
福 建	0.5241	0.6328	0.5945	0.7882	0.8281	0.9557	0.7206
浙 江	0.7086	0.8122	0.8725	0.9608	0.8995	0.9121	0.8610
湖 南	0.6404	0.7225	0.7005	0.7657	0.8002	0.8566	0.7477
黑龙江	0.5069	0.5189	0.6369	0.6619	0.7262	0.844	0.6491
陕 西	0.4313	0.5039	0.6297	0.7459	0.7117	0.832	0.6424
湖 北	0.4481	0.4563	0.5699	0.6853	0.7089	0.8169	0.6142
内蒙古	0.4012	0.4419	0.5554	0.5777	0.6382	0.7623	0.5628
宁 夏	0.3487	0.3806	0.4192	0.5279	0.6378	0.7405	0.5091
安 徽	0.447	0.4541	0.6262	0.6466	0.7003	0.7047	0.5965
重 庆	0.4148	0.4325	0.4722	0.4883	0.5103	0.5742	0.4821
贵 州	0.402	0.4088	0.4174	0.4316	0.451	0.5508	0.4436
甘 肃	0.3658	0.372	0.3798	0.3927	0.4104	0.4996	0.4034
江 西	0.3302	0.3358	0.3429	0.3545	0.3705	0.4451	0.3632
海 南	0.214	0.2176	0.2222	0.2298	0.2401	0.3768	0.2501
吉 林	0.2698	0.2744	0.2801	0.2897	0.3027	0.3473	0.2940
青 海	0.1477	0.1502	0.1534	0.1586	0.1657	0.2528	0.1714
新 疆	0.165	0.1678	0.1713	0.1772	0.1851	0.2497	0.1860
云 南	0.0143	0.0244	0.0045	0.0046	0.0073	0.0089	0.0107

注：2014 年之后数据未被统计，发展水平只评价至 2013 年。

表 4-9　　2008—2013 中国农村服务业发展水平区域差异

指标	2008	2009	2010	2011	2012	2013	2008—2013年平均
最大值	1.4076	1.5597	1.5731	1.8573	2.1489	2.5025	1.8415
最小值	0.0143	0.0244	0.0045	0.0046	0.0073	0.0089	0.0107
平均值	0.5440	0.5966	0.6366	0.7221	0.7889	0.8956	0.6973
Gini	0.3156	0.3203	0.3228	0.3392	0.3282	0.3427	0.3281
GE_0	0.2438	0.2551	0.2787	0.2953	0.2879	0.3217	0.2804
GE_1	0.1713	0.1807	0.1839	0.2033	0.1903	0.2082	0.1896

注：Gini 为基尼系数，GE_0 为对数离差均值，GE_1 为泰尔指数。后文中均以英文表示。

国 30 个省份的农村服务业发展水平进行了综合测评，得出以下主要结论：2013 年，中国各省的农村服务业发展水平差别较大，且呈现明显的区域差异，东部地区平均发展水平最高，之后依次是中部、东北和西部地区，这与四大区域经济发展水平的梯度格局基本吻合；中部、东北和西部地区的区域平均水平皆低于全国整体平均水平，形成了东部地区"一枝独秀"的格局。

从上面的实证分析结果可知，在四个主成分中，发展效益因子权重最大，而在这一项得分上排名前三位的上海、北京和天津都是直辖市，共同特点是人口密度较大、经济发展水平较高、基础设施条件优越以及人均收入水平较高，由此可以暂且推定：人口密度、经济发展水平、人均收入水平及基础设施条件对农村服务业的发展有正向影响。对推定结果可靠性的检验将在下一章"中国农村服务业的影响因素与作用机理"中论证。

第三节　农村服务业机构差异——中国农村服务业机构分布的区域差异分析

农村服务业机构是农村服务业发展的载体，农村服务业机构分布差异也是农村服务业区域差异的重要方面，机构分布不均衡将直接导致农村服务业区域差异的产生。农村服务业机构是指农村服务业企业或政府服务机构的总称，包括：一是消费性服务业，包括住宿餐饮、娱乐休闲、旅游等企业；二是流通性服务业，主要包括交通运输、仓储零售等企业；三是生产性服务业，主要包括房地产、金融保险以及信息等与生产相关的服务企业；四是社会性服务业，包括教育、公共卫生、公共管理等机构。本节将从农村服务业企业总体数量的区域差异、不同类型农村服务业企业的区域分布差异以及基本公共服务机构的区域差异进行分析，揭示中国农村服务业机构分布的差异现状。由于农村服务业企业的数量没有直接的统计数据，本节将采用乡镇企业中服务企业数量来代替，乡镇企业作为农村企业的主要形式，具有一定的代表性。

一、农村服务业企业的空间分布

如表 4-10 所示，中国各地区农村服务业企业总体数量存在较大差异。数量最多的是湖南，超过 37 万个；而数量最少的是西藏，仅有 461 个。2008—2013 年均值排在前三位的分别是湖南、山东和江苏，排在后三位的分别是西藏、青海和新疆（除数据缺失的省份以外，后同）。

由于各省农村人口数量存在较大差异，单纯以农村服务业企业的绝对数来衡量各省农村服务业的机构差异不尽合理，因此，将各地农村人口数量差异因素加以考虑，用农村服务业企业数量与农村人口比值来考查地区差异。

由表 4-11 可见，农村服务业企业数量与农村人口比值排在前三位的是浙江、内蒙古和湖南，数值分别为 114.86 个/万人、114.06 个/万人和 103.35 个/万人；而排在后三位的是西藏、云南和安徽，数值分别为 2.03 个/万人、4.22 个/万人和 4.79 个/万人。从这一结果可知，农村服务业机构除了西部省份比较落后之外，中部的安徽、河南、河北等省份的人均服务业企业数量也处于较低水平。

表 4-10　2008—2013 年中国各地区农村服务业企业总体数量　　　　单位：个

省　别	2008	2009	2010	2011	2012	2013	2008—2013年均值
北　京	11 038	9 446	7 310	8 152	7 986	6 645	8 430
天　津	—	—	—	—	—	—	—
河　北	28 885	33 403	39 149	42 529	52 112	66 444	43 754
山　西	33 864	30 809	28 524	32 033	60 706	76 881	43 803
内蒙古	135 710	139 010	107 423	121 386	127 591	138 774	128 316
辽　宁	17 057	17 018	15 582	100 071	111 351	141 141	67 037
吉　林	80 441	62 039	35 057	43 018	29 932	44 914	49 234
黑龙江	19 394	19 390	31 254	34 762	29 105	32 661	27 761
上　海	—	—	—	—	—	—	—
江　苏	231 752	225 495	246 400	267 430	295 465	327 008	265 592
浙　江	169 903	166 967	342 053	245 999	256 862	282 593	244 063
安　徽	13 700	13 536	14 201	15 406	15 966	25 691	16 417
福　建	115 765	111 471	104 120	103 010	104 183	121 506	110 009
江　西	161 927	46 220	61 510	63 273	67 264	88 290	81 414
山　东	218 607	230 845	237 513	239 874	297 344	379 481	267 277
河　南	54 782	56 595	57 717	59 301	61 570	89 122	63 181
湖　北	189 241	227 536	155 397	161 616	166 152	192 606	182 091
湖　南	336 823	329 166	363 358	391 795	395 066	452 571	378 130
广　东	172 578	183 296	179 899	176 396	168 940	198 549	179 943
广　西	299 272	244 656	131 714	160 768	217 578	273 426	221 236
海　南	9 849	8 822	9 035	8 762	8 929	9 522	9 153
重　庆	34 962	39 078	41 823	33 679	34 746	40 647	37 489
四　川	167 740	161 493	137 981	140 225	119 011	156 513	147 161
贵　州	45 301	42 879	45 171	—	—	—	44 450
云　南	9 961	11 839	11 785	12 533	11 748	17 239	12 518
西　藏	538	383	—	—	—	—	461
陕　西	19 939	21 403	24 924	25 672	26 537	31 570	25 008
甘　肃	14 987	13 794	13 794	13 994	15 240	18 813	15 104
青　海	6 341	3 900	4 189	4 736	4 528	3 051	4 458
宁　夏	6 544	6 071	11 743	12 591	13 188	8 854	9 832
新　疆	21 977	4 331	4 541	4 250	4 466	5 392	7 493

注："—"表示数据缺失，后同。

表 4-11　　　　2008—2013 年各地区农村服务业企业

数量与农村人口比值　　　　单位：个/万人

省　别	2008	2009	2010	2011	2012	2013	2008—2013年均值
北　京	42.49	35.32	26.20	29.59	28.67	23.27	30.92
天　津	—	—	—	—	—	—	—
河　北	6.96	8.23	9.89	10.65	13.23	17.14	11.02
山　西	17.83	16.46	15.41	17.25	33.58	43.68	24.03
内蒙古	112.09	117.77	93.78	110.34	118.52	131.89	114.06
辽　宁	9.73	9.87	9.05	60.36	70.67	93.62	42.22
吉　林	62.91	48.50	27.41	33.57	23.36	35.27	38.50
黑龙江	11.00	11.37	18.36	20.45	17.45	19.77	16.40
上　海	—	—	—	—	—	—	—
江　苏	64.12	63.57	71.06	86.21	98.18	111.59	82.45
浙　江	77.01	75.55	154.01	117.68	124.72	140.21	114.86
安　徽	3.65	3.71	4.00	4.54	4.85	8.02	4.79
福　建	65.95	65.18	63.26	65.02	66.84	80.24	67.75
江　西	61.58	17.91	24.42	25.35	27.60	37.35	32.37
山　东	43.83	46.78	48.53	49.74	62.90	82.37	55.69
河　南	8.91	9.38	9.77	10.25	11.04	16.46	10.97
湖　北	59.62	72.70	50.31	56.09	59.91	71.67	61.72
湖　南	89.00	89.18	99.86	105.17	109.10	127.78	103.35
广　东	48.47	50.58	48.52	49.95	48.01	57.49	50.50
广　西	98.44	82.15	44.61	58.12	80.48	103.42	77.87
海　南	22.08	19.87	20.56	20.10	20.56	22.19	20.89
重　庆	24.01	27.52	30.22	24.85	26.46	32.08	27.53
四　川	32.05	31.70	27.50	29.14	25.42	34.32	30.02
贵　州	17.38	16.82	18.22	—	—	—	17.47
云　南	3.23	3.89	3.91	4.17	4.01	6.10	4.22
西　藏	2.37	1.68	—	—	—	—	2.03
陕　西	9.05	9.94	11.84	12.67	13.45	16.83	12.30
甘　肃	8.68	8.14	8.29	8.56	9.46	11.92	9.17
青　海	19.17	11.90	12.94	15.20	14.82	10.13	14.03
宁　夏	19.16	17.85	34.85	38.18	41.10	27.73	29.81
新　疆	17.24	3.37	3.50	3.41	3.58	4.31	5.90

二、不同类型农村服务业企业的空间分布

（一）交通运输业

如表 4-12 所示，从 2008—2013 年各地区农村交通运输仓储业企业平均数量来看，各地区的差异非常大，最多的省达到 12 万多个，而最少的省仅为 31 个。平均值排在前三位的分别是湖南、广西和浙江，而排在后三位的分别是西藏、海南和青海。

从表 4-13 可见，各地区农村交通运输仓储业企业数量与农村人口比值差异较大，2008—2013 年的比值平均数最大的达到 34.60 个/万人，而最小的仅为 0.14 个/万人。比值平均数排在前三位的是湖南、浙江和广西，排在后三位的是西藏、云南和陕西。

（二）批发零售业

由表 4-14 可见，从 2008—2013 年农村批发零售业企业数量平均值来看，湖南、浙江、山东位列前三位，数量都在 12 万个以上；而西藏、新疆和青海排在后三位，数量分别只有 65 个、1 939 个和 1 939 个。

由表 4-15 可见，2008—2013 年各地区农村批发零售业企业数量与农村人口比值排在前三位的是浙江、内蒙古和湖南，数值分别为 62.16 个/万人、57.91 个/万人和 44.28 个/万人；而排在后三位的是西藏、新疆和安徽，数值分别为 0.28 个/万人、1.53 个/万人、1.77 个/万人。

（三）住宿餐饮业

由表 4-16 可见，2008—2013 年中国各地区农村住宿餐饮业企业数量平均数排在前三位的是湖南、山东和江苏，数值分别为 56 690.2 个、46 475.6 个和 37 475.6 个；而排在后三位的是西藏、北京和宁夏，数值分别为 233.5 个、963.6 个和 1 065.8 个。

从表 4-17 可知，2008—2013 年中国各地区农村住宿餐饮业企业数量与农村人口比均值排在前三位的是内蒙古、湖南和湖北，数值分别为 26.09 个/万人、16.15 个/万人、13.30 个/万人；排在后三位的是云南、西藏和新疆，数值分别为 0.87 个/万人、1.03 个/万人、1.18 个/万人。

表 4-12 **2008—2013 年中国各地区农村交通运输仓储业企业数量** 单位：个

省 别	2008	2009	2010	2011	2012	2013	2008—2013年均值
北 京	1 348	2 070	1 217	1 292	1 421	1 058	1 401
天 津	—	—	—	—	—	—	—
河 北	3 999	4 084	4 199	4 399	5 665	8 085	5 072
山 西	11 443	10 287	7 822	8 626	8 820	8 718	9 286
内蒙古	20 038	20 829	15 819	19 429	8 703	8 500	15 553
辽 宁	8 918	8 898	7 835	31 556	34 150	35 782	21 190
吉 林	22 885	15 671	13 801	15 316	11 886	9 294	14 809
黑龙江	4 433	3 630	6 067	7 348	5 977	5 389	5 474
上 海	—	—	—	—	—	—	—
江 苏	46 416	42 438	44 271	50 332	54 625	36 985	45 845
浙 江	35 071	35 852	81 686	41 053	52 153	47 544	48 893
安 徽	4 006	3 987	4 044	4 226	4 209	6 693	4 528
福 建	21 893	19 276	17 748	17 341	17 357	14 360	17 996
江 西	38 658	8 530	15 379	14 190	14 669	13 247	17 446
山 东	37 312	39 174	37 068	34 001	38 362	32 002	36 320
河 南	10 445	10 595	10 638	10 724	11 000	11 264	10 778
湖 北	38 576	52 236	30 242	31 994	33 955	33 159	36 694
湖 南	117 056	120 342	123 757	132 795	133 438	133 038	126 738
广 东	25 125	23 556	22 936	19 192	18 326	16 315	20 908
广 西	72 514	62 788	32 408	40 721	55 652	54 285	53 061
海 南	1 082	875	850	791	753	563	819
重 庆	5 255	5 314	5 812	4 664	4 812	5 110	5 161
四 川	44 345	30 864	23 746	22 755	17 215	19 551	26 413
贵 州	12 769	13 247	13 022	—	—	—	13 013
云 南	1 233	1 559	1 246	1 398	705	874	1 169
西 藏	20	42	—	—	—	—	31
陕 西	956	1 033	1 203	1 239	1 281	1 459	1 195
甘 肃	3 596	2 932	2 932	2 932	3 251	2 204	2 975
青 海	1 920	696	770	596	570	233	798
宁 夏	2 186	1 550	5 573	5 698	5 843	4 544	4 232
新 疆	1 006	1 003	1 109	1 067	1 006	1 235	1 071

表 4-13　　　　2008—2013 年各地区农村交通运输仓储业

企业数量与农村人口比值　　　　单位：个/万人

省　别	2008	2009	2010	2011	2012	2013	2008—2013年平均
北　京	5.19	7.74	4.36	4.69	5.10	3.70	5.13
天　津	—	—	—	—	—	—	—
河　北	0.96	1.01	1.06	1.10	1.44	2.09	1.28
山　西	6.03	5.49	4.23	4.65	4.88	4.95	5.04
内蒙古	16.55	17.65	13.81	17.66	8.08	8.08	13.64
辽　宁	5.09	5.16	4.55	19.03	21.67	23.73	13.21
吉　林	17.90	12.25	10.79	11.95	9.28	7.30	11.58
黑龙江	2.51	2.13	3.56	4.32	3.58	3.26	3.23
上　海	—	—	—	—	—	—	—
江　苏	12.84	11.96	12.77	16.23	18.15	12.62	14.10
浙　江	15.90	16.22	36.78	19.64	25.32	23.59	22.91
安　徽	1.07	1.09	1.14	1.24	1.28	2.09	1.32
福　建	12.47	11.27	10.78	10.95	11.14	9.48	11.02
江　西	14.70	3.31	6.11	5.68	6.02	5.60	6.90
山　东	7.48	7.94	7.57	7.05	8.12	6.95	7.52
河　南	1.70	1.76	1.80	1.85	1.97	2.08	1.86
湖　北	12.15	16.69	9.79	11.10	12.24	12.34	12.39
湖　南	30.93	32.61	34.01	35.65	36.85	37.56	34.60
广　东	7.06	6.50	6.19	5.44	5.21	4.72	5.85
广　西	23.85	21.08	10.98	14.72	20.59	20.53	18.63
海　南	2.43	1.97	1.93	1.81	1.73	1.31	1.86
重　庆	3.61	3.74	4.20	3.44	3.66	4.03	3.78
四　川	8.47	6.06	4.73	4.73	3.68	4.29	5.33
贵　州	4.90	5.20	5.25	—	—	—	5.11
云　南	0.40	0.51	0.41	0.47	0.24	0.31	0.39
西　藏	0.09	0.18	—	—	—	—	0.14
陕　西	0.43	0.48	0.57	0.61	0.65	0.78	0.59
甘　肃	2.08	1.73	1.76	1.79	2.02	1.40	1.80
青　海	5.80	2.12	2.38	1.91	1.87	0.77	2.48
宁　夏	6.43	4.60	16.90	17.76	—	14.23	11.98
新　疆	0.78	0.77	0.89	0.86	—	0.99	0.86

表 4-14　2008—2013 年中国各地区农村批发零售业企业数量　　单位：个

省　别	2008	2009	2010	2011	2012	2013	2008—2013年均值
北　京	6 139	4 385	2 894	3 758	3 590	2 755	3 920
天　津	—	—	—	—	—	—	—
河　北	16 538	18 206	21 898	22 898	26 114	29 714	22 561
山　西	12 434	12 070	12 229	14 454	32 815	36 119	20 020
内蒙古	69 815	69 912	52 814	58 401	68 131	71 635	65 118
辽　宁	5 390	5 375	5 157	45 817	51 643	62 950	29 389
吉　林	36 408	30 297	13 159	16 730	10 500	22 934	21 671
黑龙江	8 497	9 139	13 829	13 523	16 450	14 121	12 593
上　海	—	—	—	—	—	—	—
江　苏	113 451	106 793	125 180	130 175	145 594	153 932	129 188
浙　江	94 556	91 258	182 602	141 942	139 467	143 073	132 150
安　徽	4 987	4 866	5 178	5 976	5 757	9 544	6 051
福　建	60 655	56 571	52 148	50 310	51 154	53 903	54 124
江　西	77 097	15 984	19 610	22 672	24 141	30 093	31 600
山　东	112 804	118 381	125 114	126 933	155 560	201 523	140 053
河　南	26 292	27 204	27 627	27 938	29 156	32 857	28 512
湖　北	89 391	100 671	64 790	65 615	67 863	74 793	77 187
湖　南	148 996	153 233	156 103	170 358	171 108	173 171	162 162
广　东	101 751	110 972	103 387	103 975	94 525	102 012	102 770
广　西	160 772	124 067	64 246	80 664	106 625	132 728	111 517
海　南	3 686	3 237	3 182	3 260	3 290	3 136	3 299
重　庆	17 160	20 996	23 186	18 724	19 317	20 513	19 983
四　川	70 961	81 553	65 609	66 995	57 878	66 723	68 287
贵　州	17 918	15 283	18 006	—	—	—	17 069
云　南	5 547	5 997	6 635	6 429	6 267	6 714	6 265
西　藏	27	102	—	—	—	—	65
陕　西	14 737	15 321	17 841	18 376	18 995	21632	17 817
甘　肃	7 881	8 072	8 072	8 272	9 112	11 396	8 801
青　海	3 064	1 787	2 030	2 124	2 055	572	1 939
宁　夏	2 535	2 609	4 514	5 061	5 267	2 965	3 825
新　疆	4 766	1 094	1 111	1 350	1 539	1 774	1 939

表 4-15　　　　2008—2013 年各地区农村批发零售业

企业数量与农村人口比值　　　　单位：个/万人

省　别	2008	2009	2010	2011	2012	2013	2008—2013年均值
北　京	23.63	16.40	10.37	13.64	12.89	9.65	14.43
天　津	—	—	—	—	—	—	—
河　北	3.99	4.48	5.53	5.73	6.63	7.66	5.67
山　西	6.55	6.45	6.61	7.78	18.15	20.52	11.01
内蒙古	57.66	59.23	46.10	53.09	63.29	68.08	57.91
辽　宁	3.07	3.12	3.00	27.63	32.77	41.75	18.56
吉　林	28.47	23.68	10.29	13.06	8.20	18.01	16.95
黑龙江	4.82	5.36	8.12	7.96	9.86	8.55	7.44
上　海	—	—	—	—	—	—	—
江　苏	31.39	30.11	36.10	41.96	48.38	52.53	40.08
浙　江	42.86	41.29	82.22	67.90	67.72	70.99	62.16
安　徽	1.33	1.33	1.46	1.76	1.75	2.98	1.77
福　建	34.56	33.08	31.68	31.76	32.82	35.60	33.25
江　西	29.32	6.19	7.79	9.08	9.91	12.73	12.50
山　东	22.62	23.99	25.56	26.32	32.91	43.74	29.19
河　南	4.28	4.51	4.67	4.83	5.23	6.07	4.93
湖　北	28.16	32.17	20.98	22.77	24.47	27.83	26.06
湖　南	39.37	41.52	42.90	45.73	47.25	48.89	44.28
广　东	28.58	30.62	27.89	29.45	26.86	29.54	28.82
广　西	52.88	41.66	21.76	29.16	39.44	50.20	39.18
海　南	8.26	7.29	7.24	7.48	7.58	7.31	7.53
重　庆	11.79	14.79	16.75	13.82	14.71	16.19	14.67
四　川	13.56	16.01	13.08	13.92	12.36	14.63	13.93
贵　州	6.87	6.00	7.26	—	—	—	6.71
云　南	1.80	1.97	2.20	2.14	2.14	2.37	2.10
西　藏	0.12	0.45	—	—	—	—	0.28
陕　西	6.69	7.12	8.47	9.07	9.63	11.53	8.75
甘　肃	4.56	4.76	4.85	5.06	5.65	7.22	5.35
青　海	9.26	5.45	6.27	6.82	6.73	1.90	6.07
宁　夏	7.42	7.67	13.40	15.35	16.41	9.29	11.59
新　疆	3.74	0.85	0.86	1.08	1.23	1.42	1.53

表 4-16　2008—2013 年中国各地区农村住宿餐饮业企业数量　单位：个

省　别	2008	2009	2010	2011	2012	2013	2008—2013年均值
北　京	950	990	909	999	970	1 023	963.6
天　津	—	—	—	—	—	—	—
河　北	5 189	6 577	6 529	8 279	10 339	12 703	7 382.6
山　西	7 491	5 867	5 423	6 014	11 320	15 478	7 223.0
内蒙古	26 054	26 775	22 904	26 729	35 238	37 182	27 540.0
辽　宁	2 303	2 295	2 165	12 908	14 210	17 480	6 776.2
吉　林	11 386	8 862	3 993	6 843	4 775	5 855	7 171.8
黑龙江	4 554	4 571	7 141	8 694	5 616	7 587	6 115.2
上　海	—	—	—	—	—	—	—
江　苏	30 048	33 091	37 683	40 584	45 972	54 448	37 475.6
浙　江	18 310	20 429	35 107	29 885	32 078	30 432	27 161.8
安　徽	3 248	3 236	3 315	3 465	3 394	2 863	3 331.6
福　建	19 434	18 450	18 654	19 596	20 171	21 151	19 261.0
江　西	29 652	10 926	15 613	16 105	16 291	18 208	17 717.4
山　东	41 051	41 217	42 978	46 154	60 978	60 567	46 475.6
河　南	10 270	10 684	10 795	10 916	11 266	12 685	10 786.2
湖　北	39 757	45 609	34 652	36 442	37 868	40 867	38 865.6
湖　南	48 403	53 146	58 549	60 902	62 451	70 827	56 690.2
广　东	29 695	30 573	33 838	33 712	34 897	34 879	32 543.0
广　西	41 779	34 593	21 617	23 917	33 704	39 859	31 122.0
海　南	3 580	3 481	3 594	3 542	3 727	3 456	3 584.8
重　庆	3 136	3 234	3 150	2 528	2 608	2 770	2 931.2
四　川	31 749	29 182	27 807	28 354	24 075	31 609	28 233.4
贵　州	9 507	9 378	9 430	—	—	—	9 438.3
云　南	1 612	2 454	1 791	2 430	2 263	4 888	2 110.0
西　藏	361	106	—	—	—	—	233.5
陕　西	3 118	3 738	4 353	4 484	4 635	5 278	4 065.6
甘　肃	2 777	2 298	2 298	2 298	2 298	3 893	2 393.8
青　海	1 039	1 154	1 113	1 566	1 486	1 459	1 271.6
宁　夏	1 136	959	928	1 042	1 264	502	1 065.8
新　疆	3 674	1 347	1 253	779	902	1 051	1 591.0

表 4-17　　　2008—2013 年中国各地区农村住宿餐饮业

企业数量与农村人口比值　　　单位：个/万人

省　别	2008	2009	2010	2011	2012	2013	2008—2013年均值
北　京	3.66	3.70	3.26	3.63	3.48	3.58	3.55
天　津	—	—	—	—	—	—	—
河　北	1.25	1.62	1.65	2.07	2.62	3.28	2.08
山　西	3.94	3.13	2.93	3.24	6.26	8.79	4.72
内蒙古	21.52	22.68	19.99	24.30	32.73	35.34	26.09
辽　宁	1.31	1.33	1.26	7.79	9.02	11.59	5.38
吉　林	8.90	6.93	3.12	5.34	3.73	4.60	5.44
黑龙江	2.58	2.68	4.19	5.12	3.37	4.59	3.76
上　海	—	—	—	—	—	—	—
江　苏	8.31	9.33	10.87	13.08	15.28	18.58	12.57
浙　江	8.30	9.24	15.81	14.30	15.58	15.10	13.05
安　徽	0.87	0.89	0.93	1.02	1.03	0.89	0.94
福　建	11.07	10.79	11.33	12.37	12.94	13.97	12.08
江　西	11.28	4.23	6.20	6.45	6.68	7.70	7.09
山　东	8.23	8.35	8.78	9.57	12.90	13.15	10.16
河　南	1.67	1.77	1.83	1.89	2.02	2.34	1.92
湖　北	12.52	14.57	11.22	12.65	13.65	15.21	13.30
湖　南	12.79	14.40	16.09	16.35	17.25	20.00	16.15
广　东	8.34	8.44	9.13	9.55	9.92	10.10	9.24
广　西	13.74	11.62	7.32	8.65	12.47	15.08	11.48
海　南	8.02	7.84	8.18	8.12	8.58	8.05	8.13
重　庆	2.15	2.28	2.28	1.87	1.99	2.19	2.12
四　川	6.07	5.73	5.54	5.89	5.14	6.93	5.88
贵　州	3.65	3.68	3.80	—	—	—	3.71
云　南	0.52	0.81	0.59	0.81	0.77	1.73	0.87
西　藏	1.59	0.46	—	—	—	—	1.03
陕　西	1.42	1.74	2.07	2.21	2.35	2.81	2.10
甘　肃	1.61	1.36	1.38	1.41	1.43	2.47	1.61
青　海	3.14	3.52	3.44	5.03	4.86	4.84	4.14
宁　夏	3.33	2.82	2.75	3.16	3.94	1.57	2.93
新　疆	2.88	1.05	0.97	0.63	0.72	0.84	1.18

（四）社会服务业

由表 4-18 可知，2008—2013 年中国各地区农村社会服务业企业数量排在前三位的是江苏、山东和湖北，前二者数值均在 3 万个以上；排在后三位的是西藏、青海和甘肃，数值仅为几百个。

表 4-18　　2008—2013 年中国各地区农村社会服务业企业数量　单位：个

省　别	2008	2009	2010	2011	2012	2013	2008—2013年均值
北　京	2 601	2 001	2 290	2 103	2 005	1 559	2 093
天　津	—	—	—	—	—	—	—
河　北	3 159	4 536	6 523	6 953	9 994	9 808	6 829
山　西	2 496	2 585	3 050	2 939	7 751	10 684	4 918
内蒙古	19 803	21 494	15 886	16 827	15 519	15 792	17 554
辽　宁	446	450	425	9 790	11 348	16 499	6 493
吉　林	9 762	7 209	4 104	4 129	2 771	4 244	5 370
黑龙江	1 910	2 050	4 217	5 197	1 062	4 666	3 184
上　海	—	—	—	—	—	—	—
江　苏	41 837	43 173	39 266	46 339	49 274	44 650	44 090
浙　江	21 966	19 428	42 658	33 119	33 164	32 401	30 456
安　徽	1 459	1 447	1 664	1 739	2 606	4 996	2 319
福　建	13 783	17 174	15 570	15 763	15 501	15 564	15 559
江　西	16 520	10 780	10 908	10 306	12 163	16 108	12 798
山　东	27 440	32 073	32 353	32 786	42 444	41 036	34 689
河　南	7 775	8 112	8 657	9 723	10 148	11 056	9 245
湖　北	21 517	29 020	25 713	27 565	26 466	29 807	26 681
湖　南	22 368	2 445	24 949	27 740	28 069	31 618	22 865
广　东	16 007	18 195	19 738	19 517	21 192	25 411	20 010
广　西	24 207	23 208	13 443	15 466	21 597	24 881	20 467
海　南	1 501	1 229	1 409	1 169	1 159	1 750	1 370
重　庆	9 411	9 534	9 675	7 763	8 009	8 505	8 816
四　川	20 685	19 894	20 819	22 121	19 843	26 358	21 620
贵　州	5 107	4 971	4 713	—	—	—	4 930
云　南	1 569	1 829	2 113	2 276	2 513	3 705	2 334
西　藏	130	133	—	—	—	—	132
陕　西	1 128	1 311	1 527	1 573	1 626	1 852	1 503
甘　肃	733	492	492	492	579	364	525
青　海	318	263	276	450	417	138	310
宁　夏	687	953	728	790	814	303	713
新　疆	3 031	887	1 068	1 054	1 019	844	1 317

由表 4-19 可见，2008—2013 年中国各地区农村社会服务业企业数量与农村人口比均值排在前三位的是内蒙古、浙江和江苏，数值分别为 15.53 个/万人、14.33 个/万人和 13.60 个/万人；排在后三位的是甘肃、西藏和陕西，数值分别为 0.32 个/万人、0.58 个/万人和0.74 个/万人。

表 4-19　　　　2008—2013 年中国各地区农村社会服务业

企业数量与农村人口比值　　　　单位：个/万人

省　别	2008	2009	2010	2011	2012	2013	2008—2013年均值
北　京	10.01	7.48	8.21	7.63	7.20	5.46	6.00
天　津	—	—	—	—	—	—	—
河　北	0.76	1.12	1.65	1.74	2.54	2.53	1.72
山　西	1.31	1.38	1.65	1.58	4.29	6.07	2.71
内蒙古	16.36	18.21	13.87	15.30	14.42	15.01	15.53
辽　宁	0.25	0.26	0.25	5.90	7.20	10.94	4.14
吉　林	7.63	5.64	3.21	3.22	2.16	3.33	4.20
黑龙江	1.08	1.20	2.48	3.06	0.64	2.82	1.88
上　海	—	—	—	—	—	—	—
江　苏	11.58	12.17	11.32	14.94	16.37	15.24	13.60
浙　江	9.96	8.79	19.21	15.84	16.10	16.08	14.33
安　徽	0.39	0.40	0.47	0.51	0.79	1.56	0.69
福　建	7.85	10.04	9.46	9.95	9.94	10.28	9.59
江　西	6.28	4.18	4.33	4.13	4.99	6.81	5.12
山　东	5.50	6.50	6.61	6.80	8.98	8.91	7.22
河　南	1.27	1.34	1.46	1.68	1.82	2.04	1.60
湖　北	6.78	9.27	8.32	9.57	9.54	11.09	9.10
湖　南	5.91	0.66	6.86	7.45	7.75	8.93	6.26
广　东	4.50	5.02	5.32	5.53	6.02	7.36	5.62
广　西	7.96	7.79	4.55	5.59	7.99	9.41	7.22
海　南	3.36	2.77	3.21	2.68	2.67	4.08	3.13

省　别	2008	2009	2010	2011	2012	2013	2008—2013年均值
重　庆	6.46	6.72	6.99	5.73	6.10	6.71	6.45
四　川	3.95	3.91	4.15	4.60	4.24	5.78	4.44
贵　州	1.96	1.95	1.90	—	—	—	1.94
云　南	0.51	0.60	0.70	0.76	0.86	1.31	0.79
西　藏	0.57	0.58	—	—	—	—	0.58
陕　西	0.51	0.61	0.73	0.78	0.82	0.99	0.74
甘　肃	0.42	0.29	0.30	0.30	0.36	0.23	0.32
青　海	0.96	0.80	0.85	1.44	1.36	0.46	0.98
宁　夏	2.01	2.80	2.16	2.40	2.54	0.95	2.14
新　疆	2.38	0.69	0.82	0.85	0.82	0.67	1.04

三、基本公共服务机构的空间分布与区域差异

（一）卫生机构差异

衡量卫生机构水平一般采用人均床位数或人均卫生人员数，从数据可得性角度考虑，本章采用农村每千人口医疗卫生机构床位和每千农业人口乡村医生和卫生员数、每千农业人口卫生人员数量三项指标来分析各地农村卫生机构差异。

1. 农村每千人口医疗卫生机构床位区域差异

从表4-20可知，2010—2014年，各省农村每千人口医疗卫生床位数量大体呈现逐年增加趋势。2014年，每千人口医疗卫生床位数量最多的是新疆，为5.67张，在2010年的基础上增加了1.39张，增幅为32.5%，年均增长7.8%；排在第二位的是上海，为4.52张，在2010年的基础上增加了1.63张，增幅为61.5%，年均增长14.1%；有4张以上的还有山东、四川、云南、湖北、天津等；排在最后的是广东，为2.57张，在2010年的基础上增加了0.68张，增幅为36%，年均增长8.7%。

表 4-20　　2010—2014 年各地区每千人口医疗卫生

机构床位（农村）　　　　单位：张

省　别	2010	2011	2012	2013	2014	2010—2014 年均值
北　京	2.53	3.51	3.61	3.47	3.74	3.37
天　津	3.38	3.64	3.77	3.82	4.01	3.72
河　北	2.42	2.73	2.88	3.04	3.17	2.85
山　西	3.15	3.3	3.4	3.49	3.59	3.39
内蒙古	2.36	2.91	3.13	3.38	3.75	3.11
辽　宁	2.72	3.13	3.38	4.22	3.78	3.45
吉　林	2.82	3.32	3.54	3.05	3.71	3.29
黑龙江	2.27	2.6	2.91	3.08	3.28	2.83
上　海	2.65	4.99	4.48	4.7	4.52	4.27
江　苏	2.62	3.14	3.31	3.49	3.73	3.26
浙　江	2.58	2.9	3.18	3.44	3.57	3.13
安　徽	1.95	2.17	2.44	2.52	2.68	2.35
福　建	2.23	2.63	2.96	3.26	3.36	2.89
江　西	1.85	2.2	2.6	2.8	2.91	2.47
山　东	3.21	3.69	4.31	4.27	4.18	3.93
河　南	2.05	2.31	2.62	2.86	3.03	2.57
湖　北	2.16	2.52	2.86	3.58	4.03	3.03
湖　南	2.33	2.75	3.12	3.39	3.77	3.07
广　东	1.89	2.16	2.3	2.28	2.57	2.24
广　西	2.05	2.29	2.58	2.89	3.11	2.58
海　南	2.26	2.43	2.56	2.68	2.97	2.58
重　庆	2.84	3.19	3.71	4.17	3.9	3.56
四　川	2.7	3.12	3.6	3.88	4.16	3.49
贵　州	1.91	2.25	2.74	3.26	3.44	2.72
云　南	2.72	3.16	3.57	3.87	4.12	3.49
西　藏	2.51	2.77	2.45	3	3.21	2.79
陕　西	2.65	2.96	3.27	3.58	3.89	3.27
甘　肃	2.53	2.79	3.14	3.41	3.6	3.09
青　海	2.3	2.74	2.86	3.45	3.88	3.05
宁　夏	2.06	2.44	2.39	2.54	2.64	2.41
新　疆	4.28	5.02	4.96	5.5	5.67	5.09
均　值	2.51	2.96	3.18	3.43	3.61	3.14

2014 年与 2010 年相比，全国 31 个省农村每千人口医疗卫生床位数量均有所增长，增幅最大的是湖北，为 86.6%，年均增长 38.4%；增幅最小的为山西，增幅仅为 14%，年均增长 3.3%。

如表 4-21 所示，2010—2014 年，全国农村每千人口医疗卫生床位数量平均数值在逐年增加，从 2010 年的 2.5148 张增加到 2012 年的 3.6119 张，增幅为 46.5%，年均增长 11.6%。农村每千人口医疗卫生床位的省际差异，除 2011 年相较 2010 年有增大之外，自 2011 年之后，省际差异有逐年缩小的趋势。具体而言，2014 年，每千人口医疗卫生床位数量的 Gini、GE_0 和 GE_1 分别为 0.0903、0.0137 和 0.0139，在 2010 年的基础上分别缩小了 0.0135、0.0039 和 0.0045，降幅分别为 13.0%、22.2% 和 24.4%，降幅不大。但 2011 年较 2010 年而言，增幅较大，分别达到 14.2%、33.07% 和 33.1%。

表 4-21　2010—2014 年全国农村每千人口医疗卫生床位数量的区域差异

指标	2010	2011	2012	2013	2014	2010—2014 年均值
最大值	4.2768	5.0198	4.9648	5.5000	5.6700	5.08628
最小值	1.8450	2.1636	2.2954	2.2800	2.5700	2.2308
均值	2.5148	2.9607	3.1822	3.4313	3.6119	3.13992
Gini	0.1038	0.1186	0.1072	0.1038	0.0903	0.10474
GE_0	0.0176	0.0231	0.0180	0.0175	0.0137	0.01798
GE_1	0.0184	0.0245	0.0185	0.0179	0.0139	0.01864

2. 每千农业人口乡村医生和卫生员数区域差异

从表 4-22 可知，2008—2014 年，各地区每千农业人口乡村医生和卫生员数呈现逐步增长趋势。2014 年，每千农业人口乡村医生和卫生员数最多的是西藏，为 4.01 人，比 2008 年的 1.41 人增加了 2.6 人，增幅达到 184.4%，年均增长 19%，增速较快；排第二位的是山东，为 2.71 人，比 2008 年的 1.68 人增加了 1.03 人，增幅为 61.3%，年均增长 8.3%；排在最后的是浙江，为 0.61 人，比 2008 年的 0.47 人增加了 0.14 人，增幅为 29.8%，年均增长 4.44%。

表 4-22　　　　　2008—2014 年各地区每千农业人口

乡村医生和卫生员数　　　　　　单位：人

省别	2008	2009	2010	2001	2012	2013	2014	2008—2014 年平均
北 京	1.37	1.27	1.34	1.34	1.67	1.64	1.64	1.47
天 津	1.36	1.23	1.02	1.03	1.30	1.47	1.57	1.28
河 北	1.51	1.57	1.41	1.90	2.04	2.09	2.13	1.81
山 西	2.02	1.36	1.30	1.81	2.21	2.13	2.14	1.85
内蒙古	1.24	1.14	0.94	1.40	1.61	1.65	1.64	1.37
辽 宁	1.20	1.20	1.14	1.25	1.51	1.58	1.65	1.36
吉 林	0.90	0.94	0.89	0.97	1.21	1.59	1.61	1.16
黑龙江	1.15	1.13	1.10	1.22	1.53	1.62	1.63	1.34
上 海	0.99	1.21	1.02	0.92	3.16	3.10	2.70	1.87
江 苏	0.90	1.02	1.31	1.53	1.71	1.77	1.87	1.44
浙 江	0.47	0.37	0.33	0.35	0.63	0.64	0.61	0.49
安 徽	0.90	0.85	0.94	1.04	1.33	1.33	1.31	1.10
福 建	1.27	1.27	1.27	1.22	1.47	1.45	1.46	1.34
江 西	1.08	1.08	1.16	1.28	1.45	1.58	1.65	1.33
山 东	1.68	1.87	1.91	2.82	2.56	2.70	2.71	2.32
河 南	1.31	1.34	1.35	1.49	1.78	1.89	1.86	1.57
湖 北	1.11	1.03	0.99	1.14	1.27	1.32	1.37	1.18
湖 南	0.76	0.67	0.71	0.84	1.07	1.10	1.11	0.89
广 东	0.84	0.82	0.83	0.85	1.12	1.15	1.18	0.97
广 西	0.89	0.86	0.80	0.83	0.97	1.00	1.04	0.91
海 南	0.48	0.46	0.47	0.48	0.64	0.69	0.73	0.56
重 庆	0.91	0.91	0.88	1.02	1.35	1.42	1.48	1.14
四 川	1.11	0.92	0.98	1.09	1.37	1.46	1.45	1.20
贵 州	0.79	0.75	0.75	0.95	0.97	1.06	1.23	0.93
云 南	0.99	0.94	0.92	0.93	1.02	1.01	1.12	0.99
西 藏	1.41	0.98	0.96	1.63	1.82	3.71	4.01	2.07
陕 西	1.20	1.21	1.17	1.33	1.75	1.76	1.82	1.46
甘 肃	0.88	0.79	0.81	0.88	1.14	1.19	1.34	1.00
青 海	1.34	1.18	1.36	1.60	1.85	2.25	2.44	1.72
宁 夏	1.09	0.97	0.81	0.89	1.09	1.08	1.08	1.00
新 疆	0.65	0.64	0.48	0.59	0.91	1.09	1.28	0.81

2014 年与 2008 年相比，全国 31 个省中，每千农业人口乡村医生和卫生员数减少的仅宁夏一省，减少了 0.09 人，降幅为 8.25%。其他各省都是增加的，增幅最大的是西藏，为 184.4%；增幅最小的是山西，为 5.94%。

从表 4-23 可以看出，2008—2014 年全国每千农业人口卫生人员数量平均水平在上升。2008 年，均值为 1.0903 人，处于较低水平；2014 年，每千农业人口卫生人员数量均值提升至 1.6406 人，增长了 50.47%，年均增长 7.05%。但不太乐观的是，各地区每千农业人口卫生人员数量的差距有扩大的趋势。2014 年，各地区每千农业人口卫生人员数量的 Gini、GE_0 和 GE_1 分别为 0.2014、0.0692 和 0.0708，在 2008 年的基础上分别增加了 22.5%、46.3% 和 58%，地区差距以每年平均 8% 的速度增加。从表 4-23 也可发现，这种趋势不是递增的，2014 年各地区每千农业人口卫生人员数量的 Gini、GE_0 和 GE_1 在 2013 年的基础上分别减少了 4.5%、21.1% 和 5.8%。此外，2009 年、2012 年都在前一年的基础上有所减少。

表 4-23　2008—2014 年各地区每千农业人口卫生人员数量的区域差异

指　标	2008	2009	2010	2011	2012	2013	2014	2008—2014 年平均
最大值	2.0200	1.8700	1.9100	2.8200	3.1600	3.7100	4.0100	2.3214
最小值	0.4700	0.3700	0.3300	0.3500	0.6300	0.6400	0.6100	0.4857
均值	1.0903	1.0316	1.0113	1.1813	1.4681	1.5974	1.6406	1.2887
Gini	0.1644	0.1607	0.1690	0.2049	0.1918	0.2109	0.2014	0.1779
GE_0	0.0473	0.0483	0.0547	0.0755	0.0609	0.0735	0.0692	0.0546
GE_1	0.0448	0.0442	0.0494	0.0726	0.0607	0.0752	0.0708	0.0513

（二）文化机构差异

如表 4-24 所示，2008—2014 年，农村文化站数量有逐步增加的趋势。2014 年，全国农村文化站数量为 34 101 个，比 2008 年的

32 706 家增加了 1 295 家，增幅为 3.93%，年均增加 1.39%。2014 年，四川的农村文化站数量最多，有 4 375 家，比 2008 年的 3 249 家增加 1 126 家，增幅为 34.66%，年均增加 5.08%；排在第二位的是湖南，为 2 189 家，比 2008 年的 2 284 家减少了 95 家，降幅为 4.16%，年均减少 0.71%；数量最少的是上海，只有 111 家，比 2008 年的 149 家减少了 38 家，降幅为 25.5%，年均减少 5.03%。

如表 4-25 所示，2014 年和 2008 年相比，农村每 10 万人口文化机构数量减少的省份有上海、北京、重庆、浙江、江苏、广东、云南、山东、河南和湖南。其中，降幅最大的是上海，为 25.5%；降幅最小的是北京，为 2.67%。其他省都是增加的，增幅最大的是青海，为 72.12%；增幅最小的是广西，为 0.09%。

由表 4-26 可知，2008—2014 年，全国农村每 10 万人口文化机构平均数量有逐年增加趋势，从 2008 年的 5.2058 个增加到 2014 年的 5.9836 个，增幅为 14.94%。但区域差异有逐年扩大趋势，2014 年，各地区农村每 10 万人口文化机构数量的 Gini、GE_0 和 GE_1 分别为 0.1918、0.0585 和 0.0581，在 2008 年的基础上分别增加了 21.4%、47% 和 50.9%。

（三）养老服务机构差异

从表 4-27 可以看出，2009—2012 年，全国农村养老服务机构总体数量逐年增加，从 2009 年的 31 285 个增加到 2012 年的 32 787 个，增加了 1 502 个，增幅为 4.8%，年均增长 1.57%，增速较慢。但从 2012 年之后，农村养老服务机构数量锐减，2014 年，只剩下 20 261 个，较 2012 年减少 12 526 个，降幅达到 38.2%，降幅较大。各省养老服务机构数量也普遍有所减少。

2014 年，农村养老服务机构数量最多的是四川，为 2 783 个，在 2009 年的基础上增加了 69 个，增幅仅为 2.76%；排在第二位的是河南，数量为 1 892 个，在 2009 年的基础上减少了 578 个，降幅为 21.35%；排在第三位的是湖北，数量为 1 442 个，在 2009 年的基础上减少了 540 个，降幅为 26.34%。

表 4-24　　　2008—2014 年乡镇文化站（农村文化机构）　　　单位：家

省　别	2008	2009	2010	2011	2012	2013	2014	2008—2014 均值
北　京	187	181	182	184	180	179	183	182
天　津	126	146	141	133	133	134	133	135
河　北	1 900	1 858	1 864	1 902	1 938	1 968	1 979	1 916
山　西	1 167	1 164	1 184	1 197	1 197	1 197	1 196	1 186
内蒙古	831	725	723	745	751	823	840	777
辽　宁	950	1 016	1 010	982	960	961	961	977
吉　林	624	609	613	618	625	629	626	621
黑龙江	758	803	896	901	900	900	900	865
上　海	149	130	149	118	118	113	111	127
江　苏	1 145	1 067	1 049	1 038	1 017	992	969	1 040
浙　江	1 203	1 197	1 191	1 187	1 179	980	958	1 128
安　徽	1 270	1 247	1 301	1 254	1 264	1 271	1 281	1 270
福　建	914	941	955	947	947	948	946	943
江　西	1 229	1 626	1 620	1 546	1 629	1 643	1 647	1 563
山　东	1 474	1 379	1 377	1 376	1 338	1 299	1 291	1 362
河　南	2 017	1 947	1 903	1 920	1 915	1 911	1 906	1 931
湖　北	1 019	1 036	1 023	1 027	1 039	1 029	1 028	1 029
湖　南	2 284	2 225	2 244	2 182	2 189	2 238	2 189	2 222
广　东	1 230	1 245	1 204	1 192	1 185	1 182	1 178	1 202
广　西	1 127	1 126	1 127	1 126	1 126	1 126	1 128	1 127
海　南	200	203	201	205	203	204	202	203
重　庆	961	897	868	854	850	842	827	871
四　川	3 249	3 580	3 682	3 829	4 264	4 361	4 375	3 906
贵　州	1 284	1 269	1 303	1 339	1 345	1 404	1 428	1 339
云　南	1 360	1 336	1 327	1 310	1 295	1 276	1 278	1 312
西　藏	165	165	205	238	238	238	236	212
陕　西	1 460	1 502	1 513	1 518	1 542	1 490	1 499	1 503
甘　肃	1 022	1 030	1 078	1 120	1 226	1 227	1 227	1 133
青　海	208	187	195	239	353	358	358	271
宁　夏	189	197	205	198	198	198	198	198
新　疆	1 004	941	1 034	953	977	1 018	1 024	993
总　和	32 706	32 975	33 367	33 378	34 121	34 139	34 101	33 541

表 4-25 2008—2014 年各地区农村每 10 万人口文化机构数量　　单位：家

省　别	2008	2009	2010	2011	2012	2013	2014	2008—2014年均值
北　京	7.55	7.15	7.11	6.99	6.84	6.43	6.37	6.92
天　津	4.83	5.53	5.27	4.92	4.92	5.07	5.10	5.09
河　北	4.47	4.48	4.59	4.74	4.83	5.00	5.10	4.75
山　西	6.07	6.13	6.32	6.47	6.47	6.62	6.80	6.41
内蒙古	6.75	6.05	6.20	6.60	6.65	7.64	7.98	6.84
辽　宁	5.42	5.79	5.86	5.73	5.61	6.10	6.37	5.84
吉　林	4.87	4.76	4.79	4.83	4.89	4.91	4.92	4.85
黑龙江	4.26	4.56	5.25	5.29	5.29	5.40	5.45	5.07
上　海	7.26	6.19	6.92	5.39	5.39	4.50	4.36	5.72
江　苏	3.15	2.99	2.99	3.03	2.97	3.30	3.31	3.10
浙　江	5.55	5.53	5.49	5.44	5.41	4.76	4.75	5.28
安　徽	3.30	3.33	3.56	3.53	3.56	3.86	4.00	3.59
福　建	4.94	5.12	5.29	5.37	5.37	6.08	6.25	5.49
江　西	4.62	6.18	6.28	6.14	6.47	6.74	6.97	6.20
山　东	2.94	2.76	2.79	2.81	2.73	2.75	2.80	2.80
河　南	3.18	3.17	3.15	3.25	3.24	3.43	3.52	3.28
湖　北	3.18	3.26	3.27	3.32	3.36	3.71	3.83	3.42
湖　南	5.88	5.88	6.08	6.00	6.02	6.18	6.18	6.03
广　东	3.57	3.57	3.44	3.38	3.36	3.36	3.41	3.44
广　西	3.65	3.70	3.78	3.81	3.81	4.17	4.27	3.89
海　南	4.44	4.55	4.53	4.66	4.62	4.70	4.71	4.60
重　庆	6.42	6.17	6.11	6.17	6.14	6.41	6.53	6.28
四　川	6.05	6.84	7.23	7.63	8.50	9.31	9.59	7.88
贵　州	4.71	4.70	4.85	5.03	5.05	6.22	6.45	5.29
云　南	4.37	4.33	4.36	4.34	4.29	4.36	4.52	4.37
西　藏	8.18	8.10	9.23	10.77	10.77	10.15	9.93	9.59
陕　西	6.42	6.75	6.95	7.12	7.24	7.55	7.99	7.15
甘　肃	5.69	5.75	6.05	6.31	6.91	7.62	7.77	6.59
青　海	6.25	5.65	5.96	7.38	10.90	11.74	11.88	8.54
宁　夏	5.49	5.77	6.03	5.88	5.88	6.17	6.20	5.92
新　疆	7.89	7.38	8.04	7.34	7.52	8.16	8.19	7.79

表 4-26　　　2008—2014 年各地区农村文化机构数量的区域差异

指标	2008	2009	2010	2011	2012	2013	2014	2008—2014年平均
最大值	8.1793	8.1030	9.2297	10.7691	10.9021	11.7377	11.8835	10.1149
最小值	2.9377	2.7647	2.7905	2.8115	2.7338	2.7481	2.8022	2.7983
平均值	5.2058	5.2301	5.4119	5.4739	5.6450	5.8834	5.9836	5.5477
Gini	0.1580	0.1484	0.1588	0.1665	0.1876	0.1913	0.1918	0.1718
GE_0	0.0398	0.0376	0.0427	0.0464	0.0575	0.0584	0.0585	0.0487
GE_1	0.0385	0.0354	0.0406	0.0453	0.0572	0.0582	0.0581	0.0476

如表 4-28 所示，2009—2012 年，各地区农村每 10 万人口养老服务机构有逐年增加趋势，但 2012—2014 年，却有逐年下降趋势，且降幅较大。降幅较大的有福建、广西和贵州，降幅均在 80%以上，可能的原因是 2014 年的统计口径有所调整。

由表 4-29 可知，2009—2012 年，全国农村每 10 万人口养老服务机构平均数量有逐年增加趋势，从 2009 年的 5.0066 个增加到 2012 年的 5.4078 个，增幅为 8.08%；2012—2014 年，有逐年减少趋势，从 2012 年的 5.4078 个降至 2014 年的 3.6500 个，降幅为 32.5%，幅度较大。区域差异有扩大趋势，2014 年，各地区农村每 10 万人口养老服务机构数量的 Gini、GE_0 和 GE_1 分别为 0.3262、0.2168 和 0.1748，差异较大，在 2009 年的基础上分别提高了 28.6%、100%和 41%。

表 4-27　　　　　2009—2014 年农村养老服务机构数　　　　单位：个

省　别	2009	2010	2011	2012	2013	2014	2009—2014年均值
北　京	195	211	218	267	259	275	246
天　津	109	109	106	119	151	91	115
河　北	1 293	1 162	1 256	1 442	966	623	1 090
山　西	817	828	818	744	616	545	710
内蒙古	526	517	530	522	483	399	490
辽　宁	809	819	770	765	841	693	778
吉　林	585	582	621	628	624	595	610
黑龙江	502	450	436	410	411	397	421
上　海	281	204	200	197	196	190	197
江　苏	1 342	1 319	1 329	1 640	1 544	1 278	1 422
浙　江	1 082	1 202	1 336	1 400	1 503	1 315	1 351
安　徽	1 984	2 086	2 105	2 082	2 113	459	1 769
福　建	581	601	739	821	767	94	604
江　西	1 346	1 359	1 358	1 360	1 371	1 334	1 356
山　东	1 711	1 688	1 626	1 622	1 589	1 066	1 518
河　南	2 470	2 445	2 404	2 422	2 499	1 892	2 332
湖　北	1 982	1 973	1 950	1 949	1 677	1 442	1 798
湖　南	2 097	2 264	2 356	2 440	2 370	1 161	2 118
广　东	1 912	1 916	1 867	1 853	1 197	925	1 552
广　西	1 001	1 095	1 154	1 158	1 156	122	937
海　南	190	196	194	201	206	181	196
重　庆	2 230	2 010	2 025	2 012	1 225	539	1 562
四　川	2 714	2 869	2 962	2 952	2 831	2 783	2 879
贵　州	816	817	1 008	1 027	1 041	150	809
云　南	558	639	661	653	656	336	589
西　藏	165	165	169	174	155	144	161
陕　西	758	766	784	773	757	529	722
甘　肃	614	597	599	593	459	215	493
青　海	130	133	122	140	167	117	136
宁　夏	74	62	62	56	52	53	57
新　疆	411	388	375	365	365	318	362
总　和	31 285	31 472	32 140	32 787	30 247	20 261	29 381

表 4-28　　　　　2009—2014 年各地区农村每 10 万

人口养老服务机构数量　　　　　　单位：个

省别	2009	2010	2011	2012	2013	2014	2009—2014 年均值
北 京	7.41	7.79	7.83	9.35	8.93	9.48	8.46
天 津	4.04	4.08	4.01	4.56	5.70	3.43	4.30
河 北	3.23	2.92	3.19	3.72	2.54	1.64	2.87
山 西	4.41	4.53	4.52	4.23	3.58	3.16	4.07
内蒙古	4.66	4.69	4.92	4.96	4.68	3.87	4.63
辽 宁	4.72	4.98	4.89	5.07	5.71	4.70	5.01
吉 林	4.57	4.55	4.85	4.93	4.95	4.72	4.76
黑龙江	2.95	2.67	2.61	2.48	2.52	2.43	2.61
上 海	12.83	8.68	7.96	7.73	7.81	7.57	8.76
江 苏	3.91	4.10	4.42	5.60	5.42	4.49	4.65
浙 江	4.96	5.67	6.49	6.95	7.59	6.64	6.38
安 徽	5.59	6.10	6.39	6.50	6.72	1.46	5.46
福 建	3.30	3.62	4.74	5.42	5.18	0.63	3.82
江 西	5.34	5.48	5.57	5.75	5.93	5.77	5.64
山 东	3.50	3.51	3.44	3.52	3.53	2.37	3.31
河 南	4.18	4.26	4.31	4.47	4.72	3.58	4.25
湖 北	6.42	6.73	7.03	7.25	6.36	5.47	6.54
湖 南	5.76	6.24	6.51	6.89	6.81	3.33	5.92
广 东	5.42	5.44	5.31	5.37	3.49	2.70	4.62
广 西	3.39	3.87	4.27	4.38	4.44	0.47	3.47
海 南	4.32	4.49	4.47	4.68	4.87	4.28	4.52
重 庆	16.11	14.91	15.42	15.88	9.90	4.36	12.76
四 川	5.41	5.92	6.33	6.47	6.34	6.23	6.12
贵 州	3.06	3.32	4.47	4.64	4.78	0.69	3.49
云 南	1.85	2.15	2.26	2.31	2.35	1.20	2.02
西 藏	7.47	7.25	7.21	7.32	6.51	6.05	6.97
陕 西	3.56	3.73	3.97	4.12	4.13	2.89	3.73
甘 肃	3.46	3.53	3.72	3.76	2.97	1.39	3.14
青 海	4.01	4.23	4.00	4.65	5.60	3.93	4.40
宁 夏	2.20	1.88	1.93	1.75	1.66	1.69	1.85
新 疆	3.16	3.05	3.01	2.92	2.90	2.53	2.93

表 4-29　　　　2009—2014 年各地区农村每 10 万人口
养老服务机构数量区域差异

指标	2009	2010	2011	2012	2013	2014	2009—2014 年平均
最大值	16.1122	14.9054	15.4231	15.8808	9.9030	9.4828	13.6179
最小值	1.8496	1.8849	1.9322	1.7541	1.6561	0.4685	1.5909
平均值	5.0066	4.9787	5.1623	5.4078	5.1169	3.6500	4.8871
Gini	0.2536	0.2325	0.2231	0.2265	0.2116	0.3262	0.2456
GE_0	0.1084	0.0899	0.0854	0.0901	0.0782	0.2168	0.1115
GE_1	0.1240	0.0966	0.0912	0.0935	0.0719	0.1748	0.1087

第四节　农村服务业环境差异——中国农村服务业发展环境的区域差异分析

农村服务业环境对农村服务业的发展水平及农村服务业的功能实现具有重要的作用，中国农村服务业环境差异是农村服务业发展水平区域差异的重要内容。本节将从经济发展环境、交通条件、农村服务业固定资产投资和农村教育发展水平四个方面剖析中国农村服务业发展环境的区域差异，进一步深化对中国农村服务业发展区域差异的认识。

一、农村经济发展环境的区域差异

反映农村经济发展环境的指标很多，从数据可得性角度考虑，我们选取各地区人均生产总值和农村个体工商户密度这两项指标。

（一）各地区人均生产总值及区域差异

表 4-30 列出了 2008—2014 年各地区人均地区生产总值，从中

可以看出，各地区人均地区生产总值总体上在不断上升。2014 年，人均地区生产总值最高的前五位为天津、北京、上海、江苏、浙江，分别为 10.5231 万元、9.9995 万元、9.7370 万元、8.1874 万元、7.3002 万元；人均地区生产总值位于后五位的为广西、西藏、云南、贵州、甘肃，分别为 3.3090 万元、2.9252 万元、2.7264 万元、2.6437 万元、2.6433 万元。各地区人均地区生产总值差异较大，但从增长速度来看，各地区之间有缩小的趋势。2014 年，人均地区生产总值最高的是天津，为 10.5231 万元，相比 2008 年增长了 4.6575 万元，增长率为 79.4%；而人均地区生产总值排倒数第二的是贵州，为 2.6437 万元，但相比 2008 年的 0.9855 万元，增长率达到 168.25%，增长速度排名第一。

表 4-31 计算了 2008—2014 年各地区人均地区生产总值的差异指标，从中可以看出，各地区人均地区生产总值的差异较大，2008—2014 年 Gini 的均值为 0.2517，且各年均保持在 0.2 以上，但差异有逐年缩小的趋势；2014 年人均地区生产总值的 Gini、GE_0 和 GE_1 分别为 0.2269、0.0800 和 0.0834；在 2008 年的基础上分别减少了 19.88%、36.86% 和 38.31%。可以看出，中国各地区人均地区生产总值尽管差异较大，但各地区均呈稳步增长态势，且差异有明显逐年缩小的趋势，贫富差距问题得到一定程度的改善。

（二）各地区个体工商户数分布密度及地区差异

从表 4-32 可见，各地区农村个体工商户数与农村人口比值总体上有不断提高的趋势。2013 年与 2009 年相比，31 个省中仅有北京、浙江和宁夏有所降低，分别从 2009 年的 0.0544、0.0252 和 0.0431 降低为 2013 年的 0.0465、0.0222 和 0.0413，降幅分别为 14.4%、11.9% 和 3.9%。其他各省均有明显提高。2013 年，比值排在前五位的为上海、辽宁、江苏、陕西和福建，比值分别为 0.0685 户/人、0.0663 户/人、0.0549 户/人、0.0546 户/人和 0.0509 户/人；排在后五位的是西藏、海南、重庆、甘肃和浙江，比值分别为 0.0014 户/人、0.0098 户/人、0.0141 户/人、0.0199 户/人和 0.0222 户/人。

表 4-30　　　　2008—2014 年各地区人均地区生产总值　　　　单位：万元

省别	2008	2009	2010	2011	2012	2013	2014	2008—2014年均值
北 京	6.4491	6.6940	7.3856	8.1658	8.7475	9.4648	9.9995	8.1295
天 津	5.8656	6.2574	7.2994	8.5213	9.3173	10.0105	10.5231	8.2564
河 北	2.2986	2.4581	2.8668	3.3969	3.6584	3.8909	3.9984	3.2240
山 西	2.1506	2.1522	2.6283	3.1357	3.3628	3.4984	3.5070	2.9193
内蒙古	3.4869	3.9735	4.7347	5.7974	6.3886	6.7836	7.1046	5.4670
辽 宁	3.1739	3.5149	4.2355	5.0760	5.6649	6.1996	6.5201	4.9121
吉 林	2.3521	2.6595	3.1599	3.8460	4.3415	4.7428	5.0160	3.7311
黑龙江	2.1740	2.2447	2.7076	3.2819	3.5711	3.7697	3.9226	3.0959
上 海	6.6932	6.9164	7.6074	8.2560	8.5373	9.0993	9.7370	8.1209
江 苏	4.0014	4.4253	5.2840	6.2290	6.8347	7.5354	8.1874	6.0710
浙 江	4.1405	4.3842	5.1711	5.9249	6.3374	6.8805	7.3002	5.7341
安 徽	1.4448	1.6408	2.0888	2.5659	2.8792	3.2001	3.4425	2.4660
福 建	2.9755	3.3437	4.0025	4.7377	5.2763	5.8145	6.3472	4.6425
江 西	1.5900	1.7335	2.1253	2.6150	2.8800	3.1930	3.4674	2.5149
山 东	3.2936	3.5894	4.1106	4.7335	5.1768	5.6885	6.0879	4.6686
河 南	1.9181	2.0597	2.4446	2.8661	3.1499	3.4211	3.7072	2.7952
湖 北	1.9858	2.2677	2.7906	3.4197	3.8572	4.2826	4.7145	3.3311
湖 南	1.8147	2.0428	2.4719	2.9880	3.3480	3.6943	4.0271	2.9124
广 东	3.7638	3.9436	4.4736	5.0807	5.4095	5.8833	6.3469	4.9859
广 西	1.4652	1.6045	2.0219	2.5326	2.7952	3.0741	3.3090	2.4004
海 南	1.7691	1.9254	2.3831	2.8898	3.2377	3.5663	3.8924	2.8091
重 庆	2.0490	2.2920	2.7596	3.4500	3.8914	4.3223	4.7850	3.3642
四 川	1.5495	1.7339	2.1182	2.6133	2.9608	3.2617	3.5128	2.5357
贵 州	0.9855	1.0971	1.3119	1.6413	1.9710	2.3151	2.6437	1.7094
云 南	1.2570	1.3539	1.5752	1.9265	2.2195	2.5322	2.7264	1.9415
西 藏	1.3824	1.5295	1.7319	2.0077	2.2936	2.6326	2.9252	2.0718
陕 西	1.9700	2.1947	2.7133	3.3464	3.8564	4.3117	4.6929	3.2979
甘 肃	1.2421	1.3269	1.6113	1.9595	2.1978	2.4539	2.6433	1.9193
青 海	1.8421	1.9454	2.4115	2.9522	3.3181	3.6875	3.9671	2.8748
宁 夏	1.9609	2.1777	2.6860	3.3043	3.6394	3.9613	4.1834	3.1304
新 疆	1.9797	1.9942	2.5034	3.0087	3.3796	3.7553	4.0648	2.9551

表 4-31　　　2008—2014 年各地区人均地区生产总值区域差异

指标	2008	2009	2010	2011	2012	2013	2014	2008—2014年平均
最大值	6.6932	6.9164	7.6074	8.5213	9.3173	10.0105	10.5231	8.5127
最小值	0.9855	1.0971	1.3119	1.6413	1.9710	2.3151	2.6433	1.7093
平均值	2.6137	2.8218	3.3360	3.9442	4.3387	4.7396	5.0743	3.8383
Gini	0.2832	0.2766	0.2617	0.2464	0.2368	0.2305	0.2269	0.2517
GE_0	0.1267	0.1208	0.1087	0.0962	0.0879	0.0828	0.0800	0.1004
GE_1	0.1352	0.1278	0.1134	0.0994	0.0910	0.0861	0.0834	0.1052

从表 4-33 可见，农村个体工商户数与农村人口比区域差异总体上比较大，2009—2013 年的 Gini、GE_0 和 GE_1 均值分别为 0.2775、0.2138 和 0.1352。但差异有明显逐年缩小的趋势，Gini、GE_0 和 GE_1 从 2009 年的 0.3092、0.2785 和 0.1667，降至 2013 年的 0.2388、01517 和 0.1021，降幅分别达到 22.7%、45.5% 和 38.7%，降幅较大，表明区域差异有显著缩小。

二、各地区交通条件的空间分布与区域差异

（一）各地区公路的空间分布及区域差异

表 4-34 计算了 2008—2014 年各地区公路密度。从中可以看出，各地区公路密度总体上在不断上升。2014 年，公路密度最高的前五位为山东、上海、重庆、河南、江苏，分别为 1.6516 千米/平方千米、1.5712 千米/平方千米、1.5485 千米/平方千米、1.5094 千米/平方千米、1.4757 千米/平方千米；公路密度位于后五位的为甘肃、内蒙古、新疆、青海、西藏，分别为 0.3417 千米/平方千米、0.1503 千米/平方千米、0.1054 千米/平方千米、0.1013 千米/平方千米、0.0628 千米/平方千米。

表 4-32　　　　2009—2013 年各地区农村个体工商户数与

农村人口比值　　　　　　单位：户/人

省别	2009	2010	2011	2012	2013	2009—2013 年均值
北 京	0.0544	0.0499	0.0492	0.0472	0.0465	0.0494
天 津	0.0076	0.0070	0.0090	0.0189	0.0235	0.0132
河 北	0.0292	0.0302	0.0317	0.0322	0.0347	0.0316
山 西	0.0199	0.0212	0.0207	0.0215	0.0362	0.0239
内蒙古	0.0346	0.0364	0.0325	0.0346	0.0423	0.0361
辽 宁	0.0584	0.0611	0.0633	0.0635	0.0663	0.0625
吉 林	0.0417	0.0450	0.0480	0.0473	0.0491	0.0462
黑龙江	0.0175	0.0182	0.0268	0.0269	0.0274	0.0234
上 海	0.0610	0.0537	0.0577	0.0669	0.0685	0.0616
江 苏	0.0345	0.0454	0.0503	0.0593	0.0549	0.0489
浙 江	0.0252	0.0256	0.0129	0.0165	0.0222	0.0205
安 徽	0.0173	0.0180	0.0211	0.0236	0.0258	0.0211
福 建	0.0357	0.0442	0.0471	0.0490	0.0509	0.0454
江 西	0.0196	0.0212	0.0225	0.0305	0.0309	0.0249
山 东	0.0361	0.0374	0.0383	0.0398	0.0440	0.0391
河 南	0.0246	0.0261	0.0269	0.0285	0.0314	0.0275
湖 北	0.0068	0.0087	0.0173	0.0192	0.0242	0.0152
湖 南	0.0294	0.0323	0.0344	0.0343	0.0359	0.0333
广 东	0.0299	0.0333	0.0339	0.0359	0.0361	0.0338
广 西	0.0238	0.0259	0.0235	0.0279	0.0293	0.0261
海 南	0.0069	0.0072	0.0077	0.0087	0.0098	0.0081
重 庆	0.0057	0.0099	0.0113	0.0115	0.0141	0.0105
四 川	0.0248	0.0305	0.0327	0.0358	0.0311	0.0310
贵 州	0.0169	0.0182	0.0195	0.0219	0.0233	0.0200
云 南	0.0277	0.0288	0.0296	0.0310	0.0329	0.0300
西 藏	0.0002	0.0004	0.0005	0.0010	0.0014	0.0007
陕 西	0.0389	0.0408	0.0489	0.0514	0.0546	0.0469
甘 肃	0.0143	0.0165	0.0171	0.0186	0.0199	0.0173
青 海	0.0174	0.0208	0.0278	0.0287	0.0330	0.0256
宁 夏	0.0431	0.0418	0.0407	0.0413	0.0413	0.0416
新 疆	0.0271	0.0284	0.0279	0.0297	0.0303	0.0287

表 4-33　　　2009—2013 年农村个体工商户数与农村人口比区域差异

指　标	2009	2010	2011	2012	2013	2009—2013 年平均
最大值	0.0610	0.0611	0.0633	0.0669	0.0685	0.0642
最小值	0.0002	0.0004	0.0005	0.0010	0.0014	0.0007
平均值	0.0268	0.0285	0.0300	0.0324	0.0346	0.0304
Gini	0.3092	0.2903	0.2842	0.2649	0.2388	0.2775
GE_0	0.2785	0.2412	0.2183	0.1794	0.1517	0.2138
GE_1	0.1667	0.1467	0.1389	0.1215	0.1021	0.1352

表 4-34　　　　2008—2014 年各地区公路密度　　　单位：千米/平方千米

省　别	2008	2009	2010	2011	2012	2013	2014	2008—2014 年均值
北　京	1.2394	1.2647	1.2866	1.3008	1.3096	1.3207	1.3314	1.2933
天　津	1.0120	1.2013	1.2446	1.2723	1.2915	1.3189	1.3518	1.2418
河　北	0.7934	0.8074	0.8191	0.8330	0.8653	0.9260	0.9510	0.8564
山　西	0.7962	0.8125	0.8400	0.8602	0.8791	0.8898	0.8961	0.8534
内蒙古	0.1286	0.1317	0.1380	0.1406	0.1430	0.1463	0.1503	0.1398
辽　宁	0.6831	0.6829	0.6858	0.7026	0.7129	0.7495	0.7796	0.7138
吉　林	0.4557	0.4627	0.4732	0.4801	0.4877	0.4928	0.5025	0.4792
黑龙江	0.3333	0.3346	0.3357	0.3437	0.3514	0.3539	0.3589	0.3445
上　海	1.3954	1.4166	1.4533	1.4667	1.5221	1.5333	1.5712	1.4798
江　苏	1.3203	1.3472	1.4081	1.4263	1.4438	1.4624	1.4757	1.4120
浙　江	0.9834	1.0148	1.0453	1.0605	1.0774	1.0952	1.1041	1.0544
安　徽	1.0621	1.0646	1.0661	1.0671	1.1786	1.2401	1.2444	1.1319

续表

省　别	2008	2009	2010	2011	2012	2013	2014	2008—2014年均值
福　建	0.7145	0.7217	0.7339	0.7444	0.7633	0.8026	0.8159	0.7566
江　西	0.8018	0.8209	0.8424	0.8786	0.9023	0.9112	0.9318	0.8699
山　东	1.4045	1.4427	1.4629	1.4841	1.5566	1.6088	1.6516	1.5159
河　南	1.4537	1.4638	1.4806	1.4957	1.5081	1.5092	1.5094	1.4886
湖　北	1.0133	1.0608	1.1093	1.1445	1.1736	1.2207	1.2746	1.1424
湖　南	0.8712	0.9035	1.0762	1.0960	1.1047	1.1111	1.1152	1.0397
广　东	1.0186	1.0286	1.0575	1.0607	1.0841	1.1285	1.1795	1.0796
广　西	0.4179	0.4230	0.4285	0.4415	0.4542	0.4689	0.4837	0.4454
海　南	0.5251	0.5669	0.6007	0.6482	0.6863	0.7030	0.7355	0.6379
重　庆	1.3205	1.3486	1.4216	1.4412	1.4675	1.4932	1.5485	1.4344
四　川	0.4638	0.5148	0.5497	0.5852	0.6063	0.6235	0.6399	0.5690
贵　州	0.7117	0.8093	0.8609	0.8959	0.9341	0.9796	1.0166	0.8869
云　南	0.5317	0.5377	0.5460	0.5598	0.5716	0.5818	0.6013	0.5614
西　藏	0.0427	0.0448	0.0506	0.0525	0.0542	0.0587	0.0628	0.0523
陕　西	0.6367	0.7003	0.7165	0.7385	0.7843	0.8030	0.8122	0.7417
甘　肃	0.2614	0.2821	0.2942	0.3061	0.3247	0.3306	0.3417	0.3058
青　海	0.0789	0.0838	0.0867	0.0896	0.0920	0.0977	0.1013	0.0900
宁　夏	0.4044	0.4197	0.4334	0.4717	0.5105	0.5496	0.6020	0.4845
新　疆	0.0881	0.0905	0.0918	0.0932	0.0997	0.1022	0.1054	0.0958

　　表4-35计算了2008—2014年各地区公路密度的差异指标。整体而言，2008—2014年，中国各地区公路平均密度在逐年增大，从

2008 年的 0.7408 千米/平方千米增加到 2014 年的 0.8789 千米/平方千米，增加幅度为 16.1%，年均增长 2.44%；各地区公路密度差异较大，但有逐年缩小的趋势。可以看出，2014 年各地区公路密度的 Gini、GE_0 和 GE_1 分别为 0.3045、0.2498、0.1658，与 2008 年相比，分别降低了 5.02%、7.17% 和 7.73%，幅度较小。由此可知，中国各地区公路条件在不断改善，地区差异在不断缩小，但各地区之间的差异仍然较大。

表 4-35　　　　2008—2014 年公路密度的区域差异

指标	2008	2009	2010	2011	2012	2013	2014	2008—2014年平均
最大值	1.4537	1.4638	1.4806	1.4957	1.5566	1.6088	1.6516	1.5099
最小值	0.0427	0.0448	0.0506	0.0525	0.0542	0.0587	0.0628	0.0506
平均值	0.7408	0.7679	0.7948	0.8123	0.8368	0.8585	0.8789	0.8018
Gini	0.3206	0.3173	0.3165	0.3119	0.3098	0.3069	0.3045	0.3138
GE_0	0.2691	0.2664	0.2646	0.2601	0.2575	0.2536	0.2498	0.2619
GE_1	0.1797	0.1770	0.1766	0.1726	0.1705	0.1680	0.1658	0.1741

（二）各地区铁路的空间分布及区域差异

表 4-36 计算了 2008—2014 年各地区铁路密度。从中可以看出，各地区铁路密度总体上在不断上升。2014 年，铁路密度最高的前五位为天津、北京、上海、辽宁、河北，分别为 0.0815 千米/平方千米、0.0783 千米/平方千米、0.0564 千米/平方千米、0.0346 千米/平方千米、0.0332 千米/平方千米；铁路密度位于后五位的为甘肃、云南、新疆、青海、西藏，皆为中国西部地区省份，分别为 0.0084 千米/平方千米、0.0076 千米/平方千米、0.0033 千米/平方千米、0.0030 千米/平方千米、0.0007 千米/平方千米。可以看出，中国西部地区的铁路交通较为落后。

表 4-36　　　　　　　2008—2014 年各地区铁路密度　　单位：千米/平方千米

省 别	2008	2009	2010	2011	2012	2013	2014	2008—2014年均值
北 京	0.0711	0.0713	0.0713	0.0749	0.0778	0.0778	0.0783	0.0746
天 津	0.0641	0.0656	0.0656	0.0727	0.0728	0.0808	0.0815	0.0719
河 北	0.0258	0.0259	0.0261	0.0274	0.0299	0.0332	0.0332	0.0288
山 西	0.0212	0.0226	0.0239	0.0241	0.0241	0.0242	0.0318	0.0245
内蒙古	0.0060	0.0071	0.0078	0.0080	0.0083	0.0089	0.0089	0.0079
辽 宁	0.0283	0.0286	0.0289	0.0291	0.0338	0.0345	0.0346	0.0311
吉 林	0.0200	0.0205	0.0211	0.0209	0.0230	0.0230	0.0237	0.0217
黑龙江	0.0127	0.0127	0.0128	0.0131	0.0133	0.0133	0.0133	0.0130
上 海	0.0384	0.0386	0.0513	0.0560	0.0565	0.0564	0.0564	0.0505
江 苏	0.0155	0.0155	0.0180	0.0220	0.0221	0.0244	0.0251	0.0204
浙 江	0.0125	0.0159	0.0168	0.0169	0.0169	0.0194	0.0223	0.0172
安 徽	0.0205	0.0203	0.0203	0.0223	0.0233	0.0251	0.0253	0.0224
福 建	0.0131	0.0170	0.0170	0.0170	0.0182	0.0222	0.0222	0.0181
江 西	0.0159	0.0163	0.0170	0.0170	0.0170	0.0185	0.0222	0.0177
山 东	0.0231	0.0235	0.0244	0.0267	0.0273	0.0273	0.0320	0.0263
河 南	0.0244	0.0239	0.0259	0.0257	0.0295	0.0295	0.0314	0.0272
湖 北	0.0146	0.0160	0.0181	0.0180	0.0205	0.0211	0.0218	0.0186
湖 南	0.0137	0.0174	0.0174	0.0174	0.0181	0.0190	0.0215	0.0178
广 东	0.0120	0.0138	0.0152	0.0158	0.0158	0.0193	0.0224	0.0163
广 西	0.0115	0.0132	0.0135	0.0134	0.0134	0.0169	0.0200	0.0146
海 南	0.0110	0.0110	0.0196	0.0196	0.0196	0.0196	0.0196	0.0171
重 庆	0.0157	0.0160	0.0170	0.0167	0.0176	0.0204	0.0217	0.0179
四 川	0.0062	0.0067	0.0073	0.0073	0.0073	0.0073	0.0082	0.0072
贵 州	0.0111	0.0113	0.0114	0.0118	0.0117	0.0119	0.0135	0.0118
云 南	0.0060	0.0065	0.0065	0.0065	0.0068	0.0068	0.0076	0.0067
西 藏	0.0021	0.0004	0.0004	0.0004	0.0004	0.0004	0.0007	0.0007
陕 西	0.0058	0.0161	0.0198	0.0198	0.0199	0.0215	0.0220	0.0179
甘 肃	0.0060	0.0060	0.0060	0.0060	0.0062	0.0064	0.0084	0.0064
青 海	0.0023	0.0023	0.0026	0.0026	0.0026	0.0026	0.0030	0.0026
宁 夏	0.0156	0.0171	0.0240	0.0244	0.0248	0.0248	0.0248	0.0222
新 疆	0.0017	0.0022	0.0025	0.0026	0.0029	0.0028	0.0033	0.0026

表 4-37 计算了 2008—2014 年各地区铁路密度的差异指标。整体而言，2008—2014 年，中国各地区平均铁路密度在不断增大，从 2008 年的 0.0177 千米/平方千米增加到 2014 年的 0.0245 千米/平方千米，增加幅度为 33%，年均增长 4.91%；各地区铁路密度差异较大，但有缩小的趋势。可以看出，2014 年各地区铁路密度的 Gini 为 0.3644，与 2008 年相比，降低了 11.51%；2014 年各地区铁路密度的 GE_0 为 0.3215，与 2008 年相比，降低了 2.57%；2014 年各地区铁路密度的 GE_1 为 0.2470，与 2008 年相比，降低了 18.50%。

表 4-37　　　　　2008—2014 年铁路密度的区域差异

指　标	2008	2009	2010	2011	2012	2013	2014	2008—2014年平均
最大值	0.0711	0.0713	0.0713	0.0749	0.0778	0.0808	0.0815	0.0745
最小值	0.0017	0.0004	0.0004	0.0004	0.0004	0.0004	0.0007	0.0006
平均值	0.0177	0.0187	0.0203	0.0212	0.0220	0.0232	0.0245	0.0205
Gini	0.4118	0.3849	0.3767	0.3881	0.3913	0.3820	0.3644	0.3891
GE_0	0.3300	0.3427	0.3373	0.3528	0.3547	0.3545	0.3215	0.3453
GE_1	0.3031	0.2757	0.2626	0.2789	0.2770	0.2703	0.2470	0.2779

（三）各地区河道的空间分布及区域差异

表 4-38 计算了 2008—2014 年各地区河道密度。从中可以看出，各地区河道密度总体上在不断上升。2014 年，河道密度最高的前五位为上海、江苏、浙江、广东、湖南，分别为 0.2659 千米/平方千米、0.2282 千米/平方千米、0.0926 千米/平方千米、0.0676 千米/平方千米、0.0543 千米/平方千米；而北京、河北、西藏和新疆这一指标居后四位，其河道密度为 0。各地区河道密度总体差异大，这与各省的地理环境和资源禀赋有较大关系。

表 4-38　　　　　　　　2008—2014 年各地区河道密度　　单位：千米/平方千米

省　别	2008	2009	2010	2011	2012	2013	2014	2008—2014年均值
北　京	0.0000	0.0000	0.0000	0.0000	0.0000	0.0000	0.0000	0.0000
天　津	0.0074	0.0074	0.0074	0.0074	0.0074	0.0074	0.0074	0.0074
河　北	0.0000	0.0000	0.0000	0.0000	0.0000	0.0000	0.0000	0.0000
山　西	0.0030	0.0030	0.0030	0.0030	0.0030	0.0030	0.0030	0.0030
内蒙古	0.0021	0.0021	0.0021	0.0021	0.0021	0.0021	0.0021	0.0021
辽　宁	0.0028	0.0028	0.0028	0.0028	0.0028	0.0028	0.0028	0.0028
吉　林	0.0076	0.0076	0.0076	0.0076	0.0076	0.0076	0.0076	0.0076
黑龙江	0.0113	0.0113	0.0113	0.0113	0.0113	0.0113	0.0113	0.0113
上　海	0.2702	0.2702	0.2702	0.2702	0.2768	0.2752	0.2659	0.2712
江　苏	0.2211	0.2269	0.2270	0.2272	0.2274	0.2280	0.2282	0.2265
浙　江	0.0920	0.0921	0.0921	0.0925	0.0924	0.0924	0.0926	0.0923
安　徽	0.0398	0.0399	0.0399	0.0399	0.0401	0.0403	0.0403	0.0400
福　建	0.0262	0.0262	0.0262	0.0262	0.0262	0.0262	0.0262	0.0262
江　西	0.0338	0.0338	0.0338	0.0338	0.0338	0.0338	0.0338	0.0338
山　东	0.0064	0.0064	0.0073	0.0073	0.0073	0.0071	0.0071	0.0070
河　南	0.0077	0.0077	0.0077	0.0077	0.0077	0.0077	0.0077	0.0077
湖　北	0.0440	0.0444	0.0444	0.0444	0.0445	0.0445	0.0454	0.0445
湖　南	0.0543	0.0543	0.0543	0.0543	0.0543	0.0543	0.0543	0.0543
广　东	0.0659	0.0659	0.0659	0.0659	0.0673	0.0673	0.0676	0.0665
广　西	0.0228	0.0229	0.0229	0.0229	0.0231	0.0231	0.0240	0.0231
海　南	0.0097	0.0097	0.0097	0.0097	0.0097	0.0097	0.0097	0.0097
重　庆	0.0513	0.0527	0.0527	0.0527	0.0527	0.0527	0.0527	0.0525
四　川	0.0221	0.0221	0.0221	0.0221	0.0221	0.0221	0.0221	0.0221
贵　州	0.0194	0.0195	0.0195	0.0195	0.0195	0.0207	0.0208	0.0199
云　南	0.0066	0.0066	0.0075	0.0082	0.0082	0.0093	0.0093	0.0080
西　藏	0.0000	0.0000	0.0000	0.0000	0.0000	0.0000	0.0000	0.0000
陕　西	0.0052	0.0052	0.0052	0.0052	0.0052	0.0052	0.0052	0.0052
甘　肃	0.0021	0.0023	0.0023	0.0023	0.0023	0.0023	0.0023	0.0022
青　海	0.0005	0.0005	0.0006	0.0006	0.0006	0.0009	0.0009	0.0006
宁　夏	0.0023	0.0023	0.0023	0.0025	0.0025	0.0025	0.0025	0.0024
新　疆	0.0000	0.0000	0.0000	0.0000	0.0000	0.0000	0.0000	0.0000

三、农村服务业固定资产投资的空间分布与区域差异

（一）农村服务业人均固定资产投资及区域差异

表 4-39 计算了 2008—2014 年各地区农村服务业人均固定资产投资。可以看出，大部分地区农村服务业人均固定资产投资在 2008—2011 年持续增加，2012 年有所减少，随后的 2013 年和 2014 年稳步增加。从区域来看，北京、上海和浙江农村服务业人均固定资产投资在 2008—2014 年间均值位居前三位，分别为 0.70 万元/人、0.44 万元/人和 0.26 万元/人。

表 4-39　　　　　2008—2014 年各地区农村服务业
人均固定资产投资　　　　　单位：万元/人

省　别	2008	2009	2010	2011	2012	2013	2014	2008—2014 年均值
北　京	0.49	0.66	0.60	0.98	0.81	0.55	0.84	0.70
天　津	0.14	0.22	0.17	0.28	0.42	0.07	0.04	0.19
河　北	0.08	0.10	0.12	0.15	0.08	0.11	0.10	0.11
山　西	0.05	0.07	0.09	0.13	0.07	0.10	0.13	0.09
内蒙古	0.03	0.03	0.04	0.04	0.04	0.04	0.03	0.03
辽　宁	0.10	0.13	0.16	0.12	0.10	0.13	0.14	0.13
吉　林	0.05	0.08	0.09	0.11	0.06	0.07	0.06	0.08
黑龙江	0.04	0.05	0.06	0.07	0.05	0.07	0.07	0.06
上　海	0.41	0.36	0.40	0.41	0.59	0.41	0.48	0.44
江　苏	0.14	0.17	0.19	0.27	0.31	0.08	0.08	0.18
浙　江	0.20	0.23	0.28	0.39	0.27	0.22	0.24	0.26
安　徽	0.07	0.09	0.11	0.15	0.07	0.11	0.12	0.10

续表

省　别	2008	2009	2010	2011	2012	2013	2014	2008—2014年均值
福　建	0.06	0.09	0.13	0.16	0.15	0.12	0.14	0.12
江　西	0.06	0.07	0.09	0.13	0.11	0.11	0.14	0.10
山　东	0.10	0.12	0.18	0.24	0.23	0.12	0.14	0.16
河　南	0.09	0.12	0.15	0.20	0.10	0.13	0.15	0.13
湖　北	0.05	0.07	0.09	0.12	0.08	0.13	0.12	0.09
湖　南	0.06	0.07	0.08	0.11	0.07	0.11	0.13	0.09
广　东	0.13	0.17	0.20	0.24	0.23	0.11	0.11	0.17
广　西	0.04	0.06	0.08	0.11	0.06	0.12	0.14	0.09
海　南	0.03	0.03	0.04	0.04	0.04	0.10	0.16	0.06
重　庆	0.05	0.07	0.08	0.11	0.11	0.06	0.05	0.08
四　川	0.05	0.07	0.08	0.26	0.15	0.08	0.08	0.11
贵　州	0.03	0.03	0.04	0.06	0.03	0.08	0.08	0.05
云　南	0.04	0.06	0.06	0.07	0.05	0.06	0.07	0.06
西　藏	0.12	0.16	0.15	0.13	0.12	0.12	0.14	0.14
陕　西	0.04	0.06	0.09	0.10	0.06	0.13	0.20	0.10
甘　肃	0.01	0.03	0.05	0.08	0.07	0.05	0.05	0.05
青　海	0.03	0.05	0.09	0.13	0.14	0.20	0.22	0.12
宁　夏	0.08	0.08	0.13	0.18	0.20	0.14	0.16	0.14
新　疆	0.04	0.06	0.07	0.09	0.07	0.08	0.14	0.08

表 4-40 计算了 2008—2014 年各地区农村服务业人均固定资产投资区域差异。2008—2014 年，中国各地区农村服务业人均固定资

产投资区域差异存在波动。2011 年、2012 年和 2014 年各地区农村服务业人均固定资产投资差异有加大的趋势，但从数据可以看出，2014 年的 Gini 为 0.3755，相较 2008 年的 0.4522，降低了 16.96%；2014 年的 GE_0 为 0.2504，比 2008 年的 0.3472 降低了 27.88%；2014 年的 GE_1 为 0.2954，比 2008 年的 0.3923 降低了 24.70%。

表 4-40　2008—2014 年各地区农村服务业人均固定资产投资区域差异

指标	2008	2009	2010	2011	2012	2013	2014	2008—2014年平均
最大值	0.4931	0.6636	0.6017	0.9799	0.8052	0.5478	0.8397	0.7044
最小值	0.0111	0.0307	0.0367	0.0405	0.0343	0.0367	0.0302	0.0314
平均值	0.0942	0.1188	0.1356	0.1821	0.1600	0.1298	0.1542	0.1393
Gini	0.4522	0.4200	0.3696	0.3900	0.4679	0.3208	0.3755	0.3994
GE_0	0.3472	0.2904	0.2243	0.2555	0.3600	0.1779	0.2504	0.2722
GE_1	0.3923	0.3387	0.2506	0.2915	0.3931	0.2105	0.2954	0.3103

（二）农村人均固定资产投资及区域差异

表 4-41 计算了 2008—2014 年各地区农村人均固定资产投资。可以看出，大部分地区农村人均固定资产投资额在 2008—2012 年持续增加，在 2013 年有所减少，随后的 2014 年继续增加。从区域来看，上海、北京和浙江农村人均固定资产投资在 2008—2014 年间均值位居前三位，分别为 1.26 万元/人、1.03 万元/人和 1.03 万元/人。而在 2014 年，人均固定资产投资排在前三位的是浙江、西藏和青海，可以看出，偏远地区已经受到更多关注，国家财政投资在向这些地区倾斜。

表 4-41　　　2008—2014 年各地区农村人均固定资产投资　　单位：万元/人

省 别	2008	2009	2010	2011	2012	2013	2014	2008—2014年均值
北 京	1.13	1.19	1.10	1.67	1.77	0.21	0.17	1.03
天 津	0.54	0.61	0.80	1.08	1.44	0.10	0.08	0.66
河 北	0.25	0.29	0.35	0.45	0.54	0.15	0.14	0.31
山 西	0.10	0.14	1.80	0.23	0.29	0.13	0.16	0.41
内蒙古	0.08	0.10	0.13	0.17	0.22	0.10	0.12	0.13
辽 宁	0.41	0.49	0.66	0.40	0.56	0.19	0.20	0.42
吉 林	0.18	0.24	0.35	0.35	0.37	0.17	0.20	0.27
黑龙江	0.11	0.14	0.18	0.20	0.31	0.19	0.19	0.19
上 海	1.81	1.61	1.71	1.69	1.94	0.01	0.01	1.26
江 苏	0.70	0.86	1.04	1.35	1.86	0.13	0.13	0.87
浙 江	0.98	1.10	1.25	1.48	1.88	0.26	0.27	1.03
安 徽	0.13	0.17	0.22	0.29	0.37	0.14	0.15	0.21
福 建	0.16	0.26	0.35	0.41	0.51	0.15	0.17	0.29
江 西	0.12	0.13	0.16	0.25	0.37	0.14	0.17	0.19
山 东	0.48	0.48	0.59	0.73	0.92	0.18	0.20	0.51
河 南	0.17	0.23	0.29	0.38	0.46	0.15	0.16	0.26
湖 北	0.10	0.13	0.16	0.22	0.30	0.13	0.16	0.17
湖 南	0.12	0.14	0.18	0.23	0.28	0.13	0.16	0.18
广 东	0.41	0.54	0.61	0.73	0.86	0.13	0.15	0.49
广 西	0.08	0.11	0.14	0.19	0.24	0.15	0.18	0.16
海 南	0.06	0.07	0.08	0.10	0.14	0.13	0.19	0.11
重 庆	0.10	0.13	0.19	0.26	0.38	0.08	0.10	0.18
四 川	0.09	0.11	0.15	0.45	0.43	0.11	0.11	0.21
贵 州	0.05	0.08	0.10	0.15	0.22	0.09	0.10	0.11
云 南	0.07	0.10	0.11	0.14	0.16	0.09	0.10	0.11
西 藏	0.14	0.17	0.17	0.22	0.25	0.25	0.26	0.14
陕 西	0.09	0.11	0.15	0.17	0.19	0.16	0.18	0.15
甘 肃	0.06	0.07	0.12	0.17	0.21	0.06	0.07	0.11
青 海	0.07	0.12	0.21	0.34	0.57	0.23	0.25	0.25
宁 夏	0.17	0.21	0.27	0.33	0.46	0.17	0.20	0.26
新 疆	0.12	0.15	0.18	0.22	0.29	0.15	0.24	0.19

表 4-42 计算了 2008—2014 年各地区农村人均固定资产投资区域差异。2008—2014 年，中国各地区农村人均固定资产投资区域差异在稳步缩小。从数据可以看出，2014 年的 Gini 为 0.1973，相较 2008 年的 0.5560，降低了 64.51%；2014 年的 GE_0 为 0.1056，在 2008 年 0.5354 的基础上降低了 80.27%；2014 年的 GE_1 为 0.0729，在 2008 年 0.5751 的基础上降低了 87.32%。

表 4-42　　　　2008—2014 年各地区农村人均固定资产投资区域差异

指标	2008	2009	2010	2011	2012	2013	2014	2008—2014 年平均
最大值	1.8140	1.6095	1.7982	1.6859	1.9424	0.2591	0.2746	1.3405
最小值	0.0540	0.0663	0.0842	0.1037	0.1365	0.0084	0.0118	0.0664
平均值	0.2925	0.3319	0.4456	0.4861	0.6056	0.1444	0.1600	0.3523
Gini	0.5560	0.5060	0.4958	0.4465	0.4327	0.1980	0.1973	0.4046
GE_0	0.5354	0.4331	0.4209	0.3306	0.3116	0.1113	0.1056	0.3212
GE_1	0.5751	0.4579	0.4245	0.3485	0.3269	0.0744	0.0729	0.3257

四、农村教育发展水平的区域差异

表 4-43 计算了 2008—2014 年各地区农村人均受教育年限。可以看出，各地区农村人均受教育年限总体上在不断提高。从地区来看，北京、上海、天津农村人均受教育年限位列前三位。2014 年，这三个地区农村人均受教育年限分别为 10.53 年、9.23 年和 8.87 年，相比 2008 分别增加了 0.47 年、0.1 年和 0.09 年；而西藏、青海、贵州位列后三位，分别为 3.87 年、6.15 年和 6.95 年，在 2008 年的基础上增加了 0.67 年、0.31 年和 0.43 年。

表 4-43 　　　　　2008—2014 年各地区农村人均受教育年限　　　　单位：年

省　别	2008	2009	2010	2011	2012	2013	2014	2008—2014年均值
北　京	10.06	10.22	10.25	10.47	10.41	10.45	10.53	10.34
天　津	8.78	8.78	8.79	8.87	8.70	8.76	8.87	8.79
河　北	8.65	8.79	8.83	8.89	8.87	8.69	8.77	8.78
山　西	8.49	8.49	8.56	8.64	8.73	8.58	8.62	8.59
内蒙古	7.82	7.86	7.89	8.02	7.99	8.13	8.17	7.98
辽　宁	8.57	8.59	8.69	8.76	8.78	8.32	8.37	8.58
吉　林	7.94	7.99	8.07	8.12	8.13	7.87	7.89	8.00
黑龙江	8.16	8.19	8.24	8.29	8.30	7.88	7.90	8.14
上　海	9.13	9.59	9.73	9.93	9.77	9.03	9.23	9.51
江　苏	8.27	8.39	8.41	8.60	8.60	8.21	8.32	8.40
浙　江	7.85	8.03	8.13	8.23	8.31	7.99	8.10	8.09
安　徽	7.48	7.57	7.71	7.77	7.91	7.68	7.81	7.70
福　建	7.70	7.79	7.98	8.04	8.19	8.05	8.14	7.98
江　西	7.68	7.78	7.82	7.92	7.94	7.98	8.00	7.87
山　东	8.53	8.65	8.74	8.80	8.77	8.71	8.73	8.70
河　南	8.27	8.40	8.45	8.53	8.51	8.55	8.58	8.47
湖　北	8.01	8.09	8.14	8.23	8.25	8.33	8.38	8.21
湖　南	8.10	8.16	8.22	8.29	8.29	8.42	8.43	8.27
广　东	8.31	8.39	8.47	8.62	8.68	8.52	8.64	8.52
广　西	8.33	8.40	8.48	8.62	8.66	8.23	8.31	8.43
海　南	7.95	8.33	8.43	8.55	8.67	8.48	8.56	8.43
重　庆	7.42	7.42	7.36	7.45	7.60	7.83	7.88	7.57
四　川	7.47	7.48	7.56	7.66	7.68	7.29	7.38	7.50
贵　州	6.56	6.67	6.78	6.82	6.90	6.89	6.95	6.80
云　南	6.55	6.56	6.68	6.80	6.84	6.89	6.98	6.75
西　藏	3.20	3.23	3.22	3.29	3.45	3.84	3.87	3.44
陕　西	8.06	8.00	10.25	8.32	8.36	8.28	8.32	8.51
甘　肃	7.05	7.16	7.23	7.31	7.39	7.54	7.70	7.34
青　海	5.84	5.82	5.83	6.06	6.11	6.22	6.15	6.01
宁　夏	6.36	6.48	6.59	6.71	6.78	6.83	7.00	6.68
新　疆	7.36	7.46	7.55	7.64	7.66	8.01	7.92	7.66

表 4-44 计算了 2008—2014 年各地区农村受教育年限区域差异。2008—2014 年，中国各地区农村受教育年限地区差异在稳步减小，2014 年略微增大。2014 年的 Gini 为 0.0647，相较 2008 年的 0.0751，降低了 13.85%；2014 年的 GE_0 为 0.0115，在 2008 年 0.0156 的基础上降低了 26.28%；2014 年的 GE_1 为 0.0100，在 2008 年 0.0132 的基础上降低了 24.24%。

表 4-44　　2008—2014 年农村人均受教育年限区域差异

指标	2008	2009	2010	2011	2012	2013	2014	2008—2014 年平均
最大值	10.0572	10.2201	10.2510	10.4740	10.4070	10.4500	10.5250	10.3406
最小值	3.1980	3.2330	3.2190	3.2920	3.4500	3.8440	3.8690	3.4436
平均值	7.7474	7.8304	7.9695	8.0081	8.0395	7.9509	8.4366	7.9975
Gini	0.0751	0.0758	0.0807	0.0749	0.0714	0.0646	0.0647	0.0725
GE_0	0.0156	0.0159	0.0171	0.0157	0.0144	0.0114	0.0115	0.0145
GE_1	0.0132	0.0134	0.0146	0.0133	0.0122	0.0100	0.0100	0.0124

综上，我们对本章小结如下：

本章分别从综合发展水平差异、机构分布差异、发展环境差异三个维度对中国农村服务业发展的区域差异进行了深入剖析，在了解地区差异现状的同时，揭示了造成差异的深层次原因。本章得出了如下研究结论：

第一，中国农村服务业发展平均水平在上升，但仍处于落后状态；发展水平存在区域不均衡现象，区域差异较明显，且区域差异有逐年扩大的趋势。

从 2013 年各地区农村服务业发展水平得分排名上看，排名前五位的依次是上海、江苏、山东、北京和广东，均为中国东部省份；排名前十位的省份中，有七个是东部省份，同时，中国东部十个省份的平均得分（1.387）也最高。可见，中国东部省份的农村服务业整体发展水平最高。中国中部六省中，排名最前的是山西（第七位），排名最后的是江西（第二十五位）；中部六省的平均得分（0.8137）排在第二位，东北三省的平均得分（0.7327）排在第三位，排在最后的地区是西部，平均得分只有0.5899。云南、新疆和青海位列全国所有省份中的倒数三位，可以看出，中国西部地区的农村服务业整体发展水平最为落后。全国30个省份的平均得分为0.9186，可以看出，中国中部、西部以及东北地区的平均水平都低于全国平均水平，东部地区"一枝独秀"。高于全国平均水平的省份仅有13个，其中东部地区占八席，分别是上海、江苏、山东、北京、广东、天津、河北和福建；中部地区占两席：山西和河南；东北地区仅有辽宁；西部地区有四川和广西。

2008—2013年，中国农村服务业发展的平均水平呈逐年上升的趋势，从2008年的0.5440上升到2013年的0.8956，增幅为64.6%；但中国农村服务业发展水平的区域差异较大，2013年的Gini、GE_0和GE_1分别为0.3427、0.3217和0.2082，数值较大，并且区域差异整体上呈逐年上升趋势，Gini、GE_0和GE_1在2008年的基础上分别提高了8.59%、31.95%和21.54%。

第二，中国农村服务业的机构分布存在显著差异，总体上呈现东高西低的态势，基本公共服务机构的分布差异有逐年扩大的趋势。

一是各地区农村服务业企业总体数量存在较大差异。

农村服务业企业数量与区农村人口比值排在前三位的是浙江、内蒙古和湖南，分别为114.86个/万人、114.06个/万人和103.35个/万人；而排在后三位的是西藏、云南和安徽，为2.03个/万人、4.22个/万人和4.79个/万人。从结果可知，农村服务业机构除了西部省份比较落后之外，中部的安徽、河南、河北等省份的人均农村服务业企业数量也处于较低水平。农村交通运输仓储业企业数量与农村人口比值各地区差异较大，2008—2013年比值平均数最大的达到34.6个/万人，而最少的仅为0.14个/万人。在各省份排名中，排在前三位的是湖南、浙江和广西，排在后三位的是西藏、云南和陕西。2008—2013年，各地区农村批发零售业企业数量与区农村人口比值排在前三位的是浙江、内蒙古和湖南，为 62.16 个/万人、57.91 个/万人和 44.28 个/万人；而排在后三位的是西藏、新疆和安徽，为 0.28 个/万人、1.53 个/万人和 1.77 个/万人。各地区农村社会服务企业数量与农村人口比均值排在前三位的是内蒙古、浙江和江苏，为 15.53 个/万人、14.33 个/万人和 13.6 个/万人；排在后三位的是甘肃、西藏和陕西，为 0.32 个/万人、0.58 个/万人和 0.74 个/万人。

二是各地区基本公共服务机构分布差异较大，且差异有扩大趋势。

医疗机构数量在上升，省际差异以较小幅度缩小。2010—2014 年，全国农村每千人口医疗卫生床位数的平均水平逐年增加，从 2010 年的 2.5148 张增加到 2012 年的 3.6119 张，增幅为 46.5%，年均增长 11.6%。农村每千人口医疗卫生床位数的省际差异，除 2011 年相较 2010 年有增大之外，自 2011 年之后，省际差异有逐年缩小的趋势。具体而言，2014 年，每千人口医疗卫生床位数的 Gini、GE_0 和 GE_1 分别为 0.0903、0.0137 和 0.0139，在 2010 年的基础上分别缩小了 0.0135、0.0039 和 0.0045，降幅分别为 13.0%、22.2% 和 24.4%，降幅不大。但 2011 年较 2010 年而言，差异增幅较大，分别达到 14.2%、33.07% 和 33.1%。

文化机构数量逐年增加，但省际差异明显扩大。2008—2014 年，全国农村每 10 万人口文化机构平均数量有逐年增加趋势，从 2008 年的 5.2058 家增加到 2014 年的 5.9836 家，增幅为 14.94%。但区域差异有逐年扩大的趋势，2014 年，各地区农村每 10 万人口文化机构数量的 Gini、GE_0 和 GE_1 分别为 0.1918、0.0585 和 0.0581，在 2008 年的基础上分别增加了 21.4%、47% 和 50.9%。

养老机构数量整体上逐年增加，省际差异有扩大趋势。2009—2012 年，全国农村每 10 万人口养老服务机构平均数量有逐年增加的趋势，从 2009 年的 5.0066 个增加到 2012 年的 5.4078 个，增幅为 8.08%；2012—2014 年，有逐年减少趋势，从 2012 年的 5.4078 个降至 2014 年的 3.6500 个，降幅为 32.5%，幅度较大。区域差异有扩大趋势，2014 年，各地区农村每 10 万人口养老服务机构数量的 Gini、GE$_0$ 和 GE$_1$ 分别为 0.3262、0.2168 和 0.1748，差异较大，且在 2009 年的基础上分别提高了 28.6%、100% 和 41%。

第三，中国农村服务业的发展环境整体上有明显改善，但仍存在明显的区域差异，差异有逐年缩小的趋势。

一是经济发展环境总体上不断改善，地区差异较大，但差异有缩小的趋势。

2008—2014 年，各地区人均生产总值不断上升。人均地区生产总值差异比较大，但差异有缩小的趋势。2014 年，人均地区生产总值的 Gini、GE$_0$ 和 GE$_1$ 分别为 0.2269、0.0800 和 0.0834，在 2008 年的基础上分别下降了 19.88%、36.86% 和 38.31%；各地区农村个体工商户数与农村人口比值总体上有不断提高的趋势。2013 的值与 2009 的值相比，31 个省份中，仅有北京、浙江和宁夏有所降低，分别从 2009 年的 0.0544、0.0252 和 0.0431 降低为 2013 年的 0.0465、0.0222 和 0.0413，降幅为 14.4%、11.9% 和 3.9%，其他各省份均有明显提高。农村个体工商户数与农村人口比值区域差异总体上比较大，2009—2013 年的 Gini、GE$_0$ 和 GE$_1$ 均值分别为 0.2775、0.2138 和 0.1352。但差异有明显逐年缩小的趋势，Gini、GE$_0$ 和 GE$_1$ 从 2009 年的 0.3092、0.2785 和 0.1667 降至 2013 年的 0.2388、01517 和 0.1021，降幅分别达到 22.7%、45.5% 和 38.7%，降幅较大，表明区域差异有显著缩小。

二是各地区交通条件不断改善，地区差异较大，但差异有缩小的趋势。

整体而言，2008—2014 年，中国各地区公路平均密度逐年增大，从 2008 年的 0.7408 千米/平方千米增加到 2014 年的 0.8789 千米/平方千米，增加幅度为 16.1%，年均增长 2.44%；各地区公路密度差异较大，但差异有逐年缩小的趋势，2014 年各地区公路密度的 Gini、GE$_0$ 和 GE$_1$ 分别为 0.3045、0.2498 和 0.1658，在 2008 年的基础上分别降低了 5.02%、7.17% 和 7.73%，幅度较小。2008—2014 年，中国各地区平均铁路密度不断增大，从 2008 年的 0.0177 千米/平方千米增加到 0.0245 千米/平方千米，增加幅度为 33.0%，年均增长 4.91%；各地区铁路密度差异较大，但各地区之间的差异有缩小的趋势。2014 年各地区铁路密度的 Gini 为 0.3644，在 2008 年的基础上降低了 11.51%；2014 年各地区铁路密度的 GE_0 为 0.3215，在 2008 年的基础上降低了 2.57%；2014 年各地区铁路密度的 GE_1 为 0.2470，在 2008 年的基础上降低了 18.50%。各地区河道密度整体上变化不大。

三是农村固定资产投资和农村服务业固定资产投资不断提高，但地区差异较大。

2008—2014 年，中国各地区农村人均固定资产投资区域差异在稳步减小。从数据可以看出，2014 年的 Gini 为 0.1973，相较 2008 年的 0.5560，减少了 64.51%；2014 年的 GE_0 为 0.1056，在 2008 年 0.5354 的基础上降低了 80.27%；2014 年的 GE_1 为 0.0729，在 2008 年 0.5751 的基础上降低了 87.322%。大部分地区农村服务业人均固定资产投资额在 2008—2011 年持续提高，2012 年有所下降，随后的 2013 年和 2014 年稳步增加。各地区农村服务业固定资产投资区域差异有加大的趋势，2014 年的 Gini 为 0.3755，相较 2008 年的 0.4522，降低了 16.96%；2014 年的 GE_0 为 0.2504，在 2008 年 0.3472 的基础上降低了 27.88%；2014 年的 GE_1 为 0.2954，在 2008 年 0.3923 的基础上降低了 24.70%。

四是 2008—2014 年各省农村人均受教育年限总体上在不断提高，且区域差异不断缩小。

2008—2014 年，中国各地区农村受教育年限及地区差异在稳步缩小，2014 年差异略微增大。2014 年的 Gini 为 0.0647，相较 2008 年的 0.0751，降低了 13.85%；2014 年的 GE_0 为 0.0115，在 2008 年 0.0156 的基础上降低了 26.28%；2014 年的 GE_1 为 0.0100，在 2008 年 0.0132 的基础上降低了 24.24%。

第五章 中国农村服务业的影响因素与作用机理

近年来，中国服务业保持着高速发展的势头。2015 年，服务业在 GDP 中的比重首次超过 50%，表明中国经济结构已迎来重要转折点。农村服务业作为中国服务业的重要组成部分，也得到了较快速的发展，占全国 GDP 的比重约为 13%，但与城市服务业相比，中国农村服务业水平较低，总体规模较小，产业结构也不尽合理。在近几年的中央农村工作会议上，政府对农村服务业的发展也做出了重要部署，加速推进农村服务业的发展成为了一项较为迫切的任务。

要推进农村服务业较快发展，有必要先分析农村服务业的影响因素。在前面几章中，我们分析了中国农村服务业的现状，探究了中国农村服务业的演化特征，对中国农村服务业的空间分布与区域差异也进行了深入研究。结果表明，中国农村服务业整体上仍处于发展初级阶段，在区域之间也存在发展不平衡问题。造成这种状况的原因有很多，比如前面几章初步分析的居民收入因素、经济发展水平因素、基础设施因素、人口密度因素、教育水平因素等。至于到底哪些因素影响了中国农村服务业的发展，各因素的影响程度到底有多大，本章将进行全面的理论分析与实证检验。

国内外学者在研究一般服务业发展的影响因素时主要从需求、供给以及政策三个方面展开探讨。由于农村服务业作为服务业的区域概念，与一般服务业具有相同的本质特征，研究农村服务业的影响因素亦可以遵循研究服务业发展影响因素的内在逻辑框架。此外，农村服务业作为区域产业的一种类型，面对的产业政策复杂多样。Corcoran（2010）[①]认为，制度环境变迁是区域政策变化的综合体现，能很好地体现以政府为主导的产业政策在区域经济中的相关表现。因此，本章将重点考查农村服务业的市场需求、生产要素供给以及制度环境变迁三个关键因素对农村服务业发展的作用机制。

第一节　中国农村服务业影响因素的内在机理分析

本节将从需求、供给以及政策三个方面对中国农村服务业发展的影响因素进行理论分析。

一、市场需求与农村服务业

需求是最早被学者们所关注和讨论的影响因素，它反映的是一定时期内消费者愿意和有能力购买的服务商品数量。在诸多影响农村服务业发展的因素中，市场需求为农村服务业发展提供原动力，是农村服务业形成和发展的先决条件。首先，农村服务业作为服务业中一种区域集聚形态，其生产、交换和消费的产品同样具有一般服务产品不可储存、不可转移以及生产与消费同时进行的特征，这使得农村地区的服务企业在生产和再生产过程中始终不能远离需求，农村服务业处于需求遵从地位；其次，农村服务业是由若干服务企业在农村地区集

---

① CORCORAN J, FAGGIAN A, MCCANN P, et al. Human capital in remote and rural Australia: the role of graduate migration [J]. Growth & Change, 2010, 41 (2): 192-220.

聚所形成的产业集群，根据源市场效应假设理论，如果要吸引服务企业在农村地区扎根并不断集聚，前提条件之一就是在农村地区产生有效且不断增长的服务需求。只有当一个地区的服务需求扩大到一定规模时，专业化的服务提供者才可能在当地出现并提供服务。

除了一定需求规模是农村服务业形成与发展的前提条件之外，市场需求在农村服务业的方向选择和产业结构演变中也扮演重要的角色。根据凯恩斯的需求决定供给理论，产业结构调整的动力实质上源于需求结构的改变，当农村地区对服务的市场需求随着收入水平和社会生产的专业化程度发生改变时，市场需求就通过需求结构的传导机制，引发农村服务业产业结构的变动，使农村服务业产业结构重新与市场需求结构相适应。

需求因素主要包括经济发展水平、居民收入水平、人口密度、工业化水平等。

（一）经济发展水平

随着经济的不断发展，居民的需求结构也会发生变化。当经济发展处于较低水平时，人们的需求主要集中在解决温饱问题上，农业经济占主导地位，对服务业的需求较小。随着经济发展水平不断提高，人们的需求结构不断调整，食品消费所占的比例将降低，而非食品消费处于上升趋势。人们对于非食品类的商品需求增加，促进了第二产业的快速发展。在此阶段，第二产业处于主导地位。当经济发展水平继续提高时，一方面，居民的需求将转向各类服务产品，对服务产品的大量需求将直接推动服务业的飞速发展；另一方面，随着第二产业的成熟发展，第二产业对生产性服务的需求也在不断提高，生产性服务业将快速发展。

大量的实证研究结果也表明，各国的服务业发展水平与经济发展水平密切相关。一般来说，人均 GDP 是衡量一国经济发展水平的指标之一，人均 GDP 越高的国家或地区，服务业发展水平也越高，即人均 GDP 与服务业发展水平正相关。

当前，中国农村地区的经济发展水平虽与城市存在较大差距，但整体水平较以往得到了快速提升。农村地区的经济发展水平对农村服务业发展的影响程度到底怎样是值得探究的问题。

（二）居民收入水平

居民收入水平也是影响人们对服务业需求的重要因素。根据马斯洛的需求层次论，人们的需求是分层次的，只有在低层次需求得到满足的情况下，人们才会追求满足高层次需求。居民收入水平影响需求兑现能力。在居民收入水平较低的情况下，他们对满足生存需要的基本产品的需求较大，这方面的支出所占的比例也较高，因为没有满足其他需要的能力，所以对服务的需求就非常小；随着人们收入水平的提高，需求也向较高层次迈进，人们对安全、社交、自我实现等需要的追求，将衍生出较多服务需求，这将促进服务业的发展。

经济发展水平对服务业发展的影响与居民收入水平对服务业发展的影响有较强的相似性，都是从需求兑现能力方面来考查的。之所以将这两个因素单独列出，是因为有研究表明（江小娟等，2004①），人均 GDP 与服务业发展呈正相关关系，但在不同收入组内，人均 GDP 与服务业发展的关系存在差异。此外，与城市地区的居民不同，农村居民的收入结构有自己的特点，尤其是农村地区居民的收入结构在过去一段时间里发生了较大变化，第一产业收入所占比例有不断降低的趋势，第二、三产业收入比例在不断提高，研究农村居民收入水平对农村服务业的影响有较大意义。

（三）人口密度

人口密度对服务业的发展有较大影响，这与服务的特性密切相关。人口密度大，服务需求被聚集在有限的地域内，有利于达到支撑服务业形成和发展的规模；人口密度大，也能使单位时间内的服务需求比较密集，服务系统中的服务设施和服务人员的使用率高，闲置待客形成的闲置损失小，服务效率相对高，服务业的经营易于开展。此外，由于服务具有生产与消费不可分离性，服务的生产与消费必须同时进行；服务也具有不可储存性，这意味着服务必须在当地市场消

---

① 江小涓，李辉. 服务业与中国经济：相关性和加快增长的潜力 [J]. 经济研究，2004（1）：4-15.

费。这样，人口规模与人口密度就决定了服务市场需求的大小，人口密度越大，人口越集中，就越能为服务业的发展创造机会。国内较多学者在探讨人口规模因素的影响时采用"城市化水平"因素（王向等，2013①；李娟，2010②），实证结果也都表明，"城市化水平"对服务业的增长具有显著促进作用。由于本章内容研究的是农村服务业的影响因素，农村与城市恰好是相对的概念，所以不适合采用"城市化水平"这一指标。事实上，"城市化水平"对服务业的促进作用的内在机理是通过人口集中度来实现的，所以本章采用"人口密度"。

（四）工业化水平

工业化进程对服务业的发展具有促进作用。国内外大量的实证研究表明，制造业的发展显著促进生产性服务业的发展（Markusen，1989③；Francois，1990④；吕政等，2006⑤；高觉民等，2011⑥），而生产性服务业是服务业的重要组成部分。随着制造业规模的不断扩大、分工的不断细化、专业化水平的逐渐提高，衍生出大量的中间性服务需求，需求的增加必然促进原本处于制造业内部的生产服务部门逐渐独立出来，生产性服务业得到快速发展。中国的工业化水平在不断提高，正处在从制造大国向制造强国迈进的关键时期。鉴于生产性服务亦能显著提高制造业的生产效率（顾乃华，2004⑦），制造业企业对生产性服务作用的认识不断深入，对生产性服务的需求达到前所未有的程度，这必将促进生产性服务业的快速发展。消费性服务业的发展也离不开工业的发展。在工业化发展的过程中，消费者的需求不断变化，对工业产品的需求发生了改变，工业发展带来的产品更新满足了

① 王向，王庆芳. 城市化、服务业增长与城乡收入差距——基于协整方法和结构方程的经验分析 [J]. 现代财经（天津财经大学学报），2013（6）：45-56.
② 李娟. 中国现代服务业发展影响因素分析 [J]. 商业研究，2010（2）：112-115.
③ MARKUSEN J R，WIGLE R M. Nash equilibrium tariffs for the United States and Canada：The roles of country size，scale economies，and capital mobility [J]. Journal of Political Economy，1989，97（2）：368-86.
④ FRANCOIS J F. Producer services，scale，and the division of labor [J]. Oxford Economic Papers，1990，42（4）：715-29.
⑤ 吕政，刘勇，王钦. 中国生产性服务业发展的战略选择——基于产业互动的研究视角 [J]. 中国工业经济，2006（8）：5-12.
⑥ 高觉民，李晓慧. 生产性服务业与制造业的互动机理：理论与实证 [J]. 中国工业经济，2011（6）：151-160.
⑦ 顾乃华. 中国服务业发展状况区域差异及其影响因素的实证分析 [J]. 财贸经济，2004（9）：84-88，96.

消费者的需求，消费者的需求就会继续提升，从而循环促进消费性服务业的发展。在不同的工业化时期，服务业的发展也存在差异。例如，在工业化早期，服务业的发展主要集中于餐饮业、交通运输业、零售贸易等；而随着工业化发展程度的提高，生产分工逐渐深入，服务业也逐渐向中间性服务业发展，如金融、信息等。

中国农村地区工业化发展水平在不断提高，农业生产效率和专业化程度也在不断提高，这些都推动了农村服务业的发展。

二、要素供给与农村服务业

产业发展是市场需求和要素供给共同推进的结果，然而在农村居民的收入在短期内一定的条件下，农村居民对服务的市场需求将存在瓶颈。新经济增长理论认为，劳动、资本和技术等生产要素投入是经济增长的直接原因，那么，面向农村地区的服务业生产要素供给就成为决定其产业发展最为重要的驱动力量。推动农村服务业发展的要素供给对农村服务业发展的影响主要体现两个方面：一是生产要素的初始供给；二是生产要素的供给变化。前者影响农村服务业的产业特征和空间分布，后者则对农村服务业的集聚和发展等具有正向促进作用。

具体来说，一方面，生产要素的初始供给反映的是当地自然资源禀赋和要素条件，在农村地区，经济活动自然化特征明显，农村居民往往根据生产要素的初始供给选择所从事的生产经营活动，进而形成与之相匹配的产业或产业结构（傅允生，2005）[①]，而服务业作为依附产业部门亦受到生产要素的初始供给情况的影响。中国作为一个农业人口大国，大多数农村地区的特点是农业人口众多，其他资源则人均相对贫乏，这就决定了中国农村地区基础要素供给将以劳动力为主，那么，以批发零售、住宿餐饮为代表的劳动密集型服务业就会在农村地区首先形成与发展起来。

另一方面，根据马歇尔的外部经济理论，农村服务业相关生产要

---

① 傅允生. 资源约束、利润转移与不经济增长——中国经济高增长中的资源问题[J]. 经济理论与经济管理，2005（9）：14-20.

素供给越多，就越容易降低整个农村服务业的平均成本，农村服务业就会变得越有整体竞争力。如果我们进一步考查相关生产要素的影响程度，根据产业组织理论观点，产业要素供给主要包括劳动、资本、技术等，而产业特性又决定了其对各种生产要素依赖的程度。如上面所分析的，农村服务业多为劳动密集型产业，在生产过程中主要依靠大量劳动力，而对资金和技术等生产要素的依赖程度较低。

供给因素主要是指要素的供给，在工业经济中，西方经济学认为，生产要素主要包括劳动、土地、资本和企业家四种。随着科技的发展和知识产权制度的不断完善，科技与信息也被作为独立的要素。在服务经济中，生产要素应该是劳动、资本、技术与信息，与之相对应，对农村服务业产生影响的供给因素主要包括劳动力水平、资本投入水平、技术水平、信息化水平等。

（一）劳动力水平

在服务经济中，关键的生产要素是劳动力。劳动力水平则包括劳动力数量与劳动力质量两方面。在劳动力数量方面，传统服务业，如餐饮零售等，多为劳动密集型行业，劳动力数量的多少对服务业的发展影响较大；劳动力质量主要是指劳动者的教育水平、知识水平等，也可称为人力资本。新古典经济学将劳动力视为与资本一样的生产要素，遵循边际收益递减规律。但这一经济模型并不能解释经济的持续增长，而后出现的内生经济增长理论则认为，人力资本的外溢效应使其不一定遵循边际收益递减规律，高水平人力资本的投入能够促进经济可持续增长。此外，生产性服务业和现代服务业多是知识密集型和技术密集型产业，知识与技术的载体则是人力资本。人力资本投入的增加能够带来服务产量和质量的提高，从而产生服务的比较优势；比较优势带来的经济效益又反过来促进人力资本投资，从而形成良性循环，推动服务业快速发展。杨叶坤（2013）[①]根据广东省的数据研究了人力资本与服务经济增长之间的关系，他认为人力资本水平与服务

① 杨叶坤. 人力资本与服务经济增长——基于广东省的实证研究 [J]. 经济视角（下），2013（2）：113-116.

经济增长之间存在双向正向关系。

（二）资本投入水平

资本是西方经济学中影响经济增长的主要生产要素之一，服务经济的发展亦离不开资本的投入，资本投入水平和资本配置效率对服务业的发展起到重要作用。当服务业资本投入较多时，一方面，资本要素本身就能带来服务业产值的增加；另一方面，较多的资本投入也使服务业更容易获取物质资源和人力资本等其他要素，更容易开发或引入新技术，从而促进服务业的发展。

（三）技术水平

科学技术是第一生产力，技术发展水平是农村服务业发展的促进因素之一。首先，随着经济的发展，农业科学技术水平不断提高，很多高新技术成果及农业创新成果得以应用，农村第一产业和第二产业飞速发展，工业化水平提高，大量劳动力转移至农村第三产业，加大了农村服务业的劳动力供给；其次，科学技术的发展使得农村居民的生活、消费习惯发生了转变，他们对于产品和服务中的科技含量要求也相应提高了，农村服务业中的高新技术、金融、教育、计算机企业等发展迅速，加速了农村服务业服务方式的转变；最后，科学技术水平的提升也促进了新型农业服务业的发展。

（四）信息化水平

信息化水平对农村服务业发展的影响可以从几个方面阐述：首先，信息业本身就是服务业的细分行业，诸如计算机和软件服务、互联网信息服务以及电信服务等信息业的发展水平在一定程度上反映了服务业的发展水平。其次，信息业的发展推动了其他服务业的发展。随着信息技术的飞速发展，信息流通效率得到了快速提高，传统服务业，如餐饮、零售、住宿、交通运输等行业节省了交易成本，产业发展得到了有效支撑。最后，信息业的发展能够提高服务业自身的信息化水平，实现服务业的现代化（郭怀英，2008）①。互联网金融、互

---

① 郭怀英. 注重以信息化促进服务业现代化 [J]. 宏观经济管理，2007（3）：38-40.

联网旅游、互联网医疗、互联网教育和互联网物流等均是传统服务业依托信息业向现代服务业转型的例证。

国内许多学者也通过实证研究证实了信息化水平对服务业发展的正向影响作用（李娟，2010；[①]丁静秋等，2013；[②]梁向东等，2013[③]），但国外有些学者的研究认为，信息化水平对城市地区和农村地区经济发展的作用存在分化。Mosaicc（1997）[④]研究了信息化对农村地区经济发展的影响，结论是经济落后、贫穷的农村地区对信息技术的需求不足，会反过来抑制新服务业的产生。Eduardo（2003）[⑤]则认为，农村地区较低的信息化水平对经济增长会产生负面作用，并且会形成劣势循环。Kolko（1999）[⑥]认为，信息化存在替代效应和互补效应。替代效应是指信息技术的出现减少了居民对地理邻近的需要，对信息服务的需求在人口相对较少的地区会更大；互补效应是指信息化能降低交易成本，人口聚集对信息化更有优势，所以城市地区或人口集中的地区对信息服务的需求更大。替代效应对服务的需求是反向关系，互补效应对服务的需求是正向关系，最终的结果取决于替代效应与互补效应二者之间绝对值的大小。信息化水平对农村服务业的影响还需继续深入研究。

三、制度变迁与农村服务业

Clague（1999）[⑦]认为，服务业具有典型的制度密集型特征，服务业的发展演化除了受到传统分析中供需机制的影响外，还受到产业所在的制度环境的约束。因此，在市场需求和要素供给相近的条件

① 李娟. 中国现代服务业发展影响因素分析 [J]. 商业研究，2010（2）：112-115.
② 丁静秋，赵公民. 中部地区生产性服务业集聚发展的影响因素——基于81个地级市数据的实证研究 [J]. 科技管理研究，2013（10）：166-170.
③ 梁向东，潘杰波，吴艳. 信息化与现代服务业发展：测度、协同和融合的研究视角 [J]. 系统工程，2013（11）：121-126.
④ MOSAICC. Market orientated study on advanced telecommunications in cohesion countries [R]. Brussels：CEC-DGX Ⅲ，1997.
⑤ EDUARDO A, et al. Demand forinformation and communication technology-basedservices and regional economic development [J]. Papers in Regional Science，2003（82）：27-50.
⑥ KOLKO J.The death of cities？ The death of distance？ Evidence from the geography of commercial internet usage [R]. Boston：Harvard University，1999.
⑦ CLAGUE C J，ROGERS H，ROBERT B.Contemporary capitalism：the embeddedness of institutions [J]. Journal of Comparative Economics，1999，27（2）：375-377.

下，良好的制度环境对农村服务业的发展无疑有更大的促进作用。牛瑞（2011）[1]分析了制度环境与区域服务业发展的关系，指出制度与服务业增长之间存在显著正向关系。邵骏（2013）[2]进一步分析了以政府为主导的制度安排和走向对服务业产生的经济绩效，发现制度环境改善对服务业的发展具有积极的正面作用。

良好的制度环境能够促进区域服务业的发展已成为学界和政府的共识，但是学者们对制度环境对服务业的作用机制还存在分歧。归纳起来，在制度环境对服务业发展的影响机理方面，主要有两种观点：一是认为制度变迁是促进区域服务业发展的直接原因。按照新制度经济的理论，制度作为人为的设计规则，约束、激励和调节各种社会关系和基本生产要素，适当的制度变迁为产业发展演化提供内生动力，制度变迁直接导致产业结构和经济效率变化，相应带来的就是区域服务业构成的变化。二是认为制度变迁对服务业发展的作用往往交织和内化于市场需求和供给影响因素中。具体来说，良好的制度环境和有效的制度安排可以刺激当地消费者的有效服务需求，充分发挥各种生产要素的供给潜力，从而促进服务业的发展。

城乡二元结构是中国社会结构的一个重要特征，也是当前中国农村地区经济与产业发展的最大制度性障碍，因此，当前农村的制度变迁都是围绕如何破解城乡二元结构和统筹城乡发展来进行的。党的十八大报告明确提出"四化同步"发展的重大政策导向，即"坚持走中国特色新型工业化、信息化、城镇化和农业现代化道路"，这是保障中国社会经济健康、快速、持续和城乡协调发展的重大战略举措。因此，中国农村地区制度变迁最终的指向就是实现城乡统筹发展下的"四化"，即成为影响当前农村服务业发展的最大制度变迁动力。

考查制度对农村服务业的影响机理，可以从政府干预程度、市场化水平、对外开放程度三个方面予以剖析。

---

① 牛瑞. 制度环境对中国区域服务业发展影响的实证分析 [J]. 工业技术经济，2011，30（1）：70-74.
② 邵骏，张捷. 中国服务业增长的制度因素分析——基于拓展索洛模型的跨地区、跨行业实证研究 [J]. 南开经济研究，2013（2）：132-152.

（一）政府干预程度

政府对服务业的干预往往借助于出台相关制度或政策的手段来进行，政府干预程度对服务业的影响能在一定程度上反映出制度对服务业的影响。新古典经济学理论认为，市场这只"看不见的手"具有自发调节的能力，能自动优化资源的配置以达到更高的利用效率。同时，经济学理论也普遍认为，市场存在"失灵"的情况。在这种情况下，政府的适度干预能够发挥积极作用。充分发挥市场主体的作用，并辅助采用政府宏观调控手段，被认为是最有效的经济发展方式。然而，政府的过度干预会给市场的正常运转带来负面影响，导致资源配置效率低下、资源浪费严重等问题，这将阻碍地方经济增长（包括农村服务业的发展）。

相比工业而言，政府干预更容易给服务业带来负面影响。中国服务业占国民经济的比重在不断提高，而服务业本身的特性决定了政府干预更加难以发挥积极作用。一方面，在工业领域内，产品的质量和性能易于检测与评估，政府容易通过制度、政策对工业生产、流通环节进行监督。而服务具有不可存储性，生产和消费同时进行，服务的质量和价值往往取决于消费者的个人体验和主观评价，好坏难以被政府评估和监督。另一方面，工业经济的快速发展得益于规模经济和标准化生产，政府的行政干预，如增加政府支出、鼓励兼并重组、引导产业聚集、引导新技术投入、打击恶性竞争、保护本土企业等手段，有利于规模经济的形成和标准化生产的运用。而服务的提供是个性化、异质化的，服务的附加值也往往来源于小规模的个性化，服务行业很难出现过度投资、恶性竞争的问题，服务行业的发展更多依赖本地市场，也不需要政府以政策来保护本土企业。陆铭（2010）甚至提出，"服务业需要的最重要的产业政策就是：少出点政策"[①]。

（二）市场化水平

市场化水平指的是市场机制在资源配置中发挥作用的程度。资源

---

① 陆铭. 服务业发展不需要政府过多干预 [J]. 上海国资，2010（1）：38-39.

的配置要么是市场机制，要么是计划机制。市场化进程其实也是制度变迁的过程。由于市场在配置资源方面有可持续的独特优势，学者们普遍认为，市场化水平与地方经济增长呈正相关关系。市场化对经济结构的优化至关重要。对服务业的发展来说，市场化程度越高，对服务业经济增长越有利。经过近几十年的市场经济改革，中国的市场化水平在不断提高，市场机制发挥的作用越来越大，但整体上与发达国家仍存在较大差距，农村地区的市场化更是处于较低水平，市场化所带来的结构优化效应未能充分显现，对服务业发展的促进作用仍有待挖掘。

市场化水平的提高或者说市场化进程的推进最重要的驱动力和保障力就是政府，政府进行的制度变革和微观干预的减少是推进市场化的关键。原雪梅（2006）提出，经济市场化包括市场参与主体行为的市场化、产品价格的市场化、要素价格的市场化以及政府行为的标准化[①]。要提高经济市场化程度，关键在于政府制度的支撑。

（三）对外开放程度

经济全球化是中国经济发展一个大的背景，服务业的发展也需要融入世界经济体系。中国近 40 年的改革开放，尤其是加入 WTO 以后，中国服务业的发展取得了世界瞩目的成就。而对外开放是如何影响服务业发展的呢？首先，对外开放有利于推动服务业市场化改革，从而提高服务业的市场化水平（张志明，2014）[②]，市场化水平的提高能够促进服务业的发展；其次，对外开放带来的外资在弥补服务业发展所需资本不足的同时，还能吸引国外先进的技术与管理经验，这些要素的引进能够加快服务业的发展；最后，对外开放会推动服务业政策、制度的不断完善，为了吸引外资进入，各级政府会不断完善法律法规，规范市场秩序，引导市场主体参与公平竞争，服务业相关制度的不断完善是产业发展的重要保障。

---

① 原雪梅. 关于提高中国经济市场化程度的思考 [J]. 山东经济战略研究，2006（7）：41-42.
② 张志明. 对外开放促进了中国服务业市场化改革吗？[J]. 世界经济研究，2014（10）：9-14，87.

本章理论分析如图 5-1 所示。

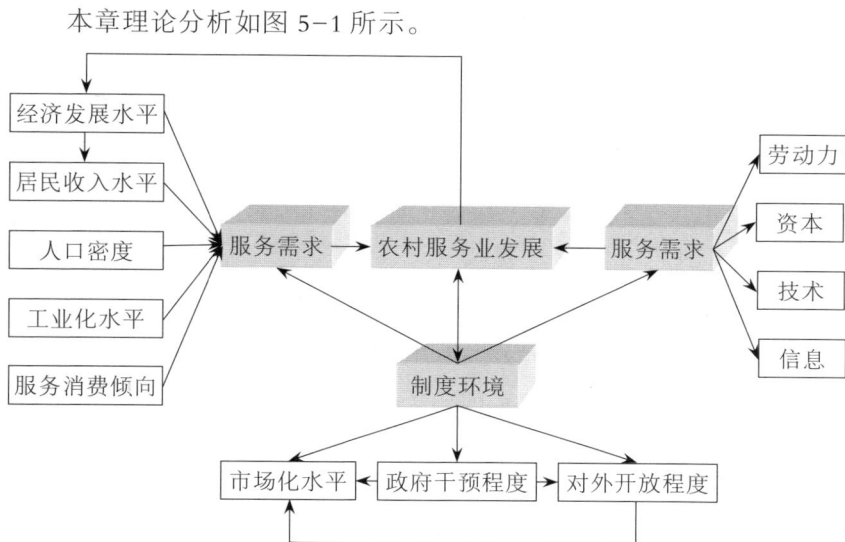

图 5-1 农村服务业发展影响因素作用机制分析图

第二节 中国农村服务业影响因素的实证检验

第一节的理论分析从市场需求、市场供给和制度保障三个维度总结了包括经济发展水平、居民收入水平、人口密度、工业化水平、服务消费倾向、劳动力水平、资本投入水平、技术水平、信息化水平、政府干预程度、市场化水平、对外开放程度在内的 12 项影响因素。鉴于现有研究成果较少对农村服务业影响因素进行实证研究，本节将通过一般计量分析和结构方程模型分析两种方法对其进行实证检验。

我们选取 2007—2013 年中国 30 个省的面板数据（因西藏数据缺失、港澳台地区数据难以获取，未被列入样本），通过经济计量分析，实证研究中国农村服务业的影响因素。

一、变量选取及数据来源

我们将农村人均服务业增加值（PSgdp）作为衡量农村服务业发展水平的指标，数据来源于《中国城市年鉴》，解释变量包括前文分析得出的 12 项影响因素（见表 5-1），具体如下：

表 5-1 **计量模型的变量选取**

变量性质	变量名称	符号	单位	变量解释
被解释变量	农村服务业发展水平	PSgdp	元/人	农村人均服务业增加值
解释变量	经济发展水平	Econ	元/人	人均 GDP
解释变量	居民收入水平	Reve	元	农村居民人均收入
解释变量	人口密度	Dens	万人/平方千米	农村人口数量与土地面积之比
解释变量	工业化水平	Indu	%	工业产值占 GDP 的比重
解释变量	服务消费倾向	Tend	%	居民服务性消费支出占总消费支出的比重
解释变量	劳动力水平	Labo	人·年	乡镇企业服务业人员数×农村地区平均受教育年限
解释变量	资本投入水平	Capi	元/人	农村人均服务业固定资产投资额
解释变量	技术水平	Tech	项	专利申请授权数
解释变量	信息化水平	Info		信息化发展指数
解释变量	政府干预程度	Gov	%	服务业财政支出占 GDP 的比重
解释变量	市场化水平	Mark	%	私营企业和个体就业人数占总就业人数的比重
解释变量	对外开放程度	Open	美元/人	人均利用外商投资额

经济发展水平（Econ）：由人均 GDP 测度，由于农村地区的 GDP 数据无法获取，则用全省人均 GDP 来代表各省的整体经济发展水平，数据来源于历年《中国统计年鉴》。

居民收入水平（Reve）：由农村居民人均收入测度，数据来源于《中国农村统计年鉴》。

人口密度（Dens）：以农村人口数量与土地面积之比表示人口密

度，数据来源于《中国农村统计年鉴》。

工业化程度（Indu）：用工业产值占 GDP 的比重测度，也用全省整体水平代替农村地区水平，数据来源于《中国统计年鉴》。

服务消费倾向（Tend）：由居民服务性消费支出占总消费支出的比重测度，数据来源于《中国农村统计年鉴》。

劳动力水平（Labo）：包括劳动力数量和劳动力质量。数量方面由乡镇企业服务业从业人员数量测度，数据来源于《中国农业年鉴》；质量方面也可称为人力资本，可由农村地区平均受教育年限测度，平均受教育年限的计算借鉴何永达（2015）①的方法，将小学、初中、高中、大专、本科、研究生按不同年限进行加权算术平均得出，数据来源于《中国农村统计年鉴》。劳动力水平整体测试使用乡镇企业从业人员数量×平均受教育年限。

资本投入水平（Capi）：用农村人均服务业固定资产投资额测度，数据来源于《中国农村统计年鉴》，具体是指年鉴中"各地区农村固定资产投向情况"中的交通运输、仓储和邮政业，房地产业，居民服务和其他服务业三项数据的加总，再除以各地区农村人口数量。

技术水平（Tech）：由专利申请授权数测度，数据来源于《中国统计年鉴》。

信息化水平（Info）：由国家信息中心发布的中国各地区信息化发展指数衡量，数据来源于《中国信息年鉴》。

政府干预程度（Gov）：由服务业财政支出占 GDP 的比重来衡量，数据来源于《中国统计年鉴》。

市场化程度（Mark）：由私营企业和个体就业人数占总就业人数的比重来衡量，数据来源于《中国统计年鉴》。

对外开放程度（Open）：由人均利用外商投资额测度，数据来源于《中国统计年鉴》。

---

① 何永达. 人力资本、知识创新与服务业空间集聚——基于省际面板数据的计量分析 [J]. 经济地理，2015（9）：120-125.

二、计量模型设定

根据数据特征，将模型设定为面板数据模型：

PSgdp=α+β（Econ，Reve，Dens，Indu，Tend，Labo，Capi，Tech，Info，Gov，Mark，Open）+ε

式中，α为常数项，β为参数系数，ε为面板数据误差。

为了减少数据的异方差性，将所有变量取对数；面板数据模型的回归分析要求变量通过单位根检验，并在同阶单整的基础上通过协整检验。由表5-2中的单位根检验结果可知，劳动力水平和资本投入水平不存在单位根，其他变量都存在一个单位根，在这种情况下不能进行回归分析。这里采取的办法是剔除资本投入水平变量，劳动力水平则只由代表人力资本的农村人均受教育年限（Educ）测度。

表5-2　　　　　　　　　面板数据的单位根检验

变量	LLC检验	ADF-Fisher检验	PP-Fisher检验	平稳性
lnPSgdp	0.1843	1.0000	0.9840	不平稳
ΔlnPSgdp	0.0000	0.0000	0.0000	平稳
lnEcon	0.0000	1.0000	0.0450	不平稳
ΔlnEcon	0.0000	0.0010	0.0000	平稳
lnReve	0.0000	0.0148	0.0000	不平稳
ΔlnReve	0.003	0.015	0.032	平稳
lnIndu	0.0009	0.4711	0.0194	不平稳
ΔlnIndu	0.0000	0.0000	0.0000	平稳
lnEduc	0.0000	0.3933	0.0153	不平稳
ΔlnEduc	0.0000	0.0000	0.0000	平稳
lnTens	0.0000	0.4501	0.0336	不平稳
ΔlnTens	0.0000	0.0000	0.0000	平稳

变量	LLC 检验	ADF-Fisher 检验	PP-Fisher 检验	平稳性
lnDens	1.0000	1.0000	1.0000	不平稳
△lnDens	0.0000	0.2028	0.0105	平稳
lnLabo	0.0000	0.0000	0.0000	平稳
△lnLabo	0.0000	0.0000	0.0000	平稳
lnEduc	0.0000	0.3933	0.0153	不平稳
△lnEduc	0.0000	0.0000	0.0000	平稳
lnCapi	0.0000	0.0296	0.0000	平稳
△lnCapi	0.0000	0.0000	0.0000	平稳
lnTech	0.6441	1.0000	1.0000	不平稳
△lnTech	0.0000	0.0000	0.0000	平稳
lnMark	0.0000	0.2253	0.0065	不平稳
△lnMark	0.0000	0.0000	0.0000	平稳
lnOpen	0.0000	0.6098	0.0013	不平稳
△lnOpen	0.0000	0.0004	0.0000	平稳
lnGov	0.0000	0.6058	0.9936	不平稳
△lnGov	0.0000	0.0000	0.0000	平稳
lnImfo	0.0134	0.9934	0.2126	不平稳
△lnImfo	0.0000	0.0292	0.0024	平稳

注：△表示变量的一次差分。

因此将模型调整为：

$LnPSgdp_{it} = \alpha + \beta_1 LnEcon_{it} + \beta_2 LnReve_{it} + \beta_3 LnDens_{it} + \beta_4 LnIndu_{it} + \beta_5 LnTend_{it} + \beta_6 LnEduc_{it} + \beta_7 LnTech_{it} + \beta_8 LnInfo_{it} + \beta_9 LnGov_{it} + \beta_{10} LnMark_{it} + \beta_{11} LnOpen_{it} + \varepsilon_{it}$

式中，α 为常数项；β_i 为自变量系数；ε_{it} 为面板误差项；$i=1$，2，$\cdots$，n；$t=1$，2，$\cdots$，m。

所有变量的描述性统计见表 5-3。

表 5-3　　　　　　　　　　　变量的描述性统计

变量	样本量	极小值	极大值	均值	标准差
PSgdp	210	1 228.45	36 461.58	8 512.67	6 108.97
Econ	210	6 338.70	91 242.12	30 000.61	17 719.05
Reve	210	1 984.62	17 803.68	5 888.70	2 937.12
Dens	210	187.05	38 314.33	14 342.80	9 489.24
Indu	210	28.60	76.50	40.33	8.48
Tend	210	11.01	50.67	28.02	4.65
Educ	210	3.20	10.53	7.97	1.18
Tech	210	68.00	269 944.00	18 598.11	35 124.81
Info	210	46.50	110.50	66.40	11.98
Mark	210	6.53	94.14	31.75	15.87
Open	210	1.16	1 062.61	136.43	171.90
Gov	210	5.17	87.08	16.64	11.35

三、协整检验

表 5-4 的结果表明，除了 Panel ρ-stat 和 Group ρ-stat 检验接受原假设外，其余检验均拒绝"不存在协整关系"的原假设。综合考虑，我们认为面板变量存在协整关系，可以进行回归分析。

表 5-4　　　　　　　　　面板数据模型的协整检验

组内检验统计量	伴随概率	组间检验统计量	伴随概率
Panel v-stat	0.000	Group ρ-stat	0.432
Panel ρ-stat	0.307	Group PP-stat	0.000
Panel PP-stat	0.000	Group ADF-stat	0.007
Panel ADF-stat	0.000		

四、实证结果

分别对面板模型进行个体固定效应和个体随机效应估计。随机效应的 Hausman 检验的 P 值均在 1%以内，拒绝原假设，表明应该建立个体固定效应模型。个体固定效应的估计结果见表 5-5，引入了需求因素、供给因素和制度因素。

表 5-5 　　　　　　　　**农村服务业发展影响因素的估计**

变量	农村服务业发展水平（LnPSgdp）		
	固定效应模型一	固定效应模型二	固定效应模型三
LnEcon	0.878***	0.781***	0.575***
	（4.65）	（3.37）	（5.57）
LnReve	0.297	0.403ᶜ	0.829***
	（1.29）	（1.43）	（7.74）
LnIndu	1.257***	1.171***	0.729***
	（7.39）	（6.80）	（2.18）
LnTend	0.024	0.059	0.37
	（0.13）	（0.33）	（1.08）
LnDens	0.066	0.032	0.18***
	（1.14）	（0.37）	（3.81）
LnEdu		0.576	0.413ᶜ
		（1.27）	（1.49）
LnTech		0.010***	0.015
		（2.85）	（0.58）
LnInfo		−1.041ᶜ	−0.28**
		（−1.45）	（−2.08）
LnMark			0.09***
			（2.51）
LnOpen			0.046**
			（2.21）
LnGov			−0.403***
			（−9.81）
R^2	0.903	0.963	0.978
F 值	343.9	249.3	246.3
D-W	1.285	0.294	0.57

注：ᶜ表示 15%显著水平上显著，**表示 5%显著性水平上显著，***表示 1%显著性水平上显著，括号内为 t 统计量。

从表 5-5 的估计结果可以看出，在只考虑需求因素的固定效应模型一中，只有经济发展水平和工业化水平两个变量是显著的，且系数为正，分别为 0.878 和 1.257，数值较大。在逐步引入供给因素和制度因素之后，经济发展水平和工业化水平仍然在 1% 水平上显著，但系数在不断减小。这表明经济发展水平和工业化水平为影响农村服务业发展的重要影响因素。

在三个模型中，模型三的解释效果最佳，调整后的 R^2 达到了 0.978，且大多数变量的估计值都显著，所以选择模型三作为最终结果。从最终结果看，除了服务消费倾向变量不显著以外，需求相关因素的估计结果都是显著的，这表明需求因素是农村服务业发展的重要影响因素。其中，居民收入水平的影响系数最大，为 0.829，且在 1% 水平上显著；经济发展水平的影响系数为 0.575，工业化水平的影响系数为 0.729，人口密度的影响系数为 0.18，均在 1% 水平上显著。服务消费倾向在三个模型中的估计均不显著，表明服务消费倾向对农村服务业的发展水平没有直接影响。

在供给因素中，人力资本仅在 15% 的水平上显著，技术水平则不显著。这可能是因为中国农村服务业的整体水平较低，以传统服务业为主，较为依赖人力资本和技术水平的现代服务业发展较为落后，而传统服务业的发展对劳动力数量和资本数量较为依赖，对人力资本和技术水平的依赖性则不显著。信息化水平对农村服务业发展的影响系数为负，且在 5% 水平上显著，表明信息化水平越高，农村服务业发展水平越低，两者呈负相关关系。这个结果则印证了理论分析中的相关观点，可能的原因是农村地区信息化的替代效应大于互补效应，即信息化水平越高，获取信息的能力越强，对邻近服务的需求则越小。这可能导致对本地服务业的需求不足，进而阻碍本地服务业的发展。但信息化对农村服务业发展的作用可能存在"门槛效应"，即当信息化水平低于某个临界值时，会阻碍农村服务业的发展；当信息化水平高于某个临界值时，就会促进农村服务业的发展。实证结果呈反向关系，也正是因为中国农村信息化一直处于较低水平。

在政策因素中，市场化水平的系数为 0.09，且在 1%水平上显著，表明市场化水平正向影响农村服务业发展水平。中国各地区不断提高市场化水平，对农村服务业的发展有积极影响。对外开放程度的系数为 0.046，在 5%水平上显著，即对外开放程度每增加 1 个百分点，农村服务业发展水平提高 0.046 个百分点。政府干预程度的系数为负，且在 1%水平上显著，数值为 0.403，即政府干预程度每提高 1 个百分点，农村服务业发展水平降低 0.403 个百分点，影响程度较大。这表明中国农村服务业的发展存在政府过度干预的情况，这严重阻碍了农村服务业的发展。

综上，我们对本章小结如下：

本章重点从产业层面考查了各潜在因素影响农村服务业发展的作用机理，并从市场需求、要素供给和制度环境三个维度，总结了包括经济发展水平、居民收入水平、人口密度、工业化水平、服务消费倾向、劳动力水平、资本投入水平、技术水平、信息化水平、政府干预程度、市场化水平、对外开放程度在内的 12 项影响因素，构建了中国农村服务业的影响因素模型；然后，选取 2007—2013 年中国 30 个省的面板数据（因西藏数据缺失、港澳台地区数据难以获取，未被列入样本），通过经济计量分析，对模型进行实证检验。得出以下研究结论：市场需求、要素供给及制度环境均对中国农村服务业的发展有显著影响，但作用方向和影响程度有所不同；信息化水平和政府干预程度对农村服务业发展有显著反向作用；有效供给不足是制约农村服务业发展的主要因素。

第六章　中国农村服务业对农业经济的影响

　　农村服务业的快速发展，有利于扩大农村消费、刺激农村经济增长。纵观世界经济，可以发现，随着第一、第二产业对国民经济贡献率的不断降低、在国民生产总值中的比重不断下降，第三产业特别是服务业的发展势头迅猛，在国民生产总值中所占的比重不断加大，占据越来越重要的位置。这也是世界经济发展的普遍规律，即物质产品生产达到一定水平之后，经济发展的动力更多的是以服务业为主。不同于城市服务业的农村服务业，在满足农业投资需求、生产需求和农民消费需求方面具有重要的作用。当前中国服务业整体发展水平与发达国家相比差距较大，面向农村的服务业更为落后。围绕农业生产的农业生产性服务业，将促进农业生产效率的提高，完善农产品流通体系，是解决农副产品生产、加工、销售问题，活跃农村经济的重要力量。农村服务业的发展将大大提高农村居民的生活水平和生活质量，服务业的强力带动必将促进农村经济的快速发展。

农村服务业一方面能够通过提高农业劳动生产效率达到促进农业经济发展的目的,另一方面通过内部细分行业各自的功能,能够为农业经济发展提供有效保障。交通运输仓储服务业通过优化物流服务的方式,减少企业库存,节约企业生产运输成本,减少资金的占用,为农业经济生产提供高效服务。金融服务业能够为企业提供充足的资金,扩宽企业的融资渠道,保障农业经济生产的资金充足。科学研究和技术服务为企业提供先进的生产技术和创新动力,给农业经济生产带来新的技术,大大提高了农业生产效率。农村服务业的发展将不断提高农业生产效率、不断扩大农业生产规模,同时吸纳较多的农村劳动力。

根据索洛的经济增长理论,有两类因素影响产出:一是要素投入的数量,包括资本要素和劳动要素;二是劳动生产率或技术水平。由此可见,要提高产出水平,一方面可以通过提高要素投入,另一方面可以通过提高劳动生产率或者改进技术水平。农村服务业的发展,特别是农村生产性服务业的发展,由于科技、信息、金融保险、物流、销售等服务业的引入,将大大提高农业生产技术水平。由于生产经营主体的多样性,生产、加工、流通环节服务水平随之提高,将促进农业生产效率的提高,节约生产成本,从而带动农村经济的增长。

第一节 农村服务业影响农业经济的机理分析

一、农村服务业发展深化劳动分工

劳动分工伴随着生产过程的分化逐步实现。在农业生产中,服务业的不断发展使得部分为农业生产服务的劳动从原有的农业生产劳动中解放出来,由专门的部门从事相关的服务,为农业生产提供高效的服务,随着专业化程度的提升和专业分工的深化,劳动生产率得到提升。从产出的角度来看,劳动分工会使平均成本曲线呈现出递减的趋势，随着劳动分工的不断深化以及行业内部专业化程度的不断提高，农业生产将伴随着劳动生产率的提升和生产成本的节约而获得越来越多的收益和产出。应当把农业生产和经营行为作为一个有机联系的整体来加以考量，农业经济的不断增长依赖于农业劳动分工的不断深化，而劳动分工的深化又反过来促进了其他经济部门对专业化劳动力的需求。

农村服务业发展能够吸纳农村劳动力就业，长期来看将大大提高农村就业人口数量，改善农村就业人口素质，就业水平的提升必将促进农业经济的发展。农村服务业发展在促进就业增长的同时，推动了就业结构的变化，将原来投身于农业生产的农民吸纳到非农经济行业，一方面提高了农村就业数量，另一方面提高了就业质量，提高了从业人员素质。随着农村服务业的发展，农业就业结构调整，加快了农业经济结构的调整，从而促进了农业经济的发展。

二、农村服务业发展促进农业技术创新

农村服务业包含多个行业，为农业生产提供相关的服务，能够促进农业技术的不断创新。农村服务业是农业和服务业的耦合，可以有效地促进产业结构优化。首先，农村服务业在提供服务的同时可以促进农业生产率的提高，使得农业生产向技术密集型产业转变。其次，农村服务业中科技服务的发展将大大促进农业技术的创新，提高农业生产能力。最后，农村服务业在农业生产中的不断深入使得农业生产结构逐渐向技术密集型产业转变。因此，大力发展农村服务业，不仅能改变中国服务业发展滞后的局面，而且对促进农业现代化进程、协调三次产业发展、转变中国农业经济增长方式也起到至关重要的作用。

三、农村服务业发展提高农业生产效率

随着农业经济的不断发展，农业内部出现了两次大规模的分工：一次是根据市场需求在农业、林业、牧业、渔业之间进行的内

部分工，此次分工在农业内部进行细分，有利于农业生产各部门的发展；另一次是将农副产品的生产、供应、销售独立出来，由专门的部门、公司或者个人承担，提供农业生产过程中的相关服务，这次分工更加细化了农业生产的过程，凸显了服务业对农业生产的作用[①]。

农村服务业的发展，特别是农业生产性服务业的发展，使农业产前、产中、产后的生产服务由专门的部门、公司或个人承担，使得资源有效整合。农村服务业作为农业生产的中间要素，投入到农业生产、加工、销售的整个环节中，不仅改变了原有的组织方式和生产方式，也改变了农村服务业的生产模式，大大提高了农业生产效率，促进了农业经济的发展。

四、农村服务业发展整合农业产业链

农村服务业发展将拉长原有的农业产业链条，拓宽农业生产范围。从育种、生产、加工到销售的农业生产产业链条随着农村服务业的介入不断得到完善，科技投入、资金融通、信息服务、营销推广、技术培训等农村服务业的发展，将农业生产各环节有机整合，对农业产业提供有力的支持。在农业产业链中，新的服务模式不断涌现，新的利润点也随之出现，这就不断提高了农业产业链的价值[②]。农村服务业自身不仅是利润的源泉，作为农业生产的中间投入环节，在农业产业链条中，更是增加了产业链中各环节的利润，增加了整个产业链条的利润。由于农村服务业的发展，农业生产中可以大大降低生产成本，提高生产效率，不断创新农业生产内容，改变农业生产方式，增加农业经济利益。农村服务业的发展使原有的分散经营集约化，家庭农场、农村合作社、专业大户等形式的经营模式使得农业资源配置合理，农业生产效益提高，农业产业链条得以持续、健康、稳定地发展。

---

① 黄慧芬.中国农业生产性服务业与现代农业发展 [J].农业经济，2011（10）：3-5.
② 王德萍，孟履巅.中国农业服务业的发展 [J].上海经济研究，2008（8）：13-15.

五、农村服务业发展提升农业比较利益

农村服务业发展是提升农业比较利益的动力源泉[①]。农村服务业通过农业规模经营、提升农产品加工和提高农产品竞争力来实现提升农业比较利益。首先，由于单户经营的简单农业发展模式不足以实现规模化经营，原有的农产品生产、加工、销售都是独立的环节，不能实现资源的有效利用和成本的有效节约，而农村服务业则作为农业生产的中间环节，有效实现了农产品的生产、加工、销售一体化经营，大大节约了生产成本，提高了生产效率，实现了规模经营，所以说农村服务业是实现农业规模经营的桥梁；其次，农村服务业的发展为农业生产提供了多元化的服务，金融服务助推农业融资，科技服务助推农业生产率提高，信息服务拓宽农产品销售渠道等，这些服务在一定程度上提升了农产品价值，从而提升了农业比较利益；最后，农村服务业为农业生产提供可靠的技术支持、资金保障，提升了产品的知名度和美誉度，形成非价格优势，提升了农业比较利益。

第二节　农村服务业影响农业经济的实证分析

中国农业经济在发展的过程中存在着发展速度缓慢、地区间发展不平衡等一系列问题，相关研究多是从生产性服务业对区域经济影响方面做出理论和实证分析，但是，对于农村服务业对于区域经济的影响的研究较少，为了更好地分析农村服务业对农业经济增长的作用，我们采用面板数据进行实证分析。我们选取 30 个省、自治区、直辖市的数据，需要说明的是，由于西藏地区数据缺失，港澳台地区数据较难获得，所以西藏和港澳台地区未纳入分析范围。我们将 30个省、自治区、直辖市按照经济发展水平分为东部、中部和西部地区。

---

① 张宁. 生产性服务业视角下的农业比较利益提升困境与出路 [J]. 改革与战略，2009（7）：84-85.

一、数据模型及变量界定

这里将各省份农业生产总值作为衡量农业经济发展水平的指标，解释变量包括农业劳动生产率、农业技术创新水平、农村服务业水平以及农村劳动力从业人数，对所有变量取对数，计量模型如下：

$$nGDP_{it}=A+\beta_1 lnpro_{it}+\beta_2 lntec_{it}+\beta_3 lnser_{it}+\beta_4 lnemp_{it}+\varepsilon_{it}$$

引入 dum1 和 dum3 作为虚拟变量，分析东部、中部、西部地区农村服务业对于农业经济增长的影响，构建新的模型如下：

$$lnGDP_{it}=A+\beta_1 lnpro_{it}+\beta_2 lntec_{it}+\beta_3 lnser_{it}+\beta_4 lnemp_{it}+\beta_5 lnser_{it}dum1+\beta_6 lnser_{it}dum3+\varepsilon_{it}$$

模型中的 i 表示第 i 个省、自治区或直辖市，t 表示年份，各变量界定如下：

GDP_{it} 表示第 i 个省份在第 t 年的农业生产总值，用来衡量某一地区的农业经济发展水平，是被解释变量。

pro_{it} 表示第 i 个省份在第 t 年的农业劳动生产率，用来衡量某一地区农业生产效率高低，农业劳动生产率是决定农业经济发展水平的关键因素之一，农业劳动生产率越高，农业经济越发达。

tec_{it} 表示第 i 个省份在第 t 年的农业技术创新水平，农业技术创新是农业经济增长的潜在动力，较高的农业技术创新水平将大大提高农业经济发展，这里用农业科技三项费用来替代农业技术创新水平，农业科技费用投入越高，表明农业技术水平越高。

ser_{it} 表示第 i 个省份在第 t 年的农村服务业水平，该变量的系数反映了农村服务业在农业经济发展中的贡献程度，系数越大，说明农村服务业在农业经济发展中的贡献越大，这里用农村固定资产投向服务业的数值来表示农村服务业水平，这里的服务业包括：交通运输仓储和邮政业、信息传输计算机服务和软件业、批发和零售业、住宿和餐饮业、金融业、房地产业、租赁和商务服务业、科学研究技术服务和地质勘查业、水利环境和公共设施管理业。

emp_{it} 表示第 i 个省份在第 t 年的农业从业人员数量，用农业人口就业人数表示，劳动投入是农业经济增长的原动力，农业从业人员数量成为农业经济增长的解释变量。

dum1 与 dum3 为虚拟变量，如果 i 省份属于东部地区，dum1 的值记为 1，如果 i 省份属于西部或中部地区则记为 0；如果 i 省份属于西部地区，dum3 的值记为 1，如果 i 省份属于东部或中部地区则记为 0。通过虚拟变量的引入，可以较好地分析比较农村服务业对农业经济增长的影响在不同区域间的差异。

ε_{it} 是随机干扰项，表示所有除了农业劳动生产率、农业技术创新水平、农村服务业水平以及农村劳动力从业人数以外的其他影响农业经济增长的因素。β_1、β_2、β_3、β_4、β_5、β_6 表示各解释变量的系数，反映了解释变量与被解释变量之间的关系程度。

二、数据来源

通过查阅统计年鉴和相关文献，考虑区域划分过程中各省份的经济发展水平不同，将各省份划分为东部、中部和西部地区。东部地区为沿海地区，经济发展较好，经济制度健全，综合实力强；中部地区处于内陆地区，经济发展居中，经济发展速度约为全国平均水平；西部地区经济发展不如东部、中部地区，发展落后，不过随着西部开发战略的实施，发展具备一定潜力。对中国 30 个省份按照东、中、西部划分的具体情况见表 6-1。

表 6-1　　　　　　　　中国区域划分情况

区域	省区个数	省、自治区、直辖市
东部	11	北京、天津、河北、辽宁、上海、江苏、浙江、福建、山东、广东、海南
中部	9	山西、吉林、黑龙江、安徽、江西、河南、湖北、湖南、内蒙古
西部	10	重庆、四川、广西、贵州、云南、陕西、甘肃、宁夏、青海、新疆

根据研究的需要，选取 2004—2013 年中国 30 个省、自治区、直辖市的面板数据，所有数据均来自 2005—2014 年的《中国统计年鉴》、《中国区域经济统计年鉴》及《中国农村统计年鉴》，因为个别省、自治区及直辖市的数据较难收集，还参考了部分省份的统计年鉴。研究中为了消除量纲的影响，以 2004 年为基期，对所有面板数据进行平减处理。

三、全样本分析

在分析农村服务业对区域农业经济增长的影响问题时，我们采用面板数据进行分析。面板数据既包含了时间序列数据，又包括了区域截面数据，带有时间序列和横截面数据的双重特点。利用面板数据，采用面板数据模型能够更全面准确地揭示农村服务业对区域农业经济增长的影响情况。选取 30 个省、自治区、直辖市 2004—2013 年的各个变量值作为实证分析的原始数据，既要考虑不同省份间的差异，又要考虑不同年份间的数据差异。

在实证分析过程中，我们采用了除了西藏、港澳台地区外的中国 30 个省份 2004—2013 年的相关统计数据。表 6-2 给出了总体样本的描述性统计情况，由表 6-2 可以看出，本部分实证分析共涉及 300 个样本量，其中农业生产总值对数的最大值为 12.83，最小值为 4.39，其均值为 6.32；农业劳动生产率对数的最大值为 7.34，最小值为 2.45，其均值为 4.37；农村服务业水平对数的最大值为 7.32，最小值为 1.35，其均值为 3.5。从各变量均值、中位数、最大值、最小值可以看出变量的分布特征，最大值与最小值间差距较大，反映了各地区经济发展水平和发展阶段存在差异，且差异较明显。中国各省份间农业经济发展不平衡，差异突出，所以适合做实证分析。各地区间由于经济总量、人口特征、政府服务、交通设施、法律法规建设等方面的原因导致农业经济发展水平差异较大。

为检验变量是否平稳，避免虚假回归，先进行单位根检验和协整检验。采用国际上通用的 LLC 检验、Fisher-ADF 检验和 IPS 检验，

表 6-2   各变量的描述性统计

变量	mean	median	maximum	minimum	Std. Dev.
lnGDP	6.32	5.83	12.83	4.39	1.2
lnpro	4.37	5.27	7.34	2.45	0.73
lntec	3.4	4.31	6.43	1.82	1.09
lnser	3.5	4.39	7.32	1.35	0.67
lnemp	4.3	5.2	8.23	2.11	1.27

变量包含数据项和截距项。关于滞后阶数，根据施瓦茨原则（SC）确定其为滞后 1 阶。检验结果见表 6-3。

表 6-3   单位根检验结果

变量	LLC检验	Fisher-ADF检验	IPS检验
lnGDP	0.061	0.120	0.155
ΔlnGDP	0.003	0.022	0.045
lnpro	0.120	0.322	0.073
Δlnpro	0.055	0.003	0.026
lntec	0.082	0.042	0.126
Δlntec	0.003	0.015	0.032
lnser	0.238	0.200	0.315
Δlnser	0.002	0.032	0.065
lnemp	0.029	0.068	0.045
Δlnemp	0.025	0.035	0.005

注：Δ表示变量的一次差分。

通过表 6-3 可以看出，三种检验方法中各变量的伴随概率都大于 5%，存在单位根，因此变量是非平稳的。各变量伴随概率在经过一阶差分后均小于 10%，就是说在 10%的显著性水平差分后的变量为平稳变量，不存在单位根，因此可以说各变量为一阶单整。接下来需要讨论变量之间的协整关系，采用 Pedroni 方法进行 7 组检验，结果见表 6-4。

表 6-4 面板数据模型的协整检验

组内检验统计量	伴随概率	组间检验统计量	伴随概率
Panel v-stat	0.043	Group ρ-stat	0.032
Panel ρ-stat	0.037	Group PP-stat	0.583
Panel PP-stat	0.042	Group ADF-stat	0.044
Panel ADF-stat	0.017		

由表 6-4 可以看出，除了 Group PP-stat 统计量的伴随概率为 0.583，概率值较大外，其余检验值都小于 0.05，所以除了 Group PP-stat 统计量检验接受原假设，变量之间不存在协整关系外，其余检验都可以认为变量之间是协整的，存在协整关系。

为了进一步探究农村服务业对于农业经济的影响，我们运用面板数据进行分析，如表 6-5 所示。面板数据模型通常有混合模型、固定效应模型和随机效应模型，我们采用固定效应模型和随机效应模型分析。从表 6-5 中可以看出在固定效应模型和随机效应模型下全国整体范围内农村服务业与农业经济增长关系的实证检验结果，根据霍斯曼（Hausman）检验结果，判断固定效应和随机效应两种方法所得的系数是否存在显著性差异。根据检验结果可知，拒绝虚拟假设，在 1% 的显著性水平下采用固定效应模型分析。固定效应模型的 R^2 为 0.928，模型的拟合优度较好。

表 6-5 全国范围内农村服务业对农业经济的影响估计结果

解释变量	固定效应	随机效应
lnpro	0.263*** （8.372）	0.212*** （11.752）
lntec	0.172*** （10.384）	0.103** （2.192）
lnser	0.205** （2.073）	0.127*** （9.273）
lnemp	0.076*** （8.516）	0.236*** （8.028）
Hausman检验（P值）	57.60 （0.0000）	
R^2	0.928	0.917

注：括号内为 t 统计量，*表示 10% 显著性水平上显著，**表示 5% 显著性水平上显著，***表示 1% 显著性水平上显著，使用统计计量软件 Eviews7.0 完成。

根据 Hausman 检验的结论，固定效应模型系数较理想，所以选用固定效应模型分析。从表 6-5 给出的结果看，农业经济增长在不同程度上受农村服务业、农业劳动生产率、农业从业人员及农业科技创新水平的影响。其中农村服务业对农业经济增长的影响系数为 0.205，显著性水平为 1%，说明农村服务业每增加 1 个百分点，全国的农业经济就增长 0.205 个百分点。农业劳动生产率对农业经济增长的影响系数为 0.263，显著性水平为 1%，可见农业劳动生产率对农业经济增长的影响远高于农村服务业对经济增长的影响，说明中国农业经济增长的重要动力还是农业劳动生产率的提高，这与农业现代化发展进程密不可分。农业从业人员对于农业经济增长的影响系数为 0.076，说明在农业经济发展中，从业人员的数量并不是主要影响因素。从农业技术水平与农业经济增长的关系来看，农业技术水平对农业经济增长的影响系数为 0.172，在 1% 的水平上显著，说明农业科技创新对农业经济增长的作用突出，农业科技创新将促进和带动农业经济增长，未来加大农业科技创新将对农业经济增长起到至关重要的促进作用。

四、分区域分析

表 6-6 给出了农村服务业对农业经济增长影响的分区域估计结果，在实证分析中，通过引入虚拟变量，以中部地区农村服务业对农业经济增长的影响为标准，分别比较东部与中部地区、西部与中部地区之间农村服务业对农业经济增长影响的差异情况。为了考察各变量对农业经济增长的影响情况，在实证分析时，先对农业劳动生产率和农村服务业对农业经济增长的影响进行检验，再依次引入农业技术创新和农业就业劳动力变量。表 6-6 的结果显示，从农村服务业对农业经济增长的影响情况来看，中部地区的影响系数为 0.215，东部地区与中部地区之间此项系数的差异为 0.173，显著性水平为 5%，而西部地区与中部地区之间此项系数的差异为 0.038，但关系不显著。通过以上分析可以看出，东、中、西部地区农村服务业对农业经济增长

的影响存在差异，中、西部地区农村服务业对农业经济增长的影响明显低于东部地区，而西部地区农村服务业对农业经济的影响略低于中部地区，中、西部地区之间差异不大。

表 6-6　　　农村服务业对农业经济影响的分区域估计结果

解释变量	（1）lnGDP	（2）lnGDP	（3）lnGDP	（4）lnGDP
lnpro	0.436*** （16.32）	0.568*** （17.18）	0.408*** （16.83）	0.503*** （17.47）
lnser	0.321*** （7.26）	0.215*** （5.36）	0.255*** （4.62）	0.215*** （4.68）
lnserdum1		0.227** （3.32）	0.207** （2.32）	0.173** （2.18）
lnserdum3		−0.012 （−0.12）	−0.027 （−0.42）	−0.038 （−0.37）
lntec			0.068*** （6.32）	0.436*** （16.32）
lnemp				0.213*** （5.26）
R^2	0.812	0.843	0.902	0.913
F值	258.9	283.3	207.4	258.3

注：括号内为 t 统计量，*表示 10%显著性水平上显著，**表示 5%显著性水平上显著，***表示 1%显著性水平上显著，使用统计计量软件 Eviews7.0 完成。

为了进一步比较东部、中部及西部地区农村服务业对农业经济增长的影响情况，分别采用东、中、西部地区的面板数据进行实证分析，分析结果见表 6-7。

从分区域的面板数据分析结果来看，农村服务业对农业经济增长起着一定的作用，东部、中部、西部三个地区农村服务业对农业经济增长的影响系数分别为 0.327、0.257、0.243，显著性水平为 1%，可

表 6-7　东、中、西部地区农村服务业对农业经济影响的实证结果

解释变量	东部地区 lnGDP	中部地区 lnGDP	西部地区 lnGDP
lnpro	0.362*** （12.32）	0.382*** （8.82）	0.308*** （11.37）
lnser	0.327*** （6.22）	0.257*** （6.28）	0.243*** （3.28）
lntec	0.067** （2.13）	0.052** （1.98）	0.032** （1.79）
lnemp	0.167*** （5.27）	0.206*** （2.64）	0.298*** （2.71）
R^2	0.832	0.853	0.893
F 值	203.37	282.33	269.87

说明：括号内为 t 检验值，***表示在 1%水平上显著，**表示在 5%水平上显著，*表示在 10%水平上显著，使用统计计量软件 Eviews7.0 完成。

见，农村服务业对各地区的农业经济增长所起的作用因地区不同而存在差异，东部地区农村服务业对农业经济增长的影响最大，其次是中部地区，最差是西部地区，中、西部地区差异不大，区别不明显。一般理论认为农业经济越发达，农村服务业发展应该越成熟，而在我们的实证中发现，结果与理论稍有偏差，从中国农业经济发展水平来看，东部高于中、西部，中部又高于西部，可是在对农村服务业对农业经济增长的影响的研究中发现，东部地区农村服务业对农业经济的影响高于中、西部地区，中部地区农村服务业对农业经济增长的影响高于西部地区，但是中、西部地区的影响系数相差不多，远不及农业经济发展水平差距大。

从劳动生产率对农业经济增长的作用来看，在 1%的显著性水平下，东、中、西部农业劳动生产率对农业经济增长的影响系数分别为 0.362、0.382、0.308，由此可见农业劳动生产率是促进中国各区域农业经济增长的主要力量。特别是随着中国农业现代化的发展，新的农

業政策的实施，大大提高了农业现代化水平，提高了农业劳动生产率，农业劳动生产率的不断提高，将促进农业经济的快速发展。从农业科技创新能力和水平对农业经济增长的影响来看，东、中、西部地区农业科技创新能力和水平对农业经济增长的影响系数分别为0.067、0.052、0.032，表明目前中国农业科技创新能力和水平对于农业经济增长的促进作用不大，分区域来看，东部地区此项数据高于中、西部地区，中部地区又高于西部地区，表明中部地区和西部地区农业科技创新存在投入不足的问题，特别是西部地区由于经济发展水平较东、中部地区低，科技投入不足，导致其对农业经济增长的作用不大，不能有效促进农业经济发展。从农业劳动力投入水平对农业经济增长的影响来看，东、中、西部地区农业劳动力投入水平对经济增长的影响系数分别为0.167、0.206、0.298，表明目前农业劳动力投入对农业经济增长起着重要的作用，分区域来看，西部地区农业劳动力投入的影响作用最大，中部地区次之，而经济发达的东部地区此项数据最小，这可能是缘于东部地区农业科技创新水平较高，需要的农业劳动力较少，农业劳动力素质较高，因此农业劳动力投入对农业经济增长的作用不明显，而中、西部地区以劳动密集型产品生产为主，所以劳动力投入将大大促进农业经济发展，所以系数较大。

五、结论与建议

通过以上的分析可以发现，从全国角度来看，中国农村服务业对农业经济增长有着积极的促进作用；从不同区域来看，其影响程度在东、中、西部地区存在着明显的差异，主要表现为经济发达的东部地区农村服务业对农业经济增长的促进作用明显高于中部和西部地区，而在中、西部地区间农村服务业对农业经济增长的促进作用差别较小。这主要是由中国经济发展过程中所实施的区位发展规划和发展战略造成的。东部地区是实施改革开放战略的最先受益者，由于受地理位置优越、相关政策法规优惠等影响，东部地区的农村服务业得到了优先发展，交通运输仓储及邮电通信业、信息传输计算机服务和软件业、金融服务业、通信服务业等行业迅速发展起来，对于东部地区农业经济的发展起到了推动的作用。中国东部地区处在拥有便利交通的沿海地区，这对于当地发展交通运输仓储业非常有利，而交通运输仓储业的发展将大大降低农业经营成本，提高农产品周转速度，为农业经济发展提供有力的保障，使得东部地区的农业经济迅速发展。与此同时，处于内陆的中、西部地区则存在着交通不便、信息不畅等诸多农业经济发展的阻碍，随着经济发展的不断深化，考虑到地区发展的不平衡问题，中国加大了中、西部地区的经济发展步伐，为了改善西部地区经济发展落后的面貌，推出了西部大开发战略，在基础设施建设方面实施了诸多大型项目，将西部地区交通、信息、能源产业发展提到日程上来，这些措施将有助于改善西部地区落后的经济状况，也将通过农村服务业的发展促进西部地区农业经济更好、更快地发展。中国对于中部地区的相关支持政策则相对较少，中部地区的农业经济发展水平较平稳，没有东部地区的优越地理位置，也缺少西部地区的国家大力扶持政策，所以农村服务业发展受限，也就不能有效地促进农业经济增长。

此外，从实证结果看，农村服务业的发展对农业经济增长的促进作用与各个地区所处的经济发展阶段密切相关。中国中、西部地区经济发展水平普遍落后于东部地区，处于经济欠发展阶段。中国中、西部地区处于工业化发展中期，经济结构主要以工业发展为主，服务业发展处在比较落后的阶段，农村服务业的发展更是远不如东部地区，所以农村服务业在促进农业经济增长方面的作用有限。因此，可以说，只有当区域经济发展到一定程度、达到一定水平时，农村服务业在农业经济增长中的作用才能得到更好的发挥，农村服务业的作用才更加凸显出来。

为了不断提高农村服务业对农业经济增长的影响力，可以通过促进农村服务业的发展，加快农业与服务业的发展与融合。将农业中的一些环节独立出来，成为为农业生产服务的专门的服务业，不仅能够提高农业生产效率，加快农业技术创新，而且能够促进农业经济增长。不同区域的农村服务业发展程度不同，但是从实证结果看，农村服务业都能在一定程度上促进农业经济发展，所以应该根据不同区域的发展现状，制定符合农业经济发展实际的政策，发挥农村服务业促进农业经济增长的作用。东部地区凭借已有的区位、资源等优势继续做大做强农村服务业，以提高农村服务业促进农业经济发展的作用。对于中、西部地区，政府应该加大对其农村服务业的投入，特别是农业生产性服务业的投入，加强农业科技服务、农业信息服务、农业金融服务等行业的扶持，以增强农村服务业对农业经济的促进作用。

第三节　农村服务业细分行业影响农业经济的实证分析

从上一节的分析中可以看出，中国农村服务业对农业经济增长的影响在不同区域、不同经济发展水平下呈现差异性，中、西部地区农村服务业对农业经济增长的影响明显低于东部地区，中、西部地区间农村服务业对农业经济增长的影响差异不大。农村服务业作为现代服务业的一部分，是由诸多细分行业构成的整体，其主要包括交通运输仓储和邮政业、信息传输计算机服务和软件业、批发和零售业、住宿和餐饮业、金融业、房地产业、租赁和商务服务业、科学研究技术服务和地质勘查业、水利环境和公共设施管理业。在经济发展水平的不同阶段，农村服务业内部细分行业对农业经济增长的影响程度是不同的，不同行业对农业经济增长的影响机理也是不一样的，本节从农村服务业内部细分行业出发，对不同行业对农业经济增长的影响情况进行分析，比较不同地区间不同行业对农业经济增长的影响情况，希望此部分分析能为区域经济发展提供参考。

一、数据模型及变量界定

按照对农村服务业内涵及外延的界定，农村服务业主要包括交通运输仓储及邮电通信业、信息传输计算机服务和软件业、批发和零售业、住宿和餐饮业、金融业、房地产业、租赁和商务服务业、科学研究技术服务业、水利环境和公共设施管理业等。这里我们考察农村服务业对农业经济的影响程度，因为农村服务业分为生产性服务业和生活性服务业，而在农业经济增长方面，生产性服务业发挥主要作用，所以我们选取对农业经济影响较大的交通运输仓储及邮电通信业、信息传输计算机服务和软件业、批发零售及商务服务业、金融保险业及科学研究技术服务业五个行业。随着全国经济的不断深化发展，农村服务业内部各细分行业的发展也获得了良好机遇，交通运输仓储及邮电通信业发展势头稳健，批发零售及商务服务业也获得了较好的发展。在传统服务业发展的同时，新兴服务业也在不断涌现，金融保险业、科学研究技术服务业的发展为农业生产提供了新力量源泉，增加了农业生产活力，提高了农业生产效率，降低了农业生产成本。目前，中国农村服务业发展还是以交通运输仓储及邮电通信业等传统服务业为主，金融保险业、科学研究技术服务业虽然获得了一定的发展，但在整个农村服务业中所占的比重偏低。

从区域角度看，农村服务业内部各细分行业在中国不同区域发展呈现差异性。从第二节的分析中可知，农村服务业在东部、中部、西部三个地区发展呈现出东部发展优于中部、中部略强于西部的状况，和总体状况相一致，农村服务业内部各细分行业在三个地区中也表现出东部强于中部，而中部略强于西部的情况。交通运输仓储及邮电通信业在东部地区明显强于中、西部地区，批发零售及商务服务业在中、西部地区水平相当，略低于东部地区，金融保险业、科学研究技术服务业在东部地区则明显强于中、西部地区，这和地区总体经济发展水平相一致。由2004—2013年的统计数据可知，不同地区的农村服务业内各个不同行业的发展水平不一，西部地区各行业发展落后于中部地区，而中部地区又远落后于东部地区，这和各地区的经济发展水平呈现相同的趋势。

通过第二节的分析可知，农村服务业对农业经济增长有促进作用，但在不同的区域，农村服务业对农业经济增长的促进作用表现不一致，中、西部地区农村服务业对农业经济增长的作用明显弱于经济发达的东部地区，这和各个地区经济发展水平、产业结构特征具有一定的关系，经济发展水平影响农村服务业的发展，也将影响农村服务业对农业经济增长的促进作用。

为了研究农村服务业内部各细分行业对农业经济增长影响的情况，本节将建立新的模型，以各省份农业生产总值作为被解释变量，用来衡量农业经济增长水平，将农业劳动生产率、农业技术创新、交通运输仓储及邮电通信业发展水平、批发零售及商务服务业发展水平、信息传输计算机服务和软件业发展水平、金融保险业发展水平、技术创新和科技服务业发展水平以及劳动从业人数作为农业经济增长的解释变量。为了使趋势线性化，对各相关变量取对数，构建如下模型：

$$\ln GDP_{it}=A+\beta_1\ln pro_{it}+\beta_2\ln tec_{it}+\beta_3\ln trf_{it}+\beta_4\ln lod_{it}+\beta_5\ln inf_{it}+\beta_6 fin_{it}+\beta_7 sci_{it}+\beta_8 emp_{it}+\varepsilon_{it}$$

要考察不同经济发展水平下农村服务业内部各细分行业对农业经济增长的影响，引入虚拟变量 dum1 和 dum3 对东部、中部、西部地区进行界定，构建如下新的计量模型：

$$\ln GDP_{it}=A+\beta_1\ln pro_{it}+\beta_2\ln tec_{it}+\beta_3\ln trf_{it}+\beta_4\ln lod_{it}+\beta_5\ln inf_{it}+\beta_6 fin_{it}+\beta_7 sci_{it}+\beta_8 emp_{it}+$$
$$\beta_9\ln trf_{it}dum1+\beta_{10}\ln trf_{it}dum3+\beta_{11}\ln lod_{it}dum1+\beta_{12}\ln lod_{it}dum3+$$
$$\beta_{13}\ln inf_{it}dum1+\beta_{14}\ln inf_{it}dum3+\beta_{15}\ln fin_{it}dum1+\beta_{16}\ln fin_{it}dum3+$$
$$\beta_{17}\ln sci_{it}dum1+\beta_{18}\ln sci_{it}dum3+\varepsilon_{it}$$

模型中的 i 表示第 i 个省、自治区或直辖市，t 表示年份，各变量界定如下：

GDP_{it} 表示第 i 个省份在第 t 年的农业生产总值，用来衡量某一地区的农业经济发展水平，是被解释变量。

pro_{it} 表示第 i 个省份在第 t 年的农业劳动生产率，用来衡量某一地区农业生产效率高低，农业劳动生产率是决定农业经济发展水平的关键因素之一，农业劳动生产率越高，农业经济越发达。

tec_{it} 表示第 i 个省份在第 t 年的农业技术创新水平，农业技术创新是农业经济增长的潜在动力，较高的农业技术创新水平将大大提高农业经济发展，这里用农业科技三项费用作为代理变量，表示农业技术创新水平，农业科技费用投入越高，表明农业技术创新水平越高。

trf_{it} 表示第 i 个省份在第 t 年的交通运输仓储及邮电通信业发展水平，用来反映某一地区交通运输仓储及邮电通信业的发展情况，这里用农村固定资产投资投向交通运输仓储及邮电通信业的资金作为代理变量。

lod_{it} 表示第 i 个省份在第 t 年的批发零售及商务服务业的增加值，表示该省份在第 t 年的批发零售及商务服务业的总量情况，用《中国农村统计年鉴》中各地区农村固定资产投向批发和零售业资金作为代理变量。

inf_{it} 表示第 i 个省份在第 t 年的信息传输计算机服务和软件业的增加值，用来反映某一地区信息传输计算机服务和软件业的发展情况，用《中国农村统计年鉴》中各地区农村固定资产投向信息传输计算机服务和软件业的资金作为代理变量。

fin_{it} 表示第 i 个省份在第 t 年的金融保险业增加值，用来反映某一地区金融保险业的发展情况，用《中国农村统计年鉴》中各地区农村固定资产投向金融保险业的资金作为代理变量。

sci_{it} 表示第 i 个省份在第 t 年的技术创新和科技服务业增加值，用来反映某一地区技术创新和科技服务业的发展情况，用《中国农村统计年鉴》中各地区农村固定资产投向技术创新和科技服务业的资金作为代理变量。

emp_{it} 表示第 i 个省份在第 t 年的农业从业人员数量，用农业人口就业人数表示，劳动投入是农业经济增长的原动力，农业从业人员数量成为农业经济增长的解释变量。

dum1 与 dum3 为虚拟变量，如果 i 省份属于东部地区，dum1 的值记为 1，如果 i 省份属于西部或中部地区则记为 0；如果 i 省份属于西部地区，dum3 的值记为 1，如果 i 省份属于东部或中部地区则记为 0。通过虚拟变量的引入，可以较好地分析比较农村服务业内部不同行业对农业经济增长的影响在不同区域间的差异。

ε_{it} 是随机干扰项，表示所有除了农业劳动生产率、农业技术创新水平、交通运输仓储及邮电通信业、批发零售及商务服务业、信息传输计算机服务和软件业、金融保险业、技术创新和科技服务业以及农村劳动力从业人数以外的其他影响农业经济增长的因素。β_1，β_2，…，β_{17}，β_{18} 表示各解释变量的系数，反映了解释变量与被解释变量之间的关系程度。

二、数据来源

根据研究的需要，选取 2004—2013 年中国 30 个省、自治区、直辖市的面板数据，需要说明的是，由于西藏地区数据缺失，港澳台地区数据较难获得，所以西藏和港澳台地区未纳入分析范围。所有数据均来自 2005—2014 年的《中国统计年鉴》、《中国区域经济统计年鉴》及《中国农村统计年鉴》，因为个别省、自治区及直辖市的数据较难收集，因此还参考了部分省份的统计年鉴。另外，本节的分析是在第二节分析的基础上将农村服务业细分，考虑到农村服务业中农村生活服务业对农业经济影响较小，所以主要考虑农业生产性服务业，这里将农村服务业细分为交通运输仓储及邮电通信业、批发零售及商务服务业、信息传输计算机服务及软件业、金融保险业和技术创新及科技服务业等五个行业。研究中为了消除量纲的影响，以 2004 年为基期，对所有面板数据进行平减处理。

因为统计年鉴中没有关于农村服务业细分行业的产值数据，所以这里的实证分析部分分别用各地区农村固定资产投资投向交通运输仓储及邮电通信业、批发零售及商务服务业、信息传输计算机服务及软件业、金融保险业和技术创新及科技服务业的数据来表示各个地区各行业的发展水平。2011 年以来的《中国农村统计年鉴》中"农村固定资产投资投向各行业"的统计中，只有"农业、制造业、建筑业、交通运输仓储和邮政业、房地产业、居民服务和其他服务业"六个行业的数据，这不能满足我们对农村服务业细分行业的要求，所以综合参考了各个省份的统计年鉴及《中国区域经济统计年鉴》，整理得出相关数据。

三、全样本分析

此部分主要分析农村服务业内部各细分行业对农业经济增长的影响情况。分析仍然采用面板数据，选取中国 30 个省、自治区、直辖市（不含港澳台及西藏地区）从 2004 年到 2013 年的数据进行实证分析。表 6-8 展示了对总体样本的数据进行描述性统计的结果。

表 6-8 各变量的描述性统计

变量	mean	median	maximum	minimum	Std. Dev.
lnGDP	6.32	5.83	12.83	4.39	1.20
lnpro	4.37	5.27	7.34	2.45	0.73
lntec	3.41	4.31	6.43	1.82	1.09
lntrf	4.84	5.20	6.34	3.21	0.93
lnlod	3.28	4.65	6.98	2.65	1.03
lninf	3.84	3.98	6.58	1.23	1.21
lnfin	2.14	2.58	5.39	1.07	1.05
lnsci	3.25	3.24	6.38	2.04	1.01
lnemp	4.30	5.20	8.23	2.11	1.27

由表 6-8 可以看出，本部分实证分析共涉及 300 个样本量，其中农业生产总值对数的最大值为 12.83，最小值为 4.39，其均值为 6.32；农业生产率对数的最大值为 7.34，最小值为 2.45，其均值为 4.37；农业技术创新水平对数的最大值为 6.43，最小值为 1.82，其均值为 3.41；交通运输仓储及邮电通信业对数的最大值为 6.34，最小值为 3.21，其均值为 4.84；信息传输计算机服务及软件业对数的最大值为 6.58，最小值为 1.23，其均值为 3.84；批发零售和商务服务业对数

的最大值为 6.98，最小值为 2.65，其均值为 3.28；金融保险业对数的最大值为 5.39，最小值为 1.07，其均值为 2.14；技术创新和科技服务业对数的最大值为 6.38，最小值为 2.04，其均值为 3.25。从以上统计数据来看，各变量的最大值与最小值之间差距较大，各省份之间农村服务业及农业经济发展存在较大差异性，可以做实证分析。

通过表 6-9 可以发现，农村服务业内部各细分行业对农业经济增长都有正向促进作用，显著性水平为 1%。从全国视角看，根据 Hausman 检验的结论，可以看出用固定效应模型分析农村服务业细分行业对农业经济增长的影响更为合适。根据表 6-9 显示的结果，农村服务业内部主要细分行业包括交通运输仓储及邮电通信业、批发零售及商务服务业、信息传输计算机服务及软件业、金融保险业、技术创新和科技服务业对农业经济增长均有显著正相关性，且均在 10% 以内水平上显著，说明农村服务业内部主要细分行业与农村服务业总体一样，对中国农业经济增长起到促进作用。中国农村服务业中传统服务业如交通运输仓储及邮电通信业、批发零售及商务服务业所占比值较大，目前对农业经济增长起到较大的促进作用，新兴服务业如信息传输计算机服务及软件业、金融保险业、技术创新和科技服务业等则对农业经济增长促进作用较小，但是从发展速度和发展质量来看，新兴服务业发展速度快于传统服务业，且发展质量优于传统服务业。

从农村服务业内部细分行业来看，交通运输仓储及邮电通信业对农业经济增长的回归系数为 0.056，显著性水平为 1%，说明作为基础产业的交通运输仓储及邮电通信业对农业经济增长的促进作用明显，交通运输仓储及邮电通信业是农业经济发展的保障性服务行业。批发零售及商务服务业对农业经济增长的回归系数为 0.087，显著性水平为 1%，说明在农业经济生产中，批发零售及商务服务业的作用突出。信息传输计算机服务及软件业对农业经济增长的回归系数为 0.012，显著性水平为 1%，说明信息传输计算机服务及软件业的发展对于农业经济增长的影响较小，这可能缘于信息传输计算机服务及软件业投入不足，导致对农业经济发展未能起到足够的推动作用。金融

表 6-9　　　　　　农村服务业细分行业对农业经济增长的影响

解释变量	固定效应	随机效应
lnpro	0.252*** （7.372）	0.202*** （10.512）
lntec	0.147*** （3.081）	0.104** （2.024）
lntrf	0.056*** （9.058）	0.036*** （7.689）
lnlod	0.087** （2.262）	0.078* （1.747）
lninf	0.012** （1.982）	0.004*** （4.035）
lnfin	0.045*** （2.936）	0.043*** （3.367）
lnsci	0.032** （2.183）	0.027* （1.817）
lnemp	0.068* （1.657）	0.206*** （3.812）
Hausman检验（P值）	176.50 （0.0000）	
R^2	0.914	0.907

注：括号内为 t 统计量，*表示 10%显著性水平上显著，**表示 5%显著性水平上显著，***表示 1%显著性水平上显著，使用统计计量软件 Eviews7.0 完成。

保险业对农业经济增长的回归系数为 0.045，显著性水平为 1%，说明金融保险业对农业经济增长的影响越来越明显，这和经济货币化及金融化进程密切相关。技术创新和科技服务业对农业经济增长的回归系数为 0.032，并且在 1%的水平上显著，表明技术创新和科技服务业已经成为农业经济发展的新的增长点，在提供技术服务、科技创新服务促进农业经济增长方面发挥了巨大的作用。

四、分区域分析

前面分析了从全国视角看农村服务业内部各细分行业对农业经济增长的影响情况，根据之前的分析我们知道，在不同经济发展水平下，农村服务业对农业经济增长的影响情况是不一样的，那么在不同经济发展水平下，农村服务业内部各细分行业对农业经济增长的影响又是否一致呢？本节将站在区域的角度，针对东、中、西部三个地区情况探讨农村服务业内部各细分行业对于农业经济增长的影响情况。

如前面分析提到，中国各地区经济发展处于不同的发展阶段和发展水平，导致农村服务业内部各细分行业在不同地区的发展情况也各不相同。东部地区经济发展水平较高，农村服务业各细分行业发展均较好，随着新兴服务业加速发展，金融保险业、信息传输计算机服务及软件业等行业均呈现快速发展势头，而经济发展水平较低的中、西部地区，农村服务业内各细分行业发展不均衡，仍然以传统服务业如交通运输仓储及邮电通信业、批发零售及商务服务业等为主，而新兴服务业发展缓慢，所以在东、中、西部地区出现了东部地区农村服务业以新兴服务业为主，而中、西部地区农村服务业以传统服务业为主的复杂情况。

为了分析农村服务业内部细分行业在不同地区对农业经济增长的影响情况，引入地区虚拟变量，以中部地区为标杆对象，对比分析东部和中部地区、西部和中部地区之间的差异。为了全面分析各个变量对农业经济增长的影响情况，实证分析时先分析农业劳动生产率、交通运输仓储及邮电通信业、批发零售及商务服务业、信息传输计算机服务及软件业、金融保险业、技术创新和科技服务业等变量构成的模型，再逐步引入地区虚拟变量、农业技术创新水平变量、农业劳动力投入变量等。分析结果见表 6-10。

表 6-10   农村服务业细分行业对农业经济影响的分区域检验结果

解释变量	(1) lnGDP	(2) lnGDP	(3) lnGDP	(4) lnGDP
lnpro	0.427*** (18.12)	0.466*** (17.85)	0.424*** (17.43)	0.517*** (17.84)
lntrf	0.051*** (2.16)	0.055*** (1.81)	0.085*** (2.52)	0.127*** (2.68)
lnlod	0.005*** (1.74)	0.025*** (2.75)	0.061*** (2.17)	0.173*** (2.71)
lninf	0.015*** (3.84)	0.025*** (3.75)	0.021*** (2.84)	0.042*** (2.52)
lnfin	0.055*** (3.74)	0.045*** (2.75)	0.011*** (2.21)	0.075*** (3.37)
lnsci	0.105*** (2.21)	0.125*** (2.05)	0.151*** (2.49)	0.047*** (2.71)
lntrfdum1		0.057** (3.71)	0.107** (2.67)	0.113** (2.28)
lntrfdum3		−0.014 (−0.14)	−0.036 (−0.52)	−0.028 (−0.38)
lnloddum1		0.071** (2.41)	0.047** (2.12)	0.105 (1.52)
lnloddum3		−0.034 (−0.27)	−0.056 (−0.22)	0.024** (0.42)
lninfdum1		0.062** (2.71)	0.123** (2.32)	0.122** (0.62)
lninfdum3		0.034** (0.27)	0.056** (0.53)	0.013** (0.73)
lnfindum1		0.032** (1.32)	0.043** (2.32)	0.052** (1.21)
lnfindum3		0.023** (1.28)	0.028** (0.62)	0.027** (1.03)
lnscidum1		0.033** (0.33)	0.042** (0.87)	0.046** (1.36)
lnscidum3		0.013** (0.23)	0.022** (0.68)	0.026 (1.23)
lntec			0.058*** (7.12)	0.438*** (15.81)
lnemp				0.203*** (6.26)
R²	0.802	0.831	0.904	0.908
F值	253.2	273.1	217.2	248.4

注：括号内为 t 统计量，*表示 10%显著性水平上显著，**表示 5%显著性水平上显著，***表示 1%显著性水平上显著，使用统计计量软件 Eviews7.0 完成。

通过表6-10，可以得出结论：交通运输仓储及邮电通信业对农业经济增长的影响系数在中部地区为0.127，与东部地区差异为0.113，显著性水平为5%，与西部地区差异为0.010，关系不显著；批发零售及商务服务业对农业经济增长的影响系数在中部地区为0.173，与东部地区差异为0.105，显著性水平为1%，与西部地区差异为0.024，关系不显著；信息传输计算机服务及软件业对农业经济增长的影响系数在中部地区为0.042，与东部地区差异为0.122，与西部地区差异为0.013，显著性水平都是5%；金融保险业对农业经济增长的影响系数在中部地区为0.075，与东部地区差异为0.052，与西部地区差异为0.027，显著性水平都是5%；技术创新和科技服务业对农业经济增长的影响系数在中部地区为0.047，与东部地区差异为0.046，显著性水平为1%，与西部地区差异为0.026，关系不显著。重新建立东、中、西部三个地区的模拟方程，比较不同地区农村服务业细分行业对农业经济增长的影响情况，新方程的实证结果见表6-11。

根据表6-11的结果，我们可以发现，交通运输仓储及邮电通信业、信息传输计算机服务及软件业、批发零售及商务服务业、金融保险业、技术创新和科技服务业对东、中、西部地区的农业经济均起到一定程度的促进作用，而在不同区域，不同行业对农业经济的作用效果不同。交通运输仓储及邮电通信业对农业经济的影响系数在东部地区是0.142，在中部地区是0.121，而在西部地区是0.081，说明在东、中、西部地区交通运输仓储及邮电通信业对农业经济增长的影响比较接近，东部地区较中、西部地区偏高，西部地区最低。批发零售及商务服务业对农业经济的影响系数在东部地区是0.161，在中部地区是0.073，而在西部地区是0.047，说明批发零售及商务服务业对农业经济的影响在不同地区表现出差异性。因为不同地区的经济发展不一致，东部地区经济发达，中、西部地区经济发展落后，而批发零售及商务服务业对农业经济的影响也呈现出东部地区影响较大，中、西部地区影响较小的情况，说明该行业对于农业经济的影响程度大小与

表 6-11 东、中、西部地区农村服务业细分行业对
农业经济影响的实证结果

解释变量	东部地区 lnGDP	中部地区 lnGDP	西部地区 lnGDP
lnpro	0.292*** （3.42）	0.271*** （4.56）	0.208*** （11.74）
lntrf	0.142** （2.21）	0.121** （2.08）	0.081** （2.12）
lnlod	0.161* （1.78）	0.073** （2.01）	0.047*** （3.26）
lninf	0.067** （2.23）	0.036*** （3.75）	0.023* （1.68）
lnfin	0.075*** （3.23）	0.042** （1.99）	0.047*** （3.82）
lnsci	0.072** （2.12）	0.023*** （3.28）	0.026 （1.21）
lntec	0.067** （2.23）	0.052** （2.13）	0.032** （1.79）
lnemp	0.167*** （5.27）	0.206*** （2.64）	0.298*** （6.71）
R^2	0.832	0.853	0.893
F 值	203.37	282.33	269.87

注：括号内为 t 统计量，*表示 10%显著性水平上显著，**表示 5%显著性水平上显著，***表示 1%显著性水平上显著，使用统计计量软件 Eviews7.0 完成。

当地经济发展水平相关。信息传输计算机服务及软件业对农业经济的影响系数在东部地区是 0.067，在中部地区是 0.036，而在西部地区是 0.023，说明在东、中、西部地区信息传输计算机服务及软件业对农业经济的影响表现出差异性，西部地区明显低于中部地区，中部地区低于东部地区。信息传输计算机服务及软件业发展受到经

济环境的影响，经济越发达的地区，信息传输计算机服务及软件业发展得越快、越好，而经济落后的地区往往缺乏相应的信息传输计算机服务及软件业，所以东部地区信息传输计算机服务及软件业对农业经济增长的影响高于中、西部地区。金融保险业对农业经济的影响系数在东部地区是0.075，在中部地区是0.042，而在西部地区是0.047，金融保险业在东、中、西部地区农业经济增长中的影响呈现明显的地区差异，且影响程度与所处地区经济发展水平不完全吻合，中、西部地区金融保险业对农业经济的影响明显低于东部地区，而中部地区又低于西部地区，这可能是由于东部地区经济较发达，金融保险业发展起步较早，对农业经济的促进作用较强劲，而中、西部地区的农村金融保险业发展步调基本一致，但是西部实施相关发展战略，有效地促进了西部农村金融保险业的发展，导致西部地区金融保险业对农业经济的促进作用略高于中部地区。技术创新和科技服务业对农业经济的影响系数在东部地区是0.072，在中部地区是0.023，而在西部地区是0.026，说明技术创新和科技服务业对农业经济的影响在不同地区表现出差异性，中部地区低于西部地区，中、西部地区明显低于东部地区。因为东部地区经济发达，科学技术水平较高，所以技术创新和科技服务业对于农业经济的促进作用就远远高于中、西部地区。

五、结论及建议

从总体数据看，不同行业对农业经济的影响是不同的。传统服务业比如交通运输仓储及邮电通信业在农业经济发展中起着十分重要的作用，而新兴服务业比如信息传输计算机服务及软件业等行业虽然有了一定的发展，但对农业经济的影响还比较有限，这意味着中国农业经济总体上仍然处于传统服务业主导的经济发展阶段，信息传输计算机服务及软件业、金融保险业、技术创新和科技服务业等新兴服务行业发展相对滞后。目前中国产业结构中依然是工业占主导地位，农业经济在国民经济中的比重经历了一个小幅上升后逐步下降的过程，农业经济发展稳中有升，但是在整个国民经济体系中所占比重呈现下降趋势。与此同时，服务业占国民经济的比重逐年上升，远远超过了农业占比，紧随工业之后。服务业的发展一方面带动了中国经济整体向好，另一方面也大大提高了工业和农业的生产效率，促进了工业和农业的发展。从服务业促进农业经济的角度来看，交通运输仓储及邮电通信业的发展促进了农业经济生产、加工、销售等流通环节的效率提高，批发零售及商务服务业的发展有效提高了农业经济的发展。目前传统服务业对农业经济的促进作用高于新兴服务业，但是从长远来看，随着信息技术的发展、金融保险行业在农村地区的深化发展、农业科技创新水平的提高，信息传输计算机服务及软件业、金融保险业、技术创新和科技服务业等新兴服务业对农业经济的促进作用将远超过传统服务业。

从不同区域的分析结果看，不同地区、不同行业对农业经济的促进作用表现出差异性。交通运输仓储及邮电通信业对农业经济的促进作用在东、中、西部地区差异不大，东部地区较中西部地区略高，西部地区最低。批发零售及商务服务业、信息传输计算机服务及软件业对农业经济的促进作用则表现出明显的差异，东部地区高于中部地区，中部地区高于西部地区。金融保险业、技术创新和科技服务业对农业经济的促进作用则表现为中、西部地区明显低于东部地区，中部地区略低于西部地区。通过上述分析可以发现，各个行业对于农业经济的影响程度，不仅和各地区经济发展有关，还和各行业自身特点、各地所处地理位置及相关的政策有关。交通运输仓储及邮电通信业是经济发展的基础性产业，目前中国对交通运输仓储及邮电通信业的管理较为严格，不断加大投入，加强各地区交通运输仓储及邮电通信业的基础设施建设，不断提高各地区的相关服务业服务水平。为加快中、西部地区的发展，中国对中、西部地区的交通运输仓储及邮电通信业的投入也逐年增加，改善东、中、西部地区发展不均衡的状况，所以在交通运输仓储及邮电通信业对农业经济的促进作用方面，东、中、西部地区的的水平相差不大。

由于地理位置优越、科技发展较快及政策支持力度较大，东部地区批发零售及商务服务业、信息传输计算机服务及软件业、金融保险业和技术创新和科技服务业均得到了较好的发展，在促进农业经济发展方面，各行业都起到了较好的作用。相比之下，中部地区承接东部的发展，在批发零售及商务服务业和信息传输计算机服务业及软件业发展方面得到支持，在农业经济中发挥了较好的促进作用。西部地区经济发展落后，经济发展水平远远落后于东、中部地区，在批发零售及商务服务业、信息传输计算机服务及软件业发展方面与中、东部地区存在差距，对于农业经济的促进作用有限，而随着国家对西部经济发展的支持力度不断加大，西部地区的金融保险业、技术创新和科技服务业得到较快发展，在农业经济生产中发挥了较大的作用，对于促进农业经济发展起到了积极的作用。

为了更好地发挥农村服务业对农业经济的促进作用，应该根据各个行业的特点及各地区的经济发展水平采取适宜的措施，以不断提高农业经济发展水平，改善农业经济发展质量。东部地区一方面要继续加强传统服务业的发展，保障农村经济的平稳有序发展；另一方面更应该加强新兴服务业的发展，以金融保险业、信息传输计算机服务业及软件业为代表的新兴服务业将更多的资金投入到农业经济生产中，运用更多的信息技术进行农业生产，将大大提高农业生产效率，促进农业经济发展。中、西部地区应加强交通运输仓储及邮电通信业的发展，保障农业生产顺利有效开展，同时也要加强金融保险业、技术创新及科技服务业的发展，通过新兴服务业发展不断提高农业生产效率、改善农业生产条件，以促进农业经济发展。

综上，我们对本章小结如下：

本章主要考察了农村服务业对中国农业经济的影响。农业经济发展关乎国家经济利益、影响农民经济收益，在国家经济发展中占据重要的地位。农业和服务业的不断深化融合形成的农村服务业，深化了农业劳动分工，促进了农业技术创新，提高了农业生产效率，整合了农业产业链，提升了农业比较利益，从而促进了农业经济的发展。

从总体上来看，农村服务业对农业经济起到较好的促进作用，由于区域间经济发展水平和发展阶段不同，不同地区的农村服务业对农业经济的影响程度也不尽相同。中、西部地区农村服务业对农业经济的促进作用明显低于东部地区，中部与西部地区农村服务业对农业经济的促进作用相当。通常我们认为经济发展水平越高，农村服务业对农业经济的影响作用越强，实证分析结果恰恰证实了这一结论。中国东部地区由于地理位置优越、相关的财政税收政策优惠，特别是改革开放以来提出的"一部分地区先富起来"的政策导向，使得东部地区经济一直走在全国的前列，经济发展水平较高，产业结构合理，农村服务业也得到了大力发展，其对农业经济的促进作用也非常明显。中国中、西部地区位于内陆地区，交通运输等基础设施不够发达，经济发展相对落后，经济发展质量较差，产业结构不尽合理，农村服务业发展落后，其对农业经济的促进作用有限。西部地区经济发展水平落后于中部地区，但是由于西部开发战略的实施，西部地区的农村服务业得到了较好的发展，对于农业经济的促进作用与中部地区相差无几。

从行业角度看，农村服务业中各行业对农业经济的影响存在较大差异。传统服务业中的交通运输仓储及邮电通信业、批发零售及商务服务业对农业经济的促进作用仍然十分重要，而信息传输计算机服务及软件业、金融保险业、技术创新和科技服务业等新兴服务业虽然有了很大发展，但其在经济增长中的作用还是相对偏低。从分地区的面板数据来看，交通运输仓储及邮电通信业对农业经济的影响系数在东部、中部、西部地区差异不大，批发零售及商务服务业、信息传输计算机服务及软件业对区域经济增长的回归系数则表现出明显的东部高于中部、中部高于西部的特点，而金融保险业、技术创新和科技服务业对区域农业经济增长的回归系数则呈现出东部显著高于中部和西部、西部略高于中部的特征。通过上述分析可以发现，各个行业对于农业经济的影响程度，不仅和各地区经济发展水平有关，还和各行业自身特点、各地所处地理位置及相关的政策有关。通常情况下，农村服务业中的新兴服务业（如金融保险业）对区域农业经济增长的影响会随着经济发展水平的提高而逐步增强，而农村服务业中的传统服务业（如交通运输仓储及邮电通信业）的影响力将随着经济发展水平的提高而逐步削弱，从而实现服务业内部结构的升级和优化。

第七章　中国农村服务业对农业现代化的影响

农业现代化是农业发展的必然趋势，农业现代化的含义说法不一，这里综合国内外对农业现代化的解释，将其概括为：以提高农业生产力、增加农民收入、缩小城乡差别为目的，用现代化工业装备农业、现代科技手段改造农业、现代管理方法管理农业、现代服务体系服务农业，实现农业生态化发展、可持续发展①。实现农业现代化的重要手段和途径就是大力发展农村服务业。通过农村服务业的发展，为农业现代化生产提供服务，可以促进农业现代化进程，更快、更好地实现农业现代化目标。农村服务业在多大程度上影响农业现代化，不同经济发展水平地区的农村服务业将如何影响农业现代化发展，本章将深入研究。

---

① 周启红，谢少安，陈万卷. 基于现代农业视角的中国农业服务业研究［J］. 调研世界，2010（2）：30-33.

第一节 农业现代化水平系数测定

为了深入研究农村服务业对农业现代化的影响，首先要了解农业现代化发展水平如何衡量，这就需要在充分了解和把握农业现代化的本质、要求和发展目标的基础上，根据国情和经济发展水平，建立农业现代化评价指标体系，用来衡量中国农业现代化建设的水平，进而研究农村服务业对于农业现代化的影响程度，探寻如何通过发展农村服务业促进农业现代化发展，加快农业生产方式转变[①]。

一、指标选取

在构建农业现代化评价指标体系时要遵循系统性、综合性、导向性、可比性原则，即选取的指标能够综合反映农业现代化水平，指标之间具有内在联系，能够体现农业现代化发展的各个方面；选取指标要能够反映农业现代化发展的本质特征，尽可能地体现农业现代化水平，要把能够反映农业现代化的所有指标考虑在内；选取的指标能够体现历史延续性，反映时代特征，对未来的农业发展具有引导性作用，能够引导农业健康发展；选取的指标既要反映各地的实际情况，又要具有可比性，否则指标体系只适用于个别地区，不具有普适性。

根据以上原则，综合国内外已有的研究成果，参考世界银行、联合国粮农组织、欧美等国家和地区对农业现代化指标的界定，考虑数据的可获得性，采纳各方专家的意见和建议，借鉴"农业现代化评价指标体系构建研究"课题组的研究成果《农业现代化评价指标体系构建研究》，我们建立了5项一级指标和17项二级指标，用这个评价指标体系来测量中国农业现代化发展水平。5个一级指标分别为农业产出指标、农业科技指标、农业设施装备指标、农业经营指标、农业生态指标，每个一级指标下分别有不同的二级指标。

---

① "农业现代化评价指标体系构建研究"课题组. 农业现代化评价指标体系构建研究［J］. 调研世界，2012（7）：41-43.

（一）农业产出指标

农业产出水平是衡量农业现代化水平的根本指标，现代化发展是以农业产出水平较高为根本目标的，农业产出指标作为农业现代化指标体系中重要的组成部分，占有较重要的地位。

1. 农业产出率

它指农林牧渔业在单位农地面积的增加值。中国地域辽阔，但人口众多，人均占有土地稀少，因此单位面积产出率是衡量农业现代化水平的重要指标之一。这里用农林牧渔业在单位农地面积的增加值表示农业产出率，反映不同地区的农业生产能力。计算公式如下：

农业产出率＝农林牧渔业增加值÷单位农地面积×100%

2. 粮食亩产水平

它指播种面积土地上每亩地的粮食产量。中国地域辽阔，但人口众多，人均占有土地稀少，提高粮食的单位耕地面积产量是农业现代化水平的衡量指标之一。计算公式如下：

粮食亩产水平＝粮食总产量÷粮食播种面积×100%

3. 农民人均纯收入

它指农民总收入中去掉家庭经营费用、缴纳税款、固定资产折旧、其他支出外的收入。纯收入不直接表现农业现代化水平，但是农民收入高低直接反映了农业现代化进展情况，而且，收入提高也将促进下一轮农业生产的投入，所以说农民收入情况也在一定程度上反映了农业现代化水平的高低，因此选择农民人均纯收入这项指标。计算公式如下：

$$\text{农民人均纯收入}=\text{总收入}-\text{家庭经营费用支出}-\text{税费支出}-\text{生产用固定资产折旧}-\text{赠送农村外部亲友支出}$$

4. 农业劳动生产率

它指单位产品需要的劳动时间，或者是单位时间内每个劳动者生产的产品数量。农业劳动生产率用来衡量农业劳动生产效率。提高劳动生产率是实现农业现代化的前提。农业生产率的提高，是人类社会中农业以外一切经济部门得以独立化和进一步发展的基础。从个别农业企业看，也是增强企业竞争能力、提高经济效益的重要条件。计算公式如下：

农业劳动生产率=劳动生产总量÷劳动时间×100%

5. 农业投入产出率

这是指农业生产中投入的生产要素总量占总产出的比重。计算公式如下：

农业投入产出率=农业投入（包括土地、劳动等生产要素投入）÷总产值×100%

（二）农业科技指标

农业现代化离不开农业科技，农业科技水平的高低，直接决定了农业现代化发展的进程和发展的质量，先进的农业科技将大大促进农业现代化发展，加快农业现代化发展进程。成果应用转化能力、科技创新能力、科技推广水平能够通过农业科技指标反映。

1. 劳动力素质水平

这是反映农业从业人员素质的指标。农业现代化内涵中强调农业从业人员的素质，就是需要一批掌握现代化农业科技知识的农业从业人员，只有农业劳动力中具有农业科技知识的劳动力比重提高，才能更好地促进农业现代化的实现。计算公式如下：

$$\frac{\text{劳动力}}{\text{素质水平}} = \frac{\text{农业从业人员文化程度在}}{\text{初中以上（含初中）的人数}} \div \frac{\text{农业}}{\text{从业人数}} \times 100\%$$

2. 农业信息服务覆盖率

农业信息化服务是农业现代化的重要内容，信息化将有效地促进农业生产的高效发展，将农产品生产、销售、加工等信息共享，实现有效的沟通，这将实现资源的有效利用、要素的合理配置，将不断促进农业生产效率的提高，加速农业现代化的实现。所以，农业信息服务覆盖率是衡量农业现代化水平的指标之一。计算公式如下：

农业信息服务覆盖率=接受农业信息服务主体数÷农业市场主体总数×100%

（三）农业设施装备指标

1. 单位机械总动力数

农业现代化的重要内容之一就是农业生产设备的现代化，先进的农业生产设备可以大大提高农业效率，提高农业产量。目前用于衡量农业生产设备现代化的一个重要指标是农机动力数，为了比较不同地区的农机动力情况，这里采用单位耕地面积总动力数指标。其计算公式如下：

单位耕地面积总动力数=农机总动力数÷耕地面积

2. 有效灌溉率

这是指在耕地面积中有效灌溉面积所占的比值，反映了某地区土地的抗旱能力。通常，有效灌溉面积应等于灌溉工程或设备已经配备，能够进行正常灌溉的水田和水浇地面积之和。其计算公式如下：

有效灌溉率=有效灌溉面积÷耕地面积×100%

3. 化肥施用量

这是指在生产过程中一年中施用的化肥数量。这里的化肥包括氮肥、磷肥、钾肥和复合肥。这一指标反映了农田耕种的质量高低，也反映了农业实现现代化的程度。

4. 农机化作业服务组织

农机化作业服务组织是为农业机械化耕作服务的专门组织机构，农机化作业可以有效地提高农业耕种效率，减少农业劳动力支出，大大提高农业生产水平。农机化作业服务组织数量反映了农业现代化的装备设施水平。

5. 农业综合机械化水平

该指标包括农业机械装备数量、农业机械化作业情况和农业管理服务情况三个方面，是衡量农业现代化的重要内容。其计算公式如下：

$$农业综合机械化水平 = 1/3 \left(农业机械装备量得分 + 机械化作业得分 + 管理服务水平得分 \right) \times 100\%$$

（四）农业经营指标

中国地域辽阔，但人口众多，农业经营方式的变革是农业现代化的重要目标之一。现代化农业的经营方式，应该不拘泥于原有的单户农民经营方式，而应该不断创新经营模式，家庭农场、农业合作社等新的经营方式将不断促进农业现代化的发展，也成为农业现代化的考察内容之一。将农业进行产业化经营，不仅可以提高农业生产效率，促进农业经济发展，还将改善农业产业结构，不断增加农民收入，促进农业现代化发展。从代表性和可控性角度，选择的农业经营指标主要有以下两个：

1. 农产品加工率

它指农产品加工值在农业生产总值中所占的比重。农业现代化除了生产的现代化外，还包括加工、销售等各个环节的现代化，即建立一个现代化的农业产业链条，使整个生产、加工、销售体系都处在现代化之中，农产品加工现代化不仅增加了农产品附加值，而且将有效促进农业其他环节的现代化。其计算公式如下：

农产品加工率＝农产品加工产值÷农业生产总值×100%

2. 农村服务业就业比重

农村服务业发展是农业现代化发展的手段之一，只有通过大力发展农村服务业，增加农村信息、交通运输、科技、金融保险、教育、医疗等方面的服务，才能促进农业现代化。其计算公式如下：

农村服务业就业比重＝农村服务业就业人员÷农村从业人员×100%

（五）农业生态指标

1. 森林覆盖率

它指某个国家或地区所有土地面积中森林面积占比情况。森林覆盖率不仅反映了某个国家或地区绿化实现程度及森林资源丰富程度，还能反映该国家或地区的生态平衡状况。统计资料显示，森林面积是指包括郁闭度 0.2 以上的乔木林地面积和竹林地面积，国家特别规定的灌木林地面积、农田林网以及四旁（村旁、路旁、水旁、宅旁）林木的覆盖面积。其计算公式如下：

森林覆盖率＝某个国家或地区的森林面积÷某个国家或地区的土地总面积×100%

2. 农业废弃物综合利用率

农产品加工、农业生产、畜禽养殖业等一切农业生产过程中产生的废物、弃物被称为农业废弃物。通过对废弃物的利用可以解决农业污染问题，保护耕地，缓解能源短缺问题，提高空气质量。农业废弃物综合利用对改善农村生活环境、促进农业可持续发展起到了积极作用。这里用"农业废弃物综合利用率"指标反映农业生态状况，也是衡量农业现代化程度的重要指标之一。其计算公式如下：

$$\frac{农业废弃物}{综合利用率} = \frac{农作物秸秆}{综合利用率} \times 30\% + \frac{畜禽规模养殖场}{粪便处理率} \times 20\% + \frac{地膜}{回收率} \times 50\%$$

3. 水土流失治理面积

它是指在山丘水土流失面积上，按照综合治理的原则，采取各种治理措施，如水平梯田、淤地坝、造林种草、封山育林育草（指有造林、种草补植任务的）等，以及按小流域综合治理措施所治理的水土流失面积总和。

二、农业现代化指标目标值及权数的确定

（一）目标值确定

1. 农业产出率

对于农业产出率，需要结合各地的情况，根据科技发展趋势、各地农业用地面积及特征，以近 5 年的平均值为基准，确定全国到 2020 年目标值为 8 000 元。

2. 粮食亩产水平

粮食亩产水平各个地区不同，根据《国家粮食安全中长期规划纲要》，到 2020 年，预计粮食单产水平达 350 千克/亩，考虑未来人口增加等因素，可能对亩产水平要求更高，育种技术革新和水利设施建设可以提高亩产水平，但是未来耕地压力加大，亩产增长量有限，所以将此项目标值确定为 400 千克/亩左右，各省份以 2012 年为基数，按年均递增 1%的幅度确定。

3. 农民人均纯收入

2008 年农民人均纯收入 4 761 元，到 2020 年这一数字将增长一倍，考虑到物价增长，所以按照增长水平 6%，确定此项目标值为 15 000 元。

4. 农业劳动生产率

由于统计年鉴中没有直接的数据能够衡量农业劳动生产率情况，

所以选用《农村统计年鉴》中按人口平均的主要农产品产量来衡量农业劳动生产率这一指标。根据 2011 年数据计算，人均农产品产量为856.01 千克/人，设定此项目标值为 1 000 千克/人。

5. 农业投入产出率

根据 2011 年的数据，计算得出中国农业投入产出率为11.179%，综合考虑未来 10 年随着生产效率的提高，投入产出率应该更小，设定目标值为 7%。

6. 农业劳动力素质水平

由于对农业劳动力的受教育程度没有明确要求，对于农业劳动力中初中以上文化程度的从业人员进行统计，从 2011 年全国的统计数据来看，这一指标为 68%，所以确定目标值为 90%。

7. 农业信息服务覆盖率

对于农业信息服务覆盖率参考黑龙江省 2011 年的覆盖率为50%，根据农业现代化发展的需要和各地的实际情况，确定农业信息服务覆盖率的目标值为 90%。

8. 单位耕地面积总动力数

2011 年全国农业机械总动力为 97 734.7 万千瓦，全国耕地面积为 121 715 900 公顷，所以 2011 年的单位耕地面积总动力数为 8.03千瓦/公顷，随着农业机械化的发展及农业耕地的减少，未来的单位耕地面积总动力指标值会越来越大，所以确定目标值为 15 千瓦/公顷。

9. 有效灌溉率

2011 年全国有效灌溉面积为 61 681 600 公顷，全国耕地总面积121 715 900 公顷，2011 年有效灌溉率为 50.68%，随着农业现代化的发展，有效灌溉面积将逐年增加，而耕地面积将不会有很大的变化，预计到 2020 年，有效灌溉率达到 75%，所以设定此项指标的目标值为 80%。

10. 化肥施用量

根据统计年鉴数据和《中共中央国务院关于推进社会主义新农村

建设的若干意见》精神，化肥施用量目标值确定为 80%。

11. 农机化服务组织

农机化服务组织数量越多、规模越大，说明农业现代化水平越高，根据黑龙江省 2011 年统计数据，确定农机化服务组织目标值为 85。

12. 农业综合机械化水平

《中国农业统计年鉴（2011 年）》显示，2010 年年底，全国农业综合机械化水平为 52.28%，而根据《国务院关于促进农业机械化和农机工业又好又快发展的意见》中提出的"到 2020 年，农机总动力稳定在 12 亿千瓦左右，主要农作物耕种收综合机械化水平达到 65% 的目标"，测算农业机械化水平的其他方面，综合考虑确定中国农业综合机械化水平的目标值为 80%。

13. 农产品加工率

发达国家的农产品加工产值大多为农业产值的 3 倍以上，根据中国农产品加工业和现代农业发展要求，确定农产品加工率目标值为 2∶1。

14. 农村服务业就业比重

农村从业人员中从事服务业的人员的比重越大，说明农业现代化水平越高，农村服务业就业比重的目标值为 70%。

15. 森林覆盖率

根据黑龙江省相关统计数据和《国务院关于加快发展循环经济的若干意见》文件规定，确定森林覆盖率的目标值为 40%。

16. 农业废弃物综合利用率

全国目前还没有此指标的相关数据，结合《国务院关于加快发展循环经济的若干意见》和《中共中央国务院关于推进社会主义新农村建设的若干意见》精神，确定农业废弃物综合利用率的目标值为 90%。

17. 水土流失治理面积

根据《国务院关于加快发展循环经济的若干意见》，水土流失治理面积越大说明农业现代化水平越高，水土流失治理面积目标值定为90公顷。

（二）指标权数确定

为了设定科学合理的指标权数，参考国内外相关资料，运用专家打分法，考虑指标的重要性、信息量等内容，由专家给出各项指标相应的权重，具体见表7-1。

表 7-1　　　　　　农业现代化评价指标权重及目标值

一级指标	二级指标	单位	权重（%）	目标值
一、农业产出指标（32）	1.农业产出率	元/亩	7	8 000
	2.粮食亩产水平	千克/亩	6	400
	3.农民人均纯收入	元	7	15 000
	4.农业劳动生产率	千克/人	6	1 000
	5.农业投入产出率	%	6	7
二、农业科技指标（14）	6.农业劳动力素质水平	%	7	90
	7.农业信息服务覆盖率	%	7	90
三、农业设施装备指标（29）	8.单位耕地面积总动力数	千瓦/公顷	6	15
	9.有效灌溉率	%	6	80
	10.化肥施用量	%	6	80
	11.农机化服务组织	个	5	85
	12.农业综合机械化水平	%	6	80
四、农业经营指标（10）	13.农产品加工率	%	5	200
	14.农村服务业就业比重	%	5	70
五、农业生态指标（15）	15.森林覆盖率	%	5	40
	16.农业废弃物综合利用率	%	5	90
	17.水土流失治理面积	公顷	5	90

三、评价方法及现代化水平系数测算

通过表 7-1，根据各地区的实际情况，可以计算出各个地区的现代化水平系数，计算时以实际值和目标值作比值，乘以相对应的权重，计算得出各项指标得分，将所有指标得分相加得到该地区的现代化水平系数值。根据黑龙江省各指标实际值，可以进行黑龙江地区的现代化水平测算，选取 2012 年的数据，计算得出黑龙江省 2012 年的农业现代化水平为 0.5362，见表 7-2。用同样的方法，根据《中国农业统计年鉴》及各省份农业统计年鉴，运用本指标体系计算 2004—2013 年各省份农业现代化指数，见表 7-3。

表 7-2　　农业现代化指标体系测算表（2012 年黑龙江省）

指标名称	单位	目标值	实现值	权重（%）	得分
1.农业产出率	元/亩	8 000	6 000	7	0.0525
2.粮食亩产水平	千克/亩	400	300	5	0.0375
3.农民人均纯收入	元	15 000	12 000	6	0.048
4.农业劳动生产率	千克/人	1 000	820	7	0.0623
5.农业投入产出率	%	7	60	6	0.0557
6.农业劳动力素质水平	%	90	55	6	0.0514
7.农业信息服务覆盖率	%	90	50	5	0.037
8.单位耕地面积总动力数	千瓦/公顷	15	75	5	0.044
9.有效灌溉率	%	80	70	7	0.0656
10.化肥施用量	%	80	70	6	0.056
11.农机化服务组织	个	85	68	6	0.051
12.农业综合机械化水平	%	80	70	6	0.049
13.农产品加工率	%	200	65	6	0.0487
14.农村服务业就业比重	%	70	50	6	0.05
15.森林覆盖率	%	40	50	6	0.0428
16.农业废弃物综合利用率	%	90	44	5	0.037
17.水土流失治理面积	公顷	90	70	5	0.039

表 7-3　　　2004—2013 年各省份农业现代化水平系数

省份	2004	2005	2006	2007	2008	2009	2010	2011	2012	2013
北　京	0.522	0.533	0.595	0.648	0.737	0.776	0.778	0.783	0.803	0.814
天　津	0.433	0.439	0.534	0.565	0.595	0.537	0.597	0.638	0.640	0.641
河　北	0.338	0.454	0.425	0.487	0.529	0.530	0.549	0.542	0.587	0.603
山　西	0.235	0.265	0.287	0.325	0.371	0.384	0.378	0.401	0.412	0.431
内蒙古	0.305	0.323	0.378	0.397	0.437	0.420	0.442	0.431	0.453	0.462
辽　宁	0.378	0.396	0.436	0.486	0.538	0.524	0.549	0.584	0.602	0.623
吉　林	0.348	0.379	0.403	0.476	0.480	0.487	0.498	0.532	0.576	0.581
黑龙江	0.332	0.371	0.387	0.432	0.469	0.476	0.486	0.503	0.536	0.564
上　海	0.503	0.521	0.548	0.634	0.696	0.696	0.702	0.731	0.783	0.802
江　苏	0.453	0.492	0.475	0.523	0.588	0.590	0.614	0.632	0.654	0.670
浙　江	0.478	0.528	0.561	0.652	0.671	0.689	0.694	0.713	0.724	0.745
安　徽	0.308	0.331	0.387	0.412	0.433	0.453	0.476	0.487	0.502	0.534
福　建	0.442	0.463	0.508	0.586	0.628	0.627	0.648	0.673	0.705	0.728
江　西	0.376	0.399	0.437	0.483	0.503	0.528	0.573	0.592	0.617	0.648
山　东	0.389	0.406	0.438	0.499	0.548	0.537	0.584	0.593	0.614	0.672
河　南	0.302	0.376	0.412	0.475	0.487	0.490	0.512	0.542	0.587	0.593
湖　北	0.312	0.362	0.386	0.432	0.476	0.486	0.504	0.538	0.582	0.591
湖　南	0.342	0.376	0.403	0.467	0.495	0.521	0.543	0.575	0.603	0.624
广　东	0.452	0.476	0.512	0.564	0.570	0.592	0.618	0.632	0.659	0.660
广　西	0.303	0.352	0.376	0.386	0.426	0.431	0.462	0.471	0.492	0.574
海　南	0.314	0.328	0.369	0.391	0.411	0.421	0.439	0.472	0.483	0.491
重　庆	0.298	0.327	0.371	0.394	0.402	0.427	0.438	0.441	0.482	0.492
四　川	0.301	0.342	0.368	0.389	0.424	0.427	0.453	0.461	0.482	0.498
贵　州	0.207	0.231	0.257	0.283	0.315	0.327	0.364	0.381	0.392	0.421
云　南	0.267	0.283	0.302	0.366	0.390	0.394	0.417	0.426	0.438	0.478
西　藏	0.206	0.248	0.263	0.292	0.339	0.341	0.358	0.362	0.381	0.396
陕　西	0.267	0.283	0.324	0.397	0.401	0.405	0.421	0.458	0.469	0.473
甘　肃	0.201	0.227	0.274	0.293	0.326	0.331	0.347	0.361	0.372	0.382
青　海	0.216	0.237	0.261	0.312	0.354	0.372	0.361	0.386	0.395	0.401
宁　夏	0.227	0.251	0.296	0.354	0.372	0.383	0.397	0.411	0.421	0.438
新　疆	0.241	0.253	0.281	0.369	0.412	0.413	0.423	0.457	0.482	0.494

第二节 农村服务业对农业现代化影响的实证分析

一、模型说明及数据来源

$$\text{mod}_{it} = A + \beta_1 \text{trf}_{it} + \beta_2 \text{inf}_{it} + \beta_3 \text{wrl}_{it} + \beta_4 \text{fin}_{it} + \beta_5 \text{tec}_{it} + \beta_6 \text{wat}_{it} + \varepsilon_{it}$$

模型中用 mod 表示农业现代化水平，是被解释变量。解释变量包括交通运输仓储及邮电通信服务指标，用 trf 表示；农业信息服务指标，用 inf 表示；农产品营销服务指标，用 wrl 表示；农村金融保险服务指标，用 fin 表示；农业科技服务指标，用 tec 表示；农村水利环境和公共设施服务指标，用 wat 表示。ε 是随机干扰项。各变量的下角标 i 表示不同的地区（i=1，2，…，30），下角标 t 表示不同的年份（t=2001，2002，…，2014）。β_1、β_2、β_3、β_4、β_5、β_6 分别是交通运输仓储及邮电通信服务、农业信息服务、农产品营销服务、农村金融保险服务、农业科技服务及农村水利环境和公共设施服务对农业现代化的影响系数。这里选取 2004—2013 年的样本，选取的样本数据来源于各年的《中国农村统计年鉴》，由于统计年鉴中没有西藏的数据，所以选取 30 个省份的相关数据进行分析。农业现代化水平的数据来自于上一节中的表 7-3，交通运输仓储及邮电通信服务、农业信息服务、农产品营销服务、农村金融保险服务、农业科技服务及农村水利环境和公共设施建设服务的数据分别用统计年鉴中农村固定资产投资投向交通运输仓储及邮电通信业，信息传输计算机及软件业，批发和零售业，农村金融保险业，科学研究、技术服务和地质勘查业，以及水利环境和公共设施管理业的数据作为替代变量进行研究。

二、单位根及协整检验

（一）单位根检验

为检验变量是否平稳，避免伪回归，先进行单位根检验。采用国际上通用的 LLC 检验、Fisher-ADF 检验，选择包含数据项和截距项。关于滞后阶数，根据施瓦茨原则（SC）确定其为滞后1阶。检验结果见表7-4。两种检验方法均表明各变量在经过一阶差分后单整，为一阶单整序列。

表7-4   模型单位根检验结果

变量	Levin，Lin & Chu t*	ADF-Fisher Chi-square	平稳性
mod	0.4873	1.0000	不平稳
△mod	0.0000	0.0000	平稳
Trf	0.5708	1.0000	不平稳
△trf	0.0000	0.0010	平稳
Inf	0.1240	0.4248	不平稳
△inf	0.003	0.015	平稳
wrl	0.0009	0.4711	不平稳
△wrl	0.0000	0.0000	平稳
fin	0.0083	0.4216	不平稳
△fin	0.0000	0.0005	平稳
tec	0.0000	0.4501	不平稳
△tec	0.0000	0.0000	平稳
wat	0.1438	1.0000	不平稳
△wat	0.0003	0.0158	平稳

注：△为一次差分。

（二）协整检验

表7-4表明，各序列变量为一阶单整，接下来进行协整检验，检验结果见表7-5。

表 7-5 面板数据模型的协整检验

组内检验统计量	伴随概率	组间检验统计量	伴随概率
Panel v-stat	0.000	Group ρ-stat	0.022
Panel ρ-stat	0.046	Group PP-stat	0.283
Panel PP-stat	0.012	Group ADF-stat	0.044
Panel ADF-stat	0.011		

表 7-5 结果表明，除了 Group PP-stat 检验接受原假设外，其余检验均拒绝"不存在协整关系"的原假设。综合考虑，认为面板变量存在协整关系，可以进行回归分析。

三、实证结果

根据表 7-6 可知，调整后的 R^2 为 0.927，F 值为 49.25，说明模型拟合较好。在对农业现代化的影响中，农产品营销服务的系数不显著，而交通运输仓储及邮电通信服务、农业信息服务、农村金融保险服务、农业科技服务及农村水利环境和公共设施服务对农业现代化的影响均显著。其中，交通运输仓储及邮电通信服务和农业科技服务对农业现代化的影响系数最大，农业信息服务、农村金融保险服务及农村水利环境和公共设施服务对农业现代化的影响系数相当。这些农村服务业对农业现代化均能起到较好的促进作用。中国交通运输及邮电通信业的发展可以促进农业物流、农业仓储业的发展，可以提高农业现代化水平，农业科技服务的发展，将大大促进科技在农业中的运用，使农业现代化水平得以快速提高。农业信息服务、农村金融保险服务及农村水利环境和公共设施服务都是农业现代化发展中至关重要的环节，为农业现代化提速。

表 7-6 模型面板数据回归结果

变量	回归系数	T检验值	P值
A	1.6365***	8.6355	0.0000
trf	2.3658***	3.4674	0.0001
inf	1.2030***	3.0346	0.0015
wrl	0.6465	0.3628	0.5837
fin	1.1025**	2.2832	0.0326
tec	2.1530***	5.6734	0.0000
wat	1.0320**	2.0581	0.0412
R^2	0.927		
F值	49.25		

注：*表示 10%显著性水平上显著，**表示 5%显著性水平上显著，***表示 1%显著性水平上显著，使用统计计量软件 Eviews7.0 完成。

四、结论及建议

本节分析了农村服务业对农业现代化的影响情况，因为农业现代化主要是农业生产的现代化，所以在农村服务业选取的时候主要选择了农业生产性服务业。在农业生产性服务业选取中，主要选择了对农业生产有较大影响的交通运输仓储及邮电通信服务、农业信息服务、农产品营销服务、农村金融保险服务、农业科技服务及农村水利环境和公共设施服务。通过实证分析可知，农村服务业对农业现代化发展具有重要的支撑作用。从长期来看，交通运输仓储及邮电通信服务和农业科技服务对农业现代化的影响系数最大，农业信息服务、农村金融保险服务及农村水利环境和公共设施服务对农业现代化的影响系数相当，而农产品营销服务对农业现代化的影响不显著。从短期来看，交通运输仓储及邮电通信服务和农业科技服务对农业现代化有积极影响，可能是由于目前农业生产在运输、仓储上问题较为严重，短期内如果得到改善将大大提高农业生产效率，促进农业现代化发展水平提高。另外，农业生产中对于信息的需求是极高的，要求信息准确及时，所以短期内信息服务的支持有利于农业现代化的发展。

通过上述实证研究和结果分析，我们可以发现在农业现代化进程中，农村服务业起到巨大的推动作用，两者之间是互相促进的关系。通过发展农村服务业，特别是生产性服务业，将有助于加速中国农业现代化的发展。为了更好地实现农业现代化，加速中国农业现代化步伐，可以从以下几方面着手发展相关的农村服务业：

（一）发展农村交通运输业，加强农村物流体系建设

通过实证分析可知，无论长期还是短期，农村交通运输仓储及邮电通信业对农业现代化都有较明显的促进作用。可能是由于农业生产在运输、仓储上问题较为严重，短期内如果得到改善将大大提高农业生产效率，促进农业现代化发展水平提高。而从长期看，交通运输仓储是农业发展的基础，无论是农业生产还是农产品销售都与此密切相关，所以物流业发展将大大提高农产品运输、仓储的效率，物流设施的完善将有效提高农业生产效率。所以，为了促进农业现代化发展，需要加强农村基础交通设施的建设，根据生产需要，构建完善的产品流通渠道和物流体系。这将大大提高农业生产效率，改善农业生产环境，有效提高农业现代化水平。

（二）发展农村科技服务体系，加强农业科技推广力量

通过实证分析可知，短期内，农业科技服务对于农业现代化影响不明显，但是长期来看对于农业现代化的影响较大。农业科技服务将新的技术、新的生产方法、新的管理方法运用到农业生产中，将大大提高农业生产效率，改善农业经营方式，恰恰符合了农业现代化的内涵和要求。各级政府应该根据各地农业生产的情况建立符合当地实际情况的农业科技推广服务体系，农业科研机构、科研院所不断创新农业生产技术、农业经营模式、农业管理方法，将新的技术、模式、方法向广大农村地区推广，通过农业科技服务，不断促进农业现代化的发展。

（三）发展农村金融保险业务，加强金融服务支持力度

通过实证分析可知，短期来看，金融保险业对于农业现代化的影响不明显，但是长期来看，发展农村金融保险业将促进农业现代化的发展。因为金融保险业的发展将为农业生产融资提供便利，由于农业生产受自然因素的影响，存在诸多不确定性，而农业保险将大大降低这种不确定性带来的风险，这也将保证农业现代化的发展。所以，各地应该开展多种形式的农村金融保险业务。银行等相关机构为农业生产提供资金融通渠道，为农业生产、加工、销售各环节在资金方面提供服务，扩大存贷款种类。另外，在农业保险上也要开展针对不同风险的各类农业险种，以保障灾害发生时的风险转移，从而保障农业现代化有序发展。

（四）发展农村信息服务体系，增强信息服务手段

通过实证分析可知，短期内，信息服务业对农业现代化具有较显著的促进作用。因为农业生产中对信息的需求是较高的，而且要求信息及时、准确，所以，当信息服务加强时，农业现代化水平就有所提高。各级政府应该加强农业信息服务体系的建设，建立信息服务平台，将农业生产的相关信息及时发布，使产、供、销各级农业参与者及时掌握相关信息。充分组织家庭农场主、农业合作社、农业生产大户等各类经营主体参与农业信息服务，将所有主体的信息集中起来，通过信息共享使所有参与者都从中受益。在农业现代化进程中，利用互联网技术、云技术等新的技术，实现农业信息服务的有效开展。

综上，我们对本章小结如下：

本章主要考察了农村服务业对农业现代化的影响。首先，综合国内外已有的研究成果，参考了世界银行、联合国粮农组织、欧美等国家和地区对农业现代化指标的界定，考虑数据的可获得性，采纳各方专家的意见和建议，借鉴了"农业现代化评价指标体系构建研究"课题组的研究成果《农业现代化评价指标体系构建研究》，建立了包括农业产出指标、农业科技指标、农业设施装备指标、农业经营指标、农业生态指标在内的 5 项一级指标和 17 项二级指标，并对中国农业

现代化发展水平进行了测度。其次，在中国农业现代化发展水平测评的基础上，通过构建计量模型，实证研究了包括交通运输仓储及邮电通信服务、农业信息服务、农产品营销服务、农村金融保险服务、农业科技服务及农村水利环境和公共设施服务等在内的农村服务业对农业现代化的影响。最后，在实证结论的基础上，提出了相应的对策。

第八章　中国农村服务业发展对农村就业的影响

　　就业水平是衡量一个国家经济发展情况的重要指标之一，已经越来越受到国家和地方政府的重视，扩大就业、促进再就业不仅关系到人民生活水平的提高，而且关系到国家的稳定发展，是当前急需解决的社会问题，扩大就业、促进再就业的根本出路在于发展经济，经济发展将有效带动就业、促进再就业。根据"配第-克拉克定理"，当经济发展到一定程度、居民收入水平提高到一定程度时，就业劳动力将发生产业间转移，即从第一产业转向第二产业。随着经济发展、居民收入提高，服务业吸纳就业能力将逐渐超过第一、第二产业，服务业将成为解决就业问题的最主要的产业。由此可见，通过发展服务业可以有效解决就业问题。随着经济的发展，工业化、现代化推动了服务业的发展，区别于城市服务业，农村服务业在解决农业剩余劳动力和农村人口就业问题方面作用凸显。农村服务业作为现代服务业的重要组成部分，贯穿于农业生产和农民生活的全部过程。农村服务业是衡量农村社会经济发达程度的重要指标，发展农村服务业是推进农村经济结构调整、改变农村经济增长方式、促进农村劳动力就业的重要途径。

第一节　农村服务业发展促进农村就业的作用机理

一、直接就业效应

随着生活水平不断提高、收入不断增加，农村居民同城市居民一样对于物质需求逐渐减少，而对娱乐、文化等服务业的需求逐渐提高。农村服务业的快速发展，需要投入更多的人力，必然会吸纳相关行业的从业人员，从而带动就业的增长，而农村劳动力必然成为服务业快速发展的受益者，无论是生产性服务业、生活性服务业还是公共服务业，其服务的对象主要是广大农民，服务的场所多在广大的农村地区，而此时，农村劳动力就成为各个行业从业的最佳人选。农村服务业的发展，将为农民提供较多的工作岗位，一方面服务业中一般岗位对知识水平、技能水平要求较低，可以减少企业的培训成本；另一方面由于工作地点一般在农村地区，当地的农民也可减少寻工成本，所以发展农村服务业将大大提高当地农民的就业水平。农村服务业的发展，不仅解决了农村劳动力就业问题，而且改变了农村劳动力就业结构。比如，随着移动通信设备在农村的普及，需要更多的通信从业人员从事相关工作，所以如移动充值、手机及手机卡售卖等行业就需要大量的从业人员，这无疑为农村劳动力提供了大量的工作岗位。

二、带动就业效应

农村服务业发展初期是直接影响自身行业的就业人数增加，随着农村服务业的深入发展，服务业的带动效应凸显。服务业的发展，会带动与之相关的其他行业的发展，随之带动其他行业的就业人数增加，这就是农村服务业吸纳农村劳动力就业的带动效应。比如农村旅游业发展，除了能带动旅游行业从业人员增加以外，还能使相关的交通运输业、农业、畜牧养殖业、种植业等相关的行业发展，从而吸纳一部分农村劳动力就业。

另外，随着新兴农村服务业的发展，带动就业效应不仅仅体现为增加就业人数，也将提高就业人员素质。传统服务业多属于劳动密集型产业，对从业人员要求较低，而金融、科技信息、计算机软件服务等现代服务业则多为知识密集型产业，对于从业者要求较高，而随着农村服务业的发展，必然需要更多高素质的从业者，所以发展农村服务业对劳动力的需求将由数量转向质量方面。

第二节　农村服务业发展促进农村就业的实证分析

农村服务业包括生产性服务业和生活性服务业，农业生产性服务业贯穿于农业生产的前期、中期、后期各环节，是指为农业生产企业和其他经济组织提供农业物资供应服务、农场劳动服务、新技术推广和应用服务、金融保险服务、咨询服务、物流销售服务等各种中间服务的行业。生活性服务业包括与农村居民生活相关的教育、医疗、通信、运输、批发和零售、金融保险、租赁与商务服务等行业。基于此，沿袭前面章节对农村服务业的界定，农村服务业包括以下行业：交通运输、仓储和邮政业，信息传输、计算机服务和软件业，批发和零售业，住宿和餐饮业，金融业，房地产业，租赁和商务服务业，科学研究、技术服务和地质勘查业，水利、环境和公共设施管理业，居民服务和其他服务业，教育业，卫生、社会保障和社会福利业，文化、体育和娱乐业，公共管理和社会组织。

一、数据模型及变量界定

这里用各省份农村就业人数作为衡量农村就业水平的指标，用农村固定资产投向服务业的数值来表示农村服务业水平，这里的服务业包括：交通运输仓储和邮政业、信息传输计算机服务和软件业、批发和零售业、住宿和餐饮业、金融业、房地产业、租赁和商务服务业、科学研究技术服务和地质勘查业、水利环境和公共设施管理业。将农村服务业作为农村就业的解释变量，对所有变量取对数，计量模型如下：

$$\ln emp_{it} = A + \beta_1 \ln ser_{it} + \varepsilon_{it}$$

引入 dum1 和 dum3 作为虚拟变量，分析东部、中部、西部地区农村服务业对于农村就业的影响情况，构建新的模型如下：

$$\ln emp_{it} = A + \beta_1 \ln ser_{it} + \beta_2 \ln ser_{it} dum1 + \beta_3 \ln ser_{it} dum3 + \varepsilon_{it}$$

模型中的 i 表示第 i 个省、自治区或直辖市，t 表示年份，各变量界定如下：

emp_{it} 表示第 i 个省份在第 t 年的农村就业人数，用来衡量某一地区的农业就业水平，是被解释变量。

ser_{it} 表示第 i 个省份在第 t 年的农村服务业水平，该变量的系数反映了农村服务业对农村就业的影响程度，系数越大，说明农村服务业对农村就业的影响越大，这里用农村固定资产投向服务业的数值来表示农村服务业水平。

dum1 与 dum3 为虚拟变量，如果 i 省份属于东部地区，dum1 的值记为 1，如果 i 省份属于西部或中部地区则记为 0；如果 i 省份属于西部地区，dum3 的值记为 1，如果 i 省份属于东部或中部地区则记为 0。通过虚拟变量的引入，可以较好地分析比较农村服务业对农村就业的影响在不同区域间的差异。

ε_{it} 是随机干扰项，代表所有其他影响农村就业的因素。β_1、β_2、β_3 表示各解释变量的系数，反映了解释变量与被解释变量之间的关系程度。

二、数据来源

按照上一章，我们将 30 个省份按照经济发展水平分为东部、中部和西部地区。选取 2004—2013 年 30 个省、自治区、直辖市的面板数据，所有数据均来自 2005—2014 年的《中国统计年鉴》、《中国区域经济统计年鉴》及《中国农村统计年鉴》，因为个别省、自治区及直辖市的数据较难收集，还参考了部分省份的统计年鉴。研究中为了消除量纲的影响，以 2004 年为基期，对所有面板数据进行平减处理。

三、全样本分析

（一）描述性统计

这里仍然采用面板数据模型分析的方法来研究中国农村服务业对农村就业的影响效应及区域性差异。表 8-1 是各变量的描述性统计分析结果，通过结果可以看出实证分析涉及样本量为 300 个，其中农村就业水平对数的均值为 4.3，最小值为 2.11，最大值为 8.23；农村服务业对数的均值为 3.5，最小值为 1.35，最大值为 7.32。通过各变量均值、中位数、最大值、最小值可以看出变量的分布特征，最大值与最小值间差距较大，表明不同地区间的经济发展水平存在差距，所处经济发展阶段不同。中国各省份间农业经济发展不平衡，差异突出，所以适合做实证分析。各地区间由于经济总量、人口特征、政府服务、交通设施、法律法规建设等方面的原因导致农业经济发展水平差异较大。

表 8-1　　　　　　　　　各变量的描述性统计

变量	mean	median	maximum	minimum	Std. Dev.
lnemp	4.3	5.2	8.23	2.11	1.27
lnser	3.5	4.39	7.32	1.35	0.67

（二）单位根和协整检验

为检验变量是否平稳，避免虚假回归，先进行单位根检验和协整检验。采用国际上通用的 LLC 检验、Fisher-ADF 检验和 IPS 检验，选择包含数据项和截距项。关于滞后阶数，根据施瓦茨原则（SC）确定其为滞后 1 阶。检验结果见表 8-2。

表 8-2   单位根检验结果

变量	LLC检验	Fisher-ADF检验	IPS检验
lnemp	0.029	0.068	0.045
Δlnemp	0.025	0.035	0.000
lnser	0.238	0.200	0.315
Δlnser	0.002	0.032	0.065

通过表 8-2 可以看出，三种检验方法中各变量的伴随概率都大于 5%，存在单位根，因此变量是非平稳的。各变量伴随概率在经过一阶差分后均小于 10%，就是说在 10% 的显著性水平差分后的变量为平稳变量，不存在单位根，因此可以说各变量为一阶单整。接下来需要讨论变量之间的协整关系，采用 Pedroni 方法进行 7 组检验，结果见表 8-3。

表 8-3   面板数据模型的协整检验

组内检验统计量	伴随概率	组间检验统计量	伴随概率
Panel v-stat	0.032	Group ρ-stat	0.047
Panel ρ-stat	0.026	Group PP-stat	0.043
Panel PP-stat	0.375	Group ADF-stat	0.044
Panel ADF-stat	0.026		

由表 8-3 看出，除了 Panel PP-stat 统计量的伴随概率为 0.375，概率值较大外，其余检验值都小于 0.05，所以除了 Group PP-stat 统计量检验接受原假设，变量之间不存在协整关系外，其余检验都可以认为变量之间是协整的，存在协整关系。

（三）实证结果

为了分析农村服务业对于农村就业的影响，运用面板数据进行分析，如表 8-4 所示。对于面板数据模型的选择，依然运用固定效应模型和随机效应模型进行分析。从表 8-4 中可以看出在固定效应模型和随机效应模型下全国整体范围内农村服务业与农村就业关系的实証检验结果，根据霍斯曼（Hausman）检验结果，判断固定效应和随机效应两种方法所得的系数是否存在显著性差异。根据检验结果可知，拒绝虚拟假设，显著性水平为 1%时采用固定效应模型分析。固定效应模型的 R^2 为 0.928，可以看出模型的拟合优度较好。

表 8-4　　　　　**全国范围内农村服务业对农村就业的影响**

解释变量	固定效应	随机效应
lnser	0.213***	0.127***
	（7.273）	（9.273）
Hausman 检验（P 值）	57.60	
	（0.0000）	
R^2	0.928	0.907

注：***表示 1%显著性水平上显著，使用统计计量软件 EviewS7.0 完成。

根据 Hausman 检验的结论，固定效应模型系数较理想，所以选用固定效应模型分析。从表 8-4 给出的结果看，农村服务业发展对农村就业的影响显著，农村服务业对农村就业的影响系数为 0.213，农村服务业每增加 1 个百分点，农村就业水平就增长 0.213 个百分点，显著性水平为 1%。

四、分区域分析

表 8-5 给出的检验结果是通过引入虚拟变量，以中部地区农村服务业对农村就业的影响为标准，分别分析东部与中部地区、西部与中部地区间农村服务业对农村就业影响的差异情况。结果显示，农村服务业对农村就业的影响情况，在中部地区影响系数为 0.227，东部地区与中部地区之间此项系数的差异为 0.113，显著性水平为 5%，而西部地区与中部地区之间此项系数的差异为 -0.012，但关系不显著。通过以上分析可以看出，东、中、西部地区农村服务业对农村就业的影响存在差异，中、西部地区农村服务业对农村就业的影响明显低于东部地区，而西部地区农村服务业对农村就业的影响略低于中部地区，中、西部地区之间差异不大。

表 8-5　　农村服务业对农村就业影响的区域性差异检验结果

解释变量	（1）lnGDP	（2）lnGDP
lnser	0.321***	0.227***
	（7.26）	（5.36）
lnserdum1		0.113**
		（3.32）
lnserdum3		−0.012
		（−0.12）
R²	0.812	0.843
F 值	258.9	283.3

注：*表示 10%显著性水平上显著，**表示 5%显著性水平上显著，***表示 1%显著性水平上显著，使用统计计量软件 EVIEWS7.0 完成。

为了分析不同地区农村服务业对农村就业的影响程度，分别采用东、中、西部地区的面板数据进行实证分析，分析结果见表 8-6。

表 8-6　　东、中、西部地区农村服务业对农村就业影响的实证结果

解释变量	东部地区 lnGDP	中部地区 lnGDP	西部地区 lnGDP
lnser	0.197***	0.287***	0.253***
	（6.22）	（6.28）	（3.28）
R²	0.836	0.863	0.891
F 值	223.17	279.32	258.37

注：括号内为 t 统计量，*表示 10%显著性水平上显著，**表示 5%显著性水平上显著，***表示 1%显著性水平上显著，使用统计计量软件 Eviews7.0 完成。

根据分析结果可以看出，不同的区域中农村服务业对农村就业影响程度不同。东部、中部、西部三个地区农村服务业对农村就业的系数分别为 0.197、0.287、0.253，显著性水平为 1%，可见中部地区农村服务业对农村就业增长影响最大，其次是西部地区，最差是东部地区，中、西部地区差异不大，区别不明显，这与东、中、西部地区经济发展状况不一致。中国东部地区的经济发展水平最高，中、西部地区经济发展较落后，但是东部地区的服务业对于农村就业的带动作用

不如中、西部地区，这可能与各地区农村服务业发展类型不同有关。中国东部地区经济发展水平较高，农村服务业多以技术密集型、资本密集型产业为主，中、西部地区经济发展相对落后，农村服务业还是以传统的劳动密集型服务业为主，所以东部地区农村服务业发展水平越高，其技术、资本投入越大，而对劳动的需求越小，所以带动就业作用不明显，而中、西部地区农村服务业发展越快，对劳动力需求越多，则能够较大程度地带动农村就业。

五、结论及建议

通过以上的分析可以发现，从全国角度来看，中国农村服务业对促进农村就业有着积极的作用。从不同区域来看，其影响程度在东、中、西部地区存在着明显的差异，主要表现为经济发达的东部地区农村服务业对农村就业的促进作用不如中部和西部地区，而中部和西部地区之间的差别较小。这主要是与中国不同地区的农村服务业主要类型有关系，东部地区农村服务业主要以技术、资本密集型产业为主，中、西部地区主要以劳动密集型产业为主。所以，东部地区服务业发展不但不能提高农村就业水平，反而由于技术创新等因素使得农村服务业发展对劳动力的吸收能力减弱，因为技术创新和科技进步会增加科技含量而减少对劳动力的使用，而中、西部地区因为服务业类型的关系对劳动力需求较高，随着相关产业的不断发展，对于劳动力的需求将进一步加大，因此不同地区农村服务业对农村就业的影响呈现出不同的情况。

农村服务业的发展对农村就业的促进作用与各个地区所处的经济发展阶段密切相关。中国中、西部地区经济发展水平普遍落后于东部地区，处于经济有待发展阶段。中国中部和西部地区处于工业化的中期，农村服务业的发展相对落后，通过发展农村服务业将大大带动当地农民的就业。东部地区因为农村服务业发展相对较完备，所以在促进就业方面作用力不强，而欠发达的中、西部地区，发展农村服务业将有效解决当地农民的就业问题。因此，当区域经济发展到一定程度、达到一定水平时，农村服务业在促进农村就业中的作用将受到限制，而在经济发展水平较低的地区，农村服务业促进农村就业的作用才能得到更好的发挥。

通过发展农村服务业，加强农村服务业对就业的带动作用，就要促进农业与服务业的发展与融合。根据各个地区不同的发展特点、发展现状，制定符合农村服务业发展和促进农民就业的相关政策，充分发挥农村服务业对农村就业的作用。东部地区凭借已有的区位、资源等优势继续做大、做强农村服务业，以提高农村服务业促进就业的作用。对于中、西部地区，政府应该加大对农村服务业的投入，加强对农业科技服务、农业信息服务、农业金融服务等行业的扶持，以增强农村服务业对农民就业的促进作用，通过发展农村服务业，带动当地农民就业，解决农民的就业、再就业问题。

第三节　农村服务业促进农村就业的分行业分析

从上一节的分析可以看出，中国农村服务业对农村就业的影响在不同区域、不同经济发展水平下呈现差异性。中部地区农村服务业对农村就业的促进作用高于东部和西部地区。农村服务业是由诸多细分行业构成的整体，其主要包括交通运输仓储及邮电通信业、信息传输计算机服务和软件业、批发零售及餐饮业、金融业、房地产业、租赁和商务服务业、科学研究技术服务和地质勘查业、水利环境和公共设施管理业。在经济发展水平的不同阶段，农村服务业内部细分行业对农村就业的影响程度是不同的，不同行业对农村就业的影响机理也是不一样的。本节从农村服务业内部细分行业出发，对不同行业对农村就业的影响情况进行分析，比较不同地区间不同行业对农村就业的影响情况，希望通过此部分分析能对区域经济发展提供参考。

一、数据模型及变量界定

根据前面章节对农村服务业的界定，这里我们要考察农村服务业对农村就业的促进作用，选择有代表性的农业生产性服务业、农村生活服务业和农村公共服务业，分别考察其对农村就业的影响情况。从数据的可得性角度，选取交通运输仓储及邮电通信业、批发零售及餐饮业和其他行业分别代表农村生产性服务业、农村生活服务业和农村公共服务业。在农村经济良好的发展势头下，中国农村服务业也得到了较好的发展。交通运输仓储及邮电通信业发展较好，无论是从总量上还是从各地区的发展来看，发展均稳中有升。批发零售及餐饮业在各地区发展呈现不均衡态势，东部地区发展明显比中、西部地区好，而中部地区略好于西部地区。同时，新兴服务业也逐渐发展起来，并呈现出上升势头。

通过前一节的分析，在总体样本中，农村服务业对农村就业有积极的促进作用，而在不同地区呈现出不同的情况。中部地区农村服务业对农民就业的促进作用最明显，西部地区次之，而东部地区的促进作用较差。通常来讲，经济发展水平会影响农村服务业的发展，也会在农村服务业促进就业、吸纳就业方面产生影响。这里将各省份农村固定资产投向交通运输仓储及邮电通信业资金作为农村生产性服务业水平，农村固定资产投向批发零售及餐饮业资金作为农村生活性服务业水平，农村固定资产投向其他行业资金作为农村公共服务业水平，农业人口中从事交通运输仓储及邮电通信业人数作为农村生产性服务业的人数，从事批发零售及餐饮业人数作为农村生活性服务业的人数，从事其他行业人数作为农村公共服务业的人数。为了使趋势线性化，分别对相关变量取对数，计量模型如下：

$$\ln emp1_{it} = A + \beta_1 \ln trf_{it} + \varepsilon_{it} \tag{8-1}$$

$$\ln emp2_{it} = A + \beta_2 \ln lod_{it} + \varepsilon_{it} \tag{8-2}$$

$$\ln emp3f_{it} = A + \beta_3 \ln oth_{it} + \varepsilon_{it} \tag{8-3}$$

要考察不同经济发展水平下农村服务业内部细分行业对农业经济增长的影响，引入虚拟变量 dum1 和 dum3 对东部、中部、西部地区进行界定，构建如下计量模型：

$$\ln emp1_{it} = A + \beta_1 \ln trf_{it} + \beta_2 \ln trf_{it}dum1 + \beta_3 \ln trf_{it}dum3 + \varepsilon_{it} \qquad (8-4)$$

$$\ln emp2_{it} = A + \beta_4 \ln lod_{it} + \beta_5 \ln lod_{it}dum1 + \beta_6 \ln lod_{it}dum3 + \varepsilon_{it} \qquad (8-5)$$

$$\ln emp3_{it} = A + \beta_7 \ln oth_{it} + \beta_8 \ln oth_{it}dum1 + \beta_9 \ln oth_{it}dum3 + \varepsilon_{it} \qquad (8-6)$$

模型中的 i 表示第 i 个省、自治区或直辖市，t 表示年份，各变量界定如下：

trf_{it} 表示第 i 个省份在第 t 年的农村服务业中交通运输仓储及邮电通信业的水平，用来反映某一地区交通运输仓储及邮电通信业的发展情况，这里用农村固定资产投资投向交通运输仓储及邮电通信业的资金作为代理变量。

lod_{it} 表示第 i 个省份在第 t 年的批发零售业的水平，表明某地区商业贸易服务的发展情况，用农村固定资产投向批发和零售业资金作为代理变量。

$emp1_{it}$ 表示第 i 个省份在第 t 年的农村就业人员中交通运输仓储及邮电通信业从业人员水平。

$emp2_{it}$ 表示第 i 个省份在第 t 年的农村就业人员中批发零售及餐饮业从业人员水平。

$emp3_{it}$ 表示第 i 个省份在第 t 年的农村就业人员中其他行业从业人员水平，这里主要包括科学研究技术服务和地质勘查、水利环境和公共设施管理等公共服务行业。

dum1 与 dum3 为虚拟变量。如果 i 省份属于东部地区，dum1 的值记为 1，如果 i 省份属于西部或中部地区则记为 0；如果 i 省份属于西部地区，dum3 的值记为 1，如果 i 省份属于东部或中部地区则记为 0。通过虚拟变量的引入，可以较好地分析比较农村服务业内部不同行业对农村就业的影响在不同区域间的差异。

ε_{it} 是随机干扰项，表示所有其他影响农村就业的因素。β_1、β_2、…、β_8、β_9 表示各解释变量的系数，反映了解释变量与被解释变量之间的关系程度。

二、数据来源

根据研究的需要，选取 2004—2013 年中国 30 个省、自治区、直辖市的面板数据（不含西藏和港澳台地区），所有数据均来自 2005—2014 年的《中国统计年鉴》、《中国区域经济统计年鉴》及《中国农村统计年鉴》，因为个别省、自治区及直辖市的数据较难收集，还参考了部分省份的统计年鉴。另外，本节的分析是在第二节分析的基础上将农村服务业细分，考虑农村服务业中农村生活服务业对农村就业的影响较小，所以主要考虑农业生产性服务业。研究中为了消除量纲的影响，以 2004 年为基期，对所有面板数据进行平减处理。

根据对农村服务业内涵与范围的界定，以及研究中涉及农村就业数据的收集问题，所以此部分分析的农村服务业主要包括交通运输仓储及邮电通信业、批发零售餐饮业及其他服务业。因为统计年鉴中并没有关于农村服务业细分行业的产值数据，所以这里的实证分析部分分别用各地区农村固定资产投资投向交通运输仓储及邮电通信业、批发零售及餐饮业和其他服务业的资金来表示各个地区各行业的发展水平。2011 年以来的《中国农村统计年鉴》中"农村固定资产投资投向各行业"的统计中，只有"农业、制造业、建筑业、交通运输仓储和邮政业、房地产业、居民服务和其他服务业"六个行业的数据，这不能满足我们对农村服务业细分行业的要求，所以综合参考了各个省份的统计年鉴及《中国区域经济统计年鉴》，整理得出相关数据。

三、全样本分析

（一）描述性统计

此部分主要分析农村服务业内部各细分行业对农村就业的影响情况。分析仍然采用面板数据，选取中国 30 个省、自治区、直辖市（不含西藏及港澳台地区）2004—2013 年的数据进行实证分析。表8-7 展示了各变量的描述性统计的结果。

表 8-7 各变量的描述性统计

变量	mean	median	maximum	minimum	Std. Dev.
lnemp1	4.27	5.18	8.39	2.34	1.07
lnemp2	4.39	5.21	8.63	2.21	1.27
lnemp3	4.23	5.19	8.48	2.31	1.04
lntrf	4.84	5.2	6.34	3.21	0.93
lnlod	3.28	4.65	6.98	2.65	1.03
lnoth	3.84	3.98	6.58	1.23	1.21

由表 8-7 可以看出，本部分实证分析共涉及 300 个样本量，其中交通运输仓储及邮电通信业对数的最大值为 6.34，最小值为 3.21，其均值为 4.84。其他服务业对数的最大值为 6.58，最小值为 1.23，其均值为 3.84。批发零售和商务服务业对数的最大值为 6.98，最小值为 2.65，其均值为 3.28。交通运输仓储及邮电通信业从业人员对数的最大值为 8.39，最小值为 2.34，其均值为 4.27。其他服务业从业人数对数的最大值为 8.48，最小值为 2.31，其均值为 4.23。批发零售和商务服务业从业人数对数的最大值为 8.63，最小值为 2.21，其均值为 4.39。从以上统计数据来看，各变量的最大值与最小值之间差距较大，表明中国不同省份之间在农村服务业发展水平和相关行业的就业人数指标上存在差异。

（二）实证结果

通过表 8-8 可以发现，农村服务业内部各细分行业对农村就业都有正向促进作用。从总体数据看，根据 Hausman 检验的结论，可以发现用固定效应模型分析农村服务业内部细分行业对农村就业的影响更为合适。根据表 8-8 显示的结果，农村服务业内部主要细分行业包括交通运输仓储及邮电通信业、批发零售及商务服务业和其他服务业对农村就业均有显著正相关性，且显著性水平都为 1%，说明农村服务业内部主要细分行业与农村服务业总体一样，对中国农村就业起到促进作用。

表8-8　　　　农村服务业内部各行业对农村就业的影响

解释变量	固定效应	随机效应
lntrf	0.047***	0.036***
	（4.058）	（7.689）
lnlod	0.063**	0.078***
	（2.362）	（8.247）
lnother	0.019***	0.004**
	（3.982）	（2.035）
Hausman检验（P值）	176.50	
	（0.0000）	
R^2	0.914	0.907

注：*表示10%显著性水平上显著，**表示5%显著性水平上显著，***表示1%显著性水平上显著，使用统计计量软件Eviews7.0完成。

从农村服务业内部细分行业来看，交通运输仓储及邮电通信业对农村就业的影响系数为0.047，显著性水平为1%。说明作为基础产业的交通运输仓储及邮电通信业对农村就业的促进作用明显，交通运输仓储及邮电通信业是农业经济发展的保障性服务行业。批发零售及商务服务业对农村就业的影响系数为0.063，显著性水平为1%，说明在农业就业方面，批发零售及商务服务业的作用突出。其他服务业对农村就业的影响系数为0.019，显著性水平为1%，这里的其他服务业包括信息传输计算机服务业、金融保险业等其他新兴农村服务业，由于农村服务业发展缓慢，新兴服务业发展对促进农村就业的作用还不明显，随着农村服务业的不断发展，新兴服务业对农村就业的促进作用将更加突出。

四、分区域分析

前面分析了从全国来看农村服务业内部各细分行业对农村就业的影响情况，根据之前的分析，我们知道，不同经济发展水平下，农村服务业对农村就业的影响情况是不一样的，那么不同经济发展水平下，农村服务业内部各细分行业对农村就业的影响又是否一致呢？本节将以区域为研究视角，针对东、中、西部三个地区探讨农村服务业内部各细分行业对农村就业的影响情况。

如前面分析提到，中国各地区经济发展处于不同的发展阶段和发展水平，导致农村服务业内部各细分行业在不同地区的发展情况也各不相同。东部地区经济发展水平较高，农村服务业各行业发展均较好，随着新兴服务业加速发展，金融业、信息传输计算机服务及软件业等行业均呈现快速发展势头，而经济发展水平较低的中、西部地区，农村服务业内各行业发展不均衡，仍然以传统服务业如交通运输仓储及邮电通信业为主，而新兴服务业发展缓慢，所以在东、中、西部地区出现了东部地区农村服务业以新兴服务业为主，而中、西部地区农村服务业以传统服务业为主的复杂情况。为了分析农村服务业内部细分行业在不同地区对农村就业的影响情况，引入地区虚拟变量，以中部地区为标杆对象，对比分析东部和中部地区、西部和中部地区之间的差异。分析结果见表 8-9。

通过表 8-9 可以得出结论：交通运输仓储及邮电通信业对农村就业的影响系数在中部地区为 0.051，与东部地区差异为 -0.037，显著性水平为 5%，与西部地区差异为 -0.014，关系不显著，所以交通运输仓储及邮电通信业在中部地区对农村就业的影响要高于东、西部地区；批发零售及商务服务业对农村就业的影响系数在中部地区为 0.046，与东部地区差异为 0.071，显著性水平为 1%，与西部地区差异为 -0.034，关系不显著，批发零售及餐饮业在中部地区对农村就业的影响低于东部地区而高于西部地区；其他服务业对农村就业的影响系数在中部地区为 0.035，与东部地区差异为 0.042，与西部地区差异为 0.013，显著性水平都是 5%，其他服务业对农村就业的影响在东部地区最高、中部地区次之，而在西部地区最低。重新建立东、中、西部三个地区的模拟方程，比较不同地区农村服务业细分行业对农村就业的影响情况，新方程的实证检验结果见表 8-10。

表 8-9　　农村服务业细分行业对农村就业影响的区域性差异检验结果

解释变量	（1）lnGDP	（2）lnGDP	（3）lnGDP
lntrf	0.051*** (2.16)		
lnlod		0.046*** (2.75)	
lnoth			0.035*** (3.75)
lntrfdum1	−0.037** (3.71)		
lntrfdum3	−0.014 (−0.14)		
lnloddum1		0.071*** (2.41)	
lnloddum3		−0.034 (−0.27)	
lnothdum1			0.042** (0.62)
lnothdum3			0.013** (0.73)
R^2	0.882	0.878	0.914
F值	253.2	273.1	217.2

注：括号内为 t 统计量，*表示 10%显著性水平上显著，**表示 5%显著性水平上显著，***表示 1%显著性水平上显著，使用统计计量软件 EVIEWS7.0 完成。

表 8-10　东、中、西部地区农村服务业分行业对农村就业影响的实证结果

解释变量	东部地区 lnemp	中部地区 lnemp	西部地区 lnemp
lntrf	0.142*** (3.21)	0.121*** (5.68)	0.081*** (2.12)
lnlod	0.161** (2.28)	0.073*** (3.01)	0.047*** (3.26)
lnoth	0.067*** (3.53)	0.036** (2.05)	0.023*** (2.18)
R^2	0.832	0.853	0.893
F值	203.37	282.33	269.87

注：括号内为 t 统计量，*表示 10%显著性水平上显著，**表示 5%显著性水平上显著，***表示 1%显著性水平上显著，使用统计计量软件 Eviews7.0 完成。

从分地区的面板数据来看，农村服务业内部主要细分行业对三个

区域的农村就业都起着重要的促进作用，但不同行业在三个区域农村就业中所起的作用存在明显的差异。从交通运输仓储及邮电通信业对区域农村就业的影响来看，东部地区交通运输仓储及邮电通信业对农村就业的回归系数为 0.142，中部地区的回归系数为 0.121，而西部地区的回归系数为 0.081，表明交通运输仓储及邮电通信业在以上三个地区农村就业中的影响比较接近，东部地区较中、西部地区偏高，西部地区最低，但是与东、中部地区差异不大。从批发零售及商务服务业对区域农村就业的影响来看，东部地区批发零售及商务服务业对农村就业的回归系数为 0.161，中部地区的回归系数为 0.073，而西部地区的回归系数为 0.047，表明批发零售及餐饮业对东、中、西部地区农村就业的影响存在显著差别，其中东部地区明显高于中部地区，中部地区略高于西部地区。

五、结论及建议

从总体数据分析结果看，农村服务业内部细分各行业对农村就业均存在一定的促进作用，但是其程度不相同。交通运输仓储及邮电通信业对农村就业的影响没有批发零售及餐饮业对农村就业的影响作用大，其他服务业对农村就业的影响介于两者之间。这可能由于以交通运输仓储及邮电通信业为代表的农村生产性服务业多以技术、资金密集型为主，而这样的服务行业对于劳动力的需求弹性较小，随着生产性服务业投入的增加，对技术、资金的需求越来越高，而对劳动力的需求并不高，所以交通运输仓储及邮电通信业对农村就业的影响作用不大。而以批发零售餐饮业为代表的农村生活性服务业对劳动力需求弹性较大，随着批发零售餐饮业的发展，对劳动力需求增加，将大大带动农村居民的就业。农村公共服务行业对劳动力的需求弹性也较大，将带动农村居民的就业。目前传统服务业对农村就业的促进作用高于新兴服务业，但是从长远来看，随着信息技术的发展、金融保险行业在农村地区的深化发展、农业科技创新水平的提高，新兴服务业将大大促进农村就业，且能够不断提高农民素质。

　　从分地区的面板数据来看，交通运输仓储及邮电通信业对农村就业的回归系数在东、中、西部地区呈现差异化，在东部地区，交通运输仓储及邮电通信业对农村就业的影响小于中、西部地区，而中部地区又大于西部地区，这是由于交通运输仓储及邮电通信业在东部地区发展较快，远快于中、西部地区，而且这一行业的劳动力需求弹性较小，所以东部地区的交通运输仓储及邮电通信业发展对农村就业的促进作用不大，而中、西部地区经济发展较落后，服务业的发展将在一定程度上带动农村就业。批发零售餐饮业对农村就业的回归系数在东、中、西部地区的差异不明显，因为批发零售餐饮业是劳动密集型行业，对劳动力需求弹性较大，东部地区经济最发达，中部地区次之，西部地区经济发展最为落后，随着农村批发零售餐饮业的发展，将需要更多的劳动力投入其中，无论是东部发达地区还是中、西部欠发达地区，发展以批发零售餐饮业为主的农村生活性服务业都将大大提高农村居民的就业水平。在促进农村就业方面，东部地区较中、西部地区略明显，因为东部地区批发零售餐饮业发展规模较大，能够有效促进当地农村就业，中部地区较西部地区略明显，可能与行业特点、历史文化有关。以其他农村服务业为主的农村公共服务业对农村就业的影响在东、中、西部地区也表现出不同，公共服务业对农村就业的影响在东部地区较高，中部地区较低，而西部地区最低，因为公共服务业对于就业人员的素质水平有一定的要求，同时受限于当地政策法规限制，东部地区加大公共服务业投入，由于当地农民素质水平较高，可以有效促进农村就业，而在中、西部地区，虽然公共服务业需要大量的从业人员，但是由于教育不足、政策法规限制等问题，当地农民不能有效就业，所以中、西部地区公共服务业的发展不能有效地促进农村就业水平的提高。

　　农村服务业发展一方面可以直接吸纳农村劳动力就业，另一方面可以带动其他产业发展从而促进其他产业就业，可见大力发展农村服务业可以有效促进农村劳动力就业，解决农村剩余劳动力转移问题。对于发展农村服务业吸纳农村劳动力就业给出以下三点建议：

（一）加大对农村服务业投入，带动农村劳动力就业

无论是从理论还是从实证角度来看，农村服务业的发展对于农村劳动力就业都是有利的①。农村服务业的发展，要以满足农村居民生活需要和促进农业生产发展为目标，根据需求，发展各种类型的农村服务行业，扩大服务内容和挖掘就业潜力，不仅要根据农村居民的需求加快发展农村生活性服务业，而且要加快发展适合现代农业的生产性服务业，同时加强农村基础设施建设，加大对农村基础设施的投资，将城市中发展成熟的服务设施、服务体系、服务机构延伸至农村，通过发展农村地区服务业，带动农村地区劳动力就业。

（二）改善农村服务业内部结构，创新农村服务业发展理念

借鉴国外农村服务业发展经验，比如在美国，农业从业人口约占总人口的 2%，而从事农业生产性服务的加工、供应、销售等行业的人口占总人口的 15%。可见，农村服务业发展是农业产业延伸、发展、升级的过程，将带动更多的劳动人口就业。目前中国农村服务业结构尚不合理，餐饮、运输等传统服务业比重较高，金融、信息、软件等和农业生产息息相关的新兴服务业发展速度缓慢。因此，必须在优化传统服务业的同时，发展农村新兴服务业，完善农村服务业结构。新兴服务业不仅能够提供较多的就业岗位，更能不断提高就业者素质，各级政府应该在保障传统服务业发展的同时，加强对新兴服务业的支持力度，以发挥农村服务业对农村就业的促进作用。

（三）加强农村劳动力培训，不断提高就业者素质

农村劳动力水平高低直接影响着农村经济发展。随着农村经济发展，对于农村劳动力素质的要求越来越高。目前中国农村劳动力由于受教育水平偏低，整体素质不高，所以必须加大对农村劳动力的培训力度，全面提高农村劳动者的综合素质，制定针对农村服务业的人才培训制度，培养高层次、高技能、高素质的农村服务人员，使农村劳动力不仅能从事餐饮、住宿、交通运输等传统服务行业，也要培养高

① 刘辉煌，刘小方. 中国生产性服务就业吸纳能力的实证分析［J］. 东北财经大学学报，2008（9）：22-25.

技能、高水平的农村劳动力从事农业金融、农业保险等新兴农村服务行业。

综上，我们对本章小结如下：

本章主要考察农村服务业对中国农村就业的影响。首先，对农村服务业促进农村就业的作用机理进行了理论分析，认为农村服务业发展对就业能产生直接就业效应和带动就业效应；其次，通过构建面板数据模型，分别从农村服务业整体和细分行业两个维度，实证检验了其对中国农村就业的影响；最后，在理论推导和实证检验结论的基础上，提出了促进农村就业的政策建议。主要结论如下：

第一，从全国整体角度来看，中国农村服务业对促进农村就业有着积极的作用。

从不同区域来看，其影响程度在东、中、西部地区存在着明显的差异，主要表现为经济发达的东部地区农村服务业对农村就业的促进作用不如中部和西部地区，而中部和西部地区之间的差别较小。这主要是与中国不同地区的农村服务业主要类型有关系，东部地区农村服务业主要以技术、资本密集型产业为主，中、西部地区主要以劳动密集型产业为主。所以，东部地区服务业发展不但不能提高农村就业水平，反而由于技术创新等因素使得农村服务业发展对劳动力的吸收能力减弱，因为技术创新和科技进步会增加科技含量而减少对劳动力的使用，而中、西部地区因为服务业类型的关系对劳动力需求较高，随着相关产业的不断发展，对于劳动力的需求将进一步加大，因此，在东、中、西部地区农村服务业对农村就业的影响呈现出不同的情况。当区域经济发展到一定程度、达到一定水平时，农村服务业在促进农村就业中的作用将受到限制，而在经济发展水平较低的地区，农村服务业促进农村就业的作用才能得到更好的发挥。

第二，农村服务业内部细分各行业对农村就业均存在一定的促进作用，但是其程度有所不同。

交通运输仓储及邮电通信业对农村就业的影响没有批发零售及餐饮业对农村就业的影响作用大，其他服务业对农村就业的影响介于两者之间。这可能由于以交通运输仓储及邮电通信业为代表的农村生产性服务业多以技术、资金密集型为主,而这样的服务行业对于劳动力的需求弹性较小,随着生产性服务业投入的增加,对技术、资金的需求越来越高,而对劳动力的需求并不高,所以交通运输仓储及邮电通信业对农村就业的影响作用不大。而以批发零售餐饮业为代表的农村生活性服务业对劳动力需求弹性较大,随着批发零售餐饮业的发展,对劳动力需求增加,将大大带动农村居民的就业。农村公共服务行业对劳动力的需求弹性也较大,将带动农村居民的就业。目前传统服务业对农村就业的促进作用高于新兴服务业,但是从长远来看,随着信息技术的发展、金融保险行业在农村地区的深化发展、农业科技创新水平的提高,新兴服务业将大大促进农村就业,且能够不断提高农民素质。

第九章　国外农村服务业发展实践及对中国的启示

与很多国家相比，中国农村服务业的发展起步较晚，整体水平较低。尽管各国的社会制度、政治体制、经济基础、发展环境和发展阶段等不尽相同，但对于农村服务业的发展来说，有着共同性，也有一定的规律可循。因此，一些国家农村服务业发展的成功做法和经验值得我们深入研究和借鉴。由于农村服务业是一个区域性的产业概念，产业内部包括很多子行业，不同行业之间具有较明显的差异，本章将农村服务业分成农村金融服务业、农村公共服务业、农村旅游业等细分行业，分别介绍国外的发展实践历程和经验借鉴。

第一节 农村金融服务业

一、美国

（一）美国农村金融服务业的发展实践

美国从 20 世纪初就开始逐步建立起较完善的农村金融体系，其在法律法规、组织机构、金融创新、政府保障和市场运作方面积累了较多实践经验。

1. 法律法规

美国建立起了完善的农村金融方面的法律法规，这对美国农业以及农村的健康发展起到了关键的支撑作用。1916 年，美国制定了《联邦农业贷款法案》，明确了农村金融具体的运作方式和运作内容，自此农村农业相关贷款有法可依。1933 年，美国制定了《农业信贷法》，并建立了 4 大农业信用组织。1938 年，美国制定了《联邦农作物保险法》，利用农作物保险化解农业生产风险。1996 年，美国制定了《联邦农业完善和改革法》，提出了无索偿农业贷款和农产品销售贷款，但提高了贷款利率 1 个百分点，以此推进农产品生产和销售的自由化。2002 年，美国制定了《农业安全与农村投资法》，要求农业部为农场主提供更多融资途径，并发起农场信贷工程，要求 6 年内财政对农业的支持要达到 1 185 亿美元。除了以上专门的农村金融法以外，在其他诸多法律中，有许多涉农法律条款，比如《农业法》和《农业调整法》等。完善的法律法规保障了美国农村金融体系的有序运行，依法治理又避免了行政干预随意性的不利影响。

2. 组织机构

美国农村金融机构类型丰富，特色鲜明，在不同的领域发挥不可或缺的作用。美国农村金融机构主要由政策性金融机构、合作金融机构和商业金融机构共同组成。

政策性金融机构，由美国联邦政府主导，不以营利为目的，在特定的领域内由多个社会、经济主体参与，包括农场主之家管理局（Farmer Home Administration）、商品信贷公司（Commodity Credit Corporation）和小企业管理局（Small Business Administration）等①。农场主之家管理局成立于 1946 年，是一家非营利机构，主要致力于向美国低收入的农民群体提供贷款，用于土地改善和兴修水利等，帮助农民解决资金短缺的问题。农场主之家管理局在美国各个地区设立了千余个办事处，对美国农村经济起到了强有力的支持作用，成为美国政府执行农业政策的主要工具之一。商品信贷公司成立于 1933 年，致力于应对农业自然灾害，为农户因自然灾害而造成的损失进行补贴，补贴方式与农业保险类似，同时还针对经济情况与自然情况变化对农业生产者带来的负面影响，实施农产品收购价格和农民收入扶持项目。小企业管理局成立于 1953 年，致力于为经济状况不佳且资金额度小的小农场主提供贷款，与农场主之家管理局起到分工协作的作用。

　　美国农村合作性金融机构主要是指农场信贷系统（Farm Credit System），农场信贷系统是美国政府扶持与农场主合作相结合的支农信贷机构体系。1916 年，美国联邦政府成立了农业信贷机构，主要作用就是支持农民购买土地。随着该机构的发展，联邦政府从该机构撤资，逐渐形成了农业信贷银行，在十几个州下设农业信贷服务社。由美国政府扶持的农业信贷服务社是主要的支农信贷机构，通过担保，农业信贷银行帮助信贷服务社发行融资债券，农民可以获得利率较低的贷款。

　　美国的农业信贷机构按照完全市场化规则经营，农民可以自主向相关融资机构办理借贷申请。当前，在美国排名靠前的大型银行中，有 75% 的银行提供涉农贷款，近 6 000 家中小银行、几十家保险公司为农场主提供相关的贷款业务。商业性银行为农场主提供的借贷资金总额达到 1 170 亿美元，农场信贷系统提供的资金额达到 1 230 亿美

---

　　① 李兴汉，杨晓丽. 美国农村金融体系对建设中国农村资金互助社的启示 [J]. 世界农业，2015（2）：154-158.

元，保险公司提供的资金额达到 120 亿美元，其他农业部下属的金融机构提供的贷款资金额约达 150 亿美元，这些信贷主体所提供的商业贷款是美国农业贷款的主要构成部分，能够有效地为农场主生产经营提供融资。

3. 金融创新

美国联邦政府在对农村金融支持上进行了很多创新，比如建立农业信用基金公司与信贷系统保险公司，借助全美的投资银行及证券公司在全球范围内发行农业信用贷款系统的债券与农业保险基金，吸引全球的金融投资，保障债券本息，促进美国本土农业的发展。

另外，为了促进农业资产的流动性，美国联邦政府还成立了农业按揭贷款公司，可以按照相关法规购买农业生产性资产抵押贷款和农村公共事业贷款，帮助进行资产负债管理，在农业信用系统遇到资金困难时，可进行资金援助。①

（二）美国农村金融服务业发展对中国的启示

1. 积极扶持和完善农村信贷机构

农村合作金融机构在开放的环境中缺乏明显的竞争优势，美国政府为促进农村金融服务业的发展采用政府主导、多主体合作的方式，为农村信贷机构提供融资和免税优惠等多种便利。中国政府也应采取积极措施促进农村信用社、农村合作银行的发展，可开拓农村小型合作金融机构的放贷来源，由国开行或者大型国有商业银行向其提供批发贷款，并为其提供税收优惠、适当贴息、降低法定准备金率、费用补贴等激励措施，也可将涉农专项资金交由农村金融机构统一管理，促使农村金融机构加大对"三农"的支持力度。此外，中国现有的涉农大型商业银行，如中国农业银行、中国农业发展银行和中国邮政储蓄银行等，也在一定程度上出现了对农业金融支持度不够的情况。中国需要从宏观上统筹规划农村金融机构，明确国有大型商业银行与农村小型金融机构的分工，并做到相互补充，形成较完善的农村金融

① 周裕伟. 美国农业信贷系统发展经验及启示 [J]. 时代金融，2011（6）：43，48.

系统。

2. 规范农村金融服务

美国根据地域或耕种农作物特点的不同，对于农业信用借贷区域的划分方式，对中国农业发展起到了借鉴作用，可以根据区域划分的不同设立农村专业银行，并进行相对独立的运营，以此来规范农村信用贷款，并通过划定市场范围的方式保证农村资金服务当地经济发展。此外，由于资金的逐利性容易导致农村资金外流，可以采用对农村贷款利率进行补贴的方式进行对冲，保障农村农业金融资金。

3. 建立农村金融信用合作系统

美国的农场信贷系统创建的农村信用合作系统，针对相关自然人与企业法人开展了信用采集，不仅实现了金融信息共享，也便于为银行贷款提供信用数据支持。中国的金融机构尚未建立农村信用系统，无法实现农村金融信用信息共享。个别金融机构即使有一定的信用资料，也因为缺乏客观标准难以对农民信用做出评价，无法有效控制农村信贷风险。因此，中国可尝试建立农村信用系统，由各个农村金融机构对所在区域内的农民家庭结构、文化程度、收入水平、储蓄水平、贷款次数和生产规模等信息进行采集，完成之后统一录入农村信用系统，并在建立客观标准的基础上，对农户信用进行综合评价并按等级分类，作为确定可贷款额度的指标之一，以此实现信用资源共享与有效管理。

4. 健全农村金融相关法律法规

美国针对农村金融服务制定完善的法律法规制度，是促进其农村服务业快速发展的保障。目前，中国涉及农业金融的法律法规并不完善，一些农村金融机构寻找法律法规的漏洞，逃避支农责任。因此，需要尽快健全农业金融的相关法律法规，从根本上规范和保障农村金融服务的发展，不断进行农村金融创新，给予农村信用金融组织法人地位。[①]

---

① 杨静，谢健，黄春丽. 美国农村金融服务体系对中国的启示 [J]. 世界农业，2014（10）：37-41.

二、孟加拉国

（一）孟加拉国农村金融服务业的发展实践

孟加拉国的"乡村银行"模式是近代史上最为著名的农村金融创新发展的代表。孟加拉国的乡村银行是由孟加拉国经济学家穆罕穆德·尤努斯创立的，源自 20 世纪 60 年代进行的小额贷款试验，1983 年被正式批准设立。乡村银行主要向无法提供抵押担保的农村穷人发放小额贷款，帮助穷人脱贫，这项业务受到了民众的欢迎，取得了很大的成功，为世界上许多国家发展农村金融提供了成功的借鉴模式。

孟加拉国的"乡村银行"以福利主义金融为宗旨，发展迅速，建行至今，拥有近 2 000 家分行，乡村覆盖率高，年累计发放贷款金额超过百亿美元，还款率近 99%。其主要是面向贫困群体尤其是农村贫困妇女提供综合的金融服务，在努力帮助贫困人群的同时构建共同发展的机制，尽量使得最贫困的家庭能够接受小额贷款与其他金融服务，加强了金融的社会功能。这是一种特殊的农村金融模式，实现了制度上的持续创新。传统的商业银行一般都"嫌贫爱富"，认为贫困人群的还款能力较弱，违约风险大，并且本着节省交易费用的原则，认为针对贫困人群的小额贷款交易成本高，所以更偏好于大额贷款。"乡村银行"则刚好相反，致力于为贫困人群提供小额贷款，但乡村银行并不属于福利性的政策性金融，而是民间私营的非正规金融机构，有自身的可持续经营能力。"乡村银行"认为贫困人群的信誉良好，小额贷款的还款风险极低。

孟加拉国的"乡村银行"从 1983 年正式成立至今，经历了两代体系变革。第一代体系的内容主要是：以农村贫困群体为主要贷款对象，如农村贫困妇女等，为其提供保险、储蓄、借贷款项等金融服务。"乡村银行"的资金主要来源于两个方面：一是全球各组织的捐献与赠与，但自 1998 年以后就不再接受捐款；二是银行成员的储蓄存款。银行的组织结构主要由两部分组成：一是银行自身组织机构，包括总行、支行、营业所等；二是贷款人组织机构，包括会员中心、会员小组、会员等①。在具体的运作方式上，以建立农户自助组织的形式来协调工作，即三五十人组建一个自助中心，定期召开中心会议，以交流管理和技术方面的经验。每个自助中心内每五个人成立一个自助团队，在团队内成员遇到还款困难的时候，其他成员要给予帮助，每个成员的贷款信用额度由成员本身在银行的储蓄额、在团队内的信用表现以及成员本身的贷款需求共同决定。贷款项目涵盖生产性贷款，消费性贷款如住房贷款、养老贷款等很多种类。在短时间内参与团队活动，并能够在规定日期内进行还款的成员，其基本贷款额度可随之逐步增加，反之逐步减少。还款期限可选择按周或按月还款。2001 年，"乡村银行"在第一代系统的基础上进行了制度创新，与传统机制相比，它简化并规范了大量烦琐的工作，大幅降低了银行的交易成本，提高了操作持续性和金融持续性。原来的自助中心会议、小组功能、贷款制度等得以保留，在此基础上强化了"乡村银行"对下属金融机构的监管与指导。第二代系统的最大特点就是"灵活贷款"制度，它在第一代系统的基础上提出了一种还贷更简便的方案，贷款期限和每期还贷额度可以不相等，被转入"灵活贷款"的客户可以根据自身情况重新商定还贷方案，比如延长还贷期限，并且允许在未还清前期贷款的时候重新申请新的贷款，新体系中还囊括了贷款保险基金、教育保证基金和奖学金基金等项目。

（二）孟加拉国农村金融服务业对中国的启示

1. 为"草根性"农村金融机构提供良好的政策和制度环境

孟加拉国的"乡村银行"可以被称为"草根性"（民间的，非官方主导的）金融机构，不属于正规金融机构。但恰恰就是这样一种基于农户需求设立的"草根性"金融组织，才使得其在农村拥有强大的生命力，深受农村居民喜爱，并获得在世界范围内的好评与普及。这样的成功案例也说明了一个深刻的道理，那就是发展中国家的金融发展不能简单模仿发达国家的模式，而应当在借鉴国外成功经验的基础

① 庄思薇. 浅析孟加拉乡村银行模式的经验与启示 [J]. 财经界：学术版，2009（2）：4-5.

上，结合本国国情，进行金融创新，只要是能够满足农村居民或农村经济发展的需要，无论是所谓的"草根性"金融机构还是"正规"金融机构，我们都应该认识到其价值并认可其地位。中国长期以来进行了很多针对农村的金融体系改革，但仍然有一个问题困扰改革，即从上到下的改革忽视了农村经济发展的实际情况，不了解农村居民的需求情况，往往造成了金融机构的发展与农村经济发展的实际需要相脱节。由政府主导的金融机构往往很难努力去深入挖掘和掌握数以亿计的农村居民的真实需求，而扎根于农村居民的"草根性"金融机构在这方面则有天然的优势，比如中国部分省份出现的社区资金互助组织、社区发展基金等都有较好的效果，对于这些新型的农村金融机构，政策应当给予大力支持。

2. 农村金融机构应多元化

目前中国农村居民获取贷款服务的渠道主要是农业银行和农村信用社发放的农村小额贷款，资金主要来源于吸收农民储蓄和接受央行再贷款。在中国，有近1亿农村居民有贷款需求，但只有将近一半的农村居民从金融机构获取了贷款，其他大部分人通过民间非正规渠道获取资金，这与农业在中国的基础地位以及农村对国民经济的贡献极不相称。[1]因此，中国农村金融需要创新。中国2006年年末放宽了农村金融机构的准入标准，并在部分省份进行了改革试点，鼓励建立如乡镇银行、农村信用合作社等。中国的农村小额贷款机构可借鉴孟加拉国的"乡村银行"模式，"乡村银行"属于非政府组织，具有独立的组织机构和独特的经营方式，能够丰富中国农村金融机构的类型，实现农村金融机构的多元化，这样一方面能在形成较为完善的、多层次的、具有竞争性的金融市场，提高农村金融服务效率的同时，还能够通过适当竞争，激励各金融机构创新服务模式，不断改善服务质量；另一方面能够有效化解农村小额贷款成本高、风险大的问题，探索一条符合中国农村实情的金融服务持续发展之路。

---

① 谭小芳，白璐. 开发性金融与农村金融市场效率研究 [J]. 财经问题研究，2009 (6)：62—66.

3. 农村金融机构应拓宽融资渠道

从孟加拉国"乡村银行"的实践历程来看，作为服务于农村的小型金融机构，要想实现可持续发展，需要有效解决融资渠道的问题。从中国金融改革的试点情况来看，仅靠金融机构发起的本金以及社会各界的捐赠是无法满足农村经济发展的资金需求的。因此，农村金融机构需要在政策允许的情况下，结合贷款机构的实际经营情况，开展小额贷款来扩充融资渠道，适当扩大经营范围和经营区域，待贷款机构发展成熟后，如果能达到国家商业银行的创建标准，即可转化为商业银行。

4. 农村金融机构应进行服务创新

孟加拉国"乡村银行"的管理方式值得我们借鉴。中国农村金融机构应改善小额信用贷款管理制度，不断强化服务功能，根据农村、农业和农民的实际需求开发新的业务品种；应深入农村居民家中，定期走访，在了解居民需求和意愿的同时，对小额贷款业务进行宣传和推介；为方便农村居民，亦可到家中收发贷款；应掌握一定的生产经营技术，对农户进行技术指导和培训，这样可以降低贷款风险；金融机构内部应建立一套全方位的业绩考评体系，并将农村客户对金融服务的满意度作为一项重要指标，将其与工作人员的薪酬、晋升挂钩。

三、日本

（一）日本农村金融服务业的发展实践

日本与中国同属东亚，资源禀赋比较类似，历史文化也较为相似，农村人均耕地面积不大并且在地理上非常分散。日本农村在实现现代化之前，农村经济和农村金融的发展也较为缓慢。但自 20 世纪 50 年代开始，日本经济飞速发展，快速实现了工业化，日本政府在农村逐步建立了较为完善的金融体系，促进了农村和农业的快速发展。如今，日本的农村金融体系在法律法规、机构设置、运营管理方面都比较成熟和完善。日本农村金融体系也被国际社会认可为农村金融发展的成功典范。

日本的农村金融体系主要分为合作性金融和政策性金融，两者相辅相成，功能明确。通过政策性金融机构传达和下发政府制定的各项金融政策与农村金融发展目标，合作性金融机构作为具体执行的业务部门主要负责政策的落实与金融活动的开展。日本的政策性金融提供政策和资金支持，起到辅助、补充作用，而民间合作金融才是主导力量。农村合作性金融和农村政策性金融在用途上有所区别，前者主要面对农村中的小额资金需求，而后者主要服务于融资需求高的项目，如基础设施建设贷款需求。

1. 日本农村合作金融

日本农村合作金融起源于 19 世纪中期民间自发性金融组织，如"报德社""赖母子会"等。经过多年的不断发展，已经形成了颇具特色的模式，它的协同系统不同于世界上大多数国家的合作金融体系。日本"农业协同组合"的合作金融机构按行政区域设置成三个层次：基层农协；信农联；农林中央金库。农民可以参股基层农协，基层农协又可以参股信农联，而农林中央金库是由信农联参股成立的。[1]三级农协没有隶属关系，在经济和经营范围上独立，自主经营、自负盈亏，但上一级对下一级负有指导责任。

三层体系中的最基层的基层农协，是农村合作金融机构中与农户直接发生信贷关系的机构，以市、町、村组的成员为参股对象，主要为农户办理存贷款、保险、供销业务等。其中，农户办理的存款利率会高于其他银行，在农户将产品销售出去之后，需要将部分销售额与利润存入农村合作金融机构。日本"农业协同组合"的金融机构不以营利为目的，成员申请贷款时不需要担保，以满足成员的生产生活需求为主导，日本政府对其贷款给予一定的利息补助。所属成员使用的资金均在最基层的农协内部进行结算，基层农协需将存款的一定比例存入上一级的信农联。[2]

---

① 任军利，黄春磊. 中日农业金融体系的比较及其启示 [J]. 江西社会科学，2010 (8)：191-196.
② 陈家涛. 日本农村合作金融组织模式的分析与借鉴 [J]. 中州学刊，2011 (6)：77-79.

作为合作金融机构中层的日本信农联，是联结最底层农协与农林中央金库的纽带，其主要参股对象是各个地区及所属地区农协的县一级其他事业联合会以及非农协的其他农业团体。最基层农协参股信农联，各自均为信农联的业务服务对象。信农联通过吸收最基层农协的剩余资金来协调各个农协之间的关系，并将自身的剩余资金存入高层的农林中央金库。

最高层是农林中央金库，参股的成员主要是各地区的信农联及农、渔、森林组合联合会等。农林中央金库的主要职能就是针对整个日本农村资金进行融通、清算，并支持和辅导各个地区的信农联。各个参股成员将资金存入农林中央金库，存款利率高于一般利率。根据《农林金库法》，日本农林中央金库还有权力发行国家批准的农林债券，也支持社会资金用于中长期贷款业务。1959年以前，农林中央金库是半官方组织，有部分政府出资资金，1959年，农林中央金库将所有政府注入资金进行了偿还，由此便成为民间的农业金融组织。

2. 日本农村政策性金融

日本农村政策性金融在金融体系中起到了合理有效地补充合作金融机构不足的作用。1952年，日本政府颁布了《农林渔业金融公库法》，1953年成立了日本农林渔业金融公库，由农林水产省和财务省主管，主要负责农村农业贷款，业务主要弥补其他金融机构无法或消极提供贷款的领域，为农民技术培训、农村基础设施建设、农村土地改良、农业现代化改造、自然灾害救济等项目提供低利率融资，贷款期限从25年至55年不等。2008年，日本政府成立了唯一的农村政策性金融机构的政策金融公库，将原本的农林渔业金融公库改革为农林水产事业部，有效保障了农村金融体系的完整。

3. 日本农村金融风险防范体系

日本拥有一套健全高效的农村金融风险防范体系，也是全球最早建立农村信用担保的国家之一。1961年，日本正式颁布了农业信用担保法律《农业信用基金协会法》，这是当前日本农村信用保险体系中规模最大的保险制度。由日本政府主导建立，政府与各信用基金协会共同出资的日本农业信用基金协会，旨在为农户融资提供风险保障。在日本农业协同组织中保险的农户，可以自动与相关的保险机构建立保险关系。保险机构将在农业协同组织业务出现问题，如停止兑付存款或破产时，向农户提供保险金。为避免此种信用危机的产生，日本农业协同组织中由相互援助的系统，即农林中央金库对参股的基层农协每年将其存款的 1/10 作为专项资金，当基层农协出现经济问题时，农林中央金库就可对其提供利息较低的贷款，防止信用危机的发生。

（二）日本农村金融服务业发展给中国的启示

1. 农村政策性金融应进一步强化支农功能

中国的农村政策性金融可以借鉴日本的成功经验，积极发挥对农村商业金融和农村合作金融的补充和协调功能，促进各级各类金融机构实现信息共享和业务合作。应进一步强化农村政策性金融的支农功能，通过增加对农产品加工贷款、提高对农村土地改良贷款、扩大农业结构调整贷款等来推动农村农业结构调整。逐步完善政策性农业保险，设立农业灾害补偿基金，为涉农保险公司提供再保险等。

2. 应完善农村金融风险防范制度

与日本较完善的农村金融风险防范体系相比，中国的农村金融风险防范制度尚处于起步阶段。中国可以结合农村经济发展的实际情况，在借鉴日本经验的基础上，逐步建立起系统的、多层次的农业信贷担保体系、农业灾害补偿制度等。也可建立农村信用综合系统，为贷款提供信用参照。鼓励各类商业保险公司开展涉农保险业务。

第二节　农村公共服务业

一、美国

美国农村公共服务体系以美国政府为主要供给主体，其他企业、社会团体与农民金融合作组织共同配合，实现对美国农村的公共服务供给。这种多元化、社会化的公共服务机制基本可以满足农民对于农村的公共服务需求。

1.美国政府主导农村公共服务的供给

美国农村公共服务供给由政府主导，由于政府具有权威性和法制性，提供公共服务具有排他性与非竞争性，因此尽管私人部门、非营利组织、社区和公民都可以参与到公共服务供给中来，但是公共服务的供给仍然要以政府为主导。①作为主导者，政府不仅供给农村的大部分公共服务，也对不由政府供给的服务给予政策上的支持和必要的监督管理。

美国的政府体系是国会、行政、司法三足鼎立，如图 9-1 所示，在国家层次上的农业立法过程中，国会、行政和司法在法律、政策的制定过程中，相互协作、彼此牵制，以此来保证农村公共服务供给决策的科学与民主。当美国的农业立法完成后，相关农业部门会与地方政府共同规划政策的实施并监督政策的落实情况。

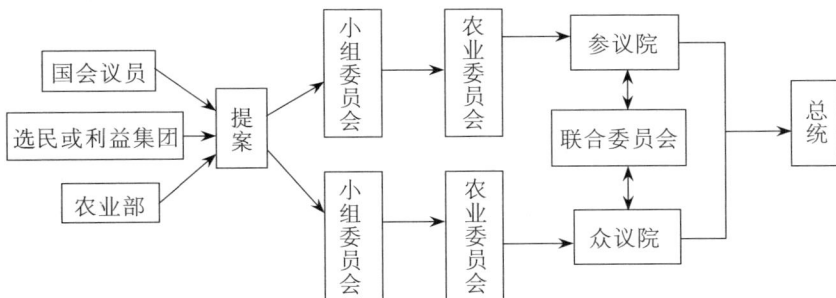

图 9-1 美国农业立法程序

2.多样化的农村公共服务供给主体

虽然美国政府在对农村公共服务的供给中占主导地位，但私营企业，农民合作组织及一些社会团体也会参与其中。其中私营企业主要集中在农业科技推广、农机服务、农业保险等方面。比如私营企业投入巨额资金进行农业科研并进行市场推广，获取巨额利润，有些私营企业则通过资助科研机构进行农业科研。1980 年《联邦农作物保险

———————
① 石国亮. 国外公共服务理论与实践［M］. 北京：中国言实出版社，2011.

法》颁布以后，美国私营企业开始进入农业保险领域，原来由农业部下设的农作物保险公司逐步退出直接的农作物保险业务。美国由当地农民组成的、比较正式的合作组织有合作社和农民协会两种。由于农民对自身需求及农业农村发展情况更加了解，从而也就成为公共服务的供给主体之一。比如，收获联盟为美国各地农场主提供粮食仓储，目前拥有500余个基层合作社，供给150余个仓储中心；奶牛改良合作社主要为参与的会员提供奶牛的品种改良服务；新奇士协会通过水果蔬菜类农产品技术研发与推广为社员农户服务。农村公共服务的需求者是农民，但有时农民也能成为供给者。比如一些经营规模较大的农场主，为了自身经营，修建道路、防治病虫害、尝试新品种等，这些看似是自利的行为，由于存在一定的正向外部性，间接地供给了公共服务。有时，农民也可以联合起来共同提供大家都需要的公共服务，比如本社区的道路、农机联合服务等。

3. 实行三级政府分工协作的农村公共服务供给机制

美国政府在纵向上可分为三级：联邦政府、州政府和地方政府。各级政府在农村公共服务的供给上职能和分工不同，主要根据受益范围的不同，事务与财政的承担主体有所不同。联邦政府负责全国范围及涉及农村居民基本公平的农村基本公共服务；地方政府服务于本地；州政府负责两者中间的受益范围。在受益范围内，各级政府需要保持农村公共服务支出与财政收入的收支平衡。①事务与财政的承担首先从级别低的地方政府开始，尤其承担具体分配；若地方政府在公共服务方面财政收入出现不足，则通过转移支付的方式来补充；若规模收益存在问题，则考虑政府联合供给或部分公共服务项目市场化；若以上方案都不能够实现，再由地方政府上一级别政府来提供供给。在农村基础设施建设方面，水利水电工程，防洪、排污设施等，受益面和影响面较广的，由联邦政府或州政府投资，受益面局限于地方的，则由地方政府负责。在农村义务教育方面，义务教育经费由三级

---

① 刘会柏，闫桂芬. 美国农村公共服务：运作与借鉴［J］. 楚雄师范学院学报，2014（8）：80—86.

政府共同承担，地方政府承担基本教育经费；州政府主要出于维护公平的角度，针对学区财政能力的差异进行经费补贴；联邦政府则通过专项经费引导教育的发展。从各自分摊的比例来看，州政府所占比例约 50%，地方政府约占 40%，而联邦政府仅占约 10%。在农村社会保障方面，联邦政府和州政府明确了社保预算占 GDP 的比重，以此来解决公共服务均等的问题。

二、日本

（一）日本农村公共服务发展的实践经验

1. 重视立法和制度建设

日本 1938 年颁布的《国民健康保险法》就将农村居民的公共医疗保险纳入其中，农村居民可自愿参加保险，1941 年修订该法律之后，将自愿参加改为强制参加，日本进入了全民保险时代。第二次世界大战结束后，日本针对特殊人群颁布了《生活保护法》《儿童福利法》《残疾人福利法》等一系列法律。1958 年，日本对《国民健康保险法》再次进行了修订，次年，日本制定了《农民养老金基金法》，这一系列法律法规颁布的主要目的就是解决广大农民及一些小手工业者医疗保险问题，扩大农村范围内的保险率以及提高保险待遇。随后日本还陆续颁布了《儿童津贴法》《老人保健法》《护理保险法》等。[①] 经过 70 余年的发展，日本农村地区已经基本建立了全面覆盖的、较为成熟和完善的社会保障体系。

2. 政府主导并采取积极的财政政策

日本针对其在工业化、现代化进程中农村暴露出的问题，由日本政府主导加强了对农村公共服务的改善。日本的财政资金投入到农村公共服务方面所占的比例较高，占到支农资金的 50% 以上。日本在公共服务供给上也是采用三级政府（中央政府、都道府县和市町村）共同负责的模式。在义务教育方面，日本实行的是城乡一体化式的义务

---

① 葛琳玲. 日韩农村公共服务体系建设研究［J］. 世界农业，2014（2）：63-66.

教育财政体制，以此来促进城乡教育的均衡发展。教育经费由三级政府共同分担。中小学教育经费主要由市町村政府负担，都道府县对落后的市町村提供经费补助，而中央政府则通过转移支付的方式对农村教育经费进行财政补助。在社会保障方面，农民享受的社会保障服务与城市居民享受到的大致相同，在具体实施上则体现出地域性特征，地方政府可以根据本地需要做出适当调整。

3. 充分发挥农协的作用

日本组建的"农业协同组合"（简称农协），是一个农民自发性组织，是在政府的倡导和扶持下发展壮大起来的，服务范围几乎涉及农村居民生产生活的各个领域，不仅在发展农业经济、促进农村发展、改善农民生活方面发挥了重要作用，也在农村公共服务的提供方面起到了难以替代的作用。

（二）日本农村公共服务管理对中国的启示

1. 政府主导对农村公共服务管理的改革

在日本农村公共服务的发展过程中，政府始终扮演着主导者和推动者的角色，在日益突出的老龄化问题的应对中，政府着手对当前的养老保险制度进行了调整、立法改革，并根据居民养老的需要，推迟退休年龄，从而推迟支付养老金。中国可以根据当前农村经济发展的具体情况，借鉴日本公共服务的改革经验，切实梳理中国农村公共服务发展方向与服务思路，明确农村公共服务部门的职能，由相关部门对执行过程进行一定的控制与监管，并向农民公布结果。重视农村公共服务，建立倾斜政策，旨在缩小城市与乡镇间的差距，基本保障农村的经济发展与农民生活水平的提升。

2. 多渠道筹集农村公共服务所需资金

日本在农村公共服务供给过程中，在充分强调政府的财政责任之外，还注重调动各方力量，多渠道筹集资金。在中国当前的经济情况下，也应鼓励部分农村公共服务市场化运作。鼓励有投资运营能力的社会资本竞标参与公共服务的建设，政府与社会资本间可公平商议签订合同，政府根据社会资本提供的公共服务绩效水平向其提供相应的合理收益，有效整合资源，提高农村公共服务质量，促进农村公共服务业的发展。

3. 健全农村公共服务相关法律体系

日本拥有有效健全的农村公共服务法律体系，而这也是中国长期忽略的领域，很多农村公共服务方面的立法是空白的。因此，中国需要尽快制定农村公共服务方面的法律法规，对农村公共服务的供给内容、供给方式、管理机制和运行方法等做出具体的规定。

三、韩国

（一）韩国农村公共服务发展的实践经验

韩国是中国的近邻，与中国隔海相望。韩国山多，可耕种面积少，耕地仅占国土面积的 22%，平均每户只有 1 公顷多。韩国的人口密度很大，每平方千米 480 人。韩国曾经是贫穷的农业社会，由于其在 1970 年推行的"新村运动"，较好地处理了城乡关系和地区差异问题，国民经济稳定高速增长，现已步入发达国家行列，取得了令世人称道的"汉江奇迹"，至今仍保持着良好的发展势头。

1. "新村运动"成为推动农村公共服务发展的关键载体

由于韩国人口日益增多，对有限国土面积的压力增大，地价不断上涨，加之资源有限，劳动力资源剩余，因此，韩国政府通过人力资源开发来促进经济发展，这也是韩国得以快速、持续发展的唯一途径。韩国政府在 1962 年到 1971 年间推行的两个五年计划，使得韩国经济快速发展，政府财政能力快速增强，但出现了产业结构严重失衡、城乡差距快速扩大的问题。1970 年，农村居民人均收入不到城市居民人均收入的一半，城乡二元经济有不断加剧的趋势。农村人口大量无序流动、无人从事农业生产、老龄化严重、农业机械化率低、农业处于崩溃的边缘，这些问题成为困扰韩国发展的关键问题。政府在此阶段开展了"新村运动"，充分利用农民劳动力自主建设新农村，缩小城乡与工农差距。为解决农村问题而推行的"新村运动"也成为推进农村公共服务发展的关键载体。

韩国"新村运动"使得农村公共服务水平得到了快速提高。"新村运动"初期，农村组织实施了修建桥梁、改善公路等基础设施建设工程，快速改善了农村交通条件，1975 年就基本实现了村村通车。农村居民的住房条件也得到改善，一方面，由于农村交通条件得到改善，水泥、钢筋等材料的运费大幅降低；另一方面，政府为农民改善居住条件和农村环境的活动提供优惠贷款。到 1977 年，全国所有的农村居民都将原来的茅草屋换成了瓦片或铁片房顶的新房。农村的供电服务快速发展，1970—1978 年，韩国农村用户电灯的安装率从20%提高到了 98%，在 20 世纪 90 年代初便实现了全国的电气化。"新村运动"的开展，缩小了城乡供电服务的差距。农村的供水服务得到改善，农民自觉上山将水引至村内蓄水池，再输送到每个农户，在 20 世纪 80 年代普及地下水的井管挖掘机，全面改善了农村饮水条件。

2. 农村公共服务由政府主导，倡导其他各方共同参与

在"新村运动"时期，农村公共服务主要由中央政府主导，重点支持农村公共基础设施建设、农技推广等。"新村运动"结束后，农村问题得到有效解决，中央政府除了在基本医疗、义务教育、社会保障等方面实行城乡无差别化供给以外，更多的农村公共服务交由地方政府提供。韩国政府倡导公共服务有限供给理念，将政府定位于管理协调者的角色，鼓励社会各界和农民自身共同参与公共服务的供给。

在农村医疗保险方面，韩国自 1988 年以后，就在农村逐步实行了强制性医疗保险，经费交纳结构为农户支付 50%，政府支付 50%，后期又调整为农户支付 40%，政府支付 60%；对于处于贫困线以下的农村居民，由政府提供医疗救济。

(二) 韩国农村公共服务发展给中国的启示

1. 借鉴韩国"新村运动"模式，通过中国的新农村建设带动农村公共服务的发展

中国的新农村建设与韩国的"新村运动"较为相似：一是三农问题的症状基本相似，都面临农村人口比重大、农业机械化程度低、农

村基础薄弱、农村教育相对落后、城乡居民收入差距大等问题；二是国家主导型经济发展模式相似，韩国的"新村运动"与中国的新农村建设都是由国家和政府主导的经济发展模式；三是文化背景相似，同属于东方民族文化。中国的新农村建设自开展以来取得了不错的效果，但跟韩国的"新村运动"所收获的成效相比，还有很大差距。究其原因，中国在指导思路、农民参与度和管理体制上存在一些问题，限制了新农村运动的有效开展。中国可借鉴韩国"新村运动"的经验，通过强化宣传和教育，提高农民对新农村建设作用与意义的认识，激发农民参与的热情，提高其参与度，让农民成为新农村建设的主体，共同提高农村公共服务供给水平；推进农村管理体制改革，推进村民自治和乡村机构改革，合并职能分散的涉农管理部门，避免多头混乱管理；统一规划农村经济、文化、社会等方面的共同建设，注重农村基础设施建设，鼓励村与村之间有效竞争，对效果更加明显的村庄给予更多支持，以此来提高村镇参与积极性。

2. 借鉴韩国"新村运动"初期试点运行的方式，逐步推进农村公共服务改革

韩国"新村运动"初期，选择了几个具有代表性的村进行试点，提供大量的项目和物资，让各村根据自身实际情况选择执行。当试点村获得成功之后，再总结经验向其他村推广。中国的农村公共服务发展亦可采用这种试点方式，正如中国有部分省市在部分村庄试点建立村级公共服务中心，然后将其推广至整个地区。这种方式应继续采用。

3. 农村公共服务的供给中应充分关注农村居民对公共服务的需求

韩国政府充分关注了农民对公共服务的需求，并且有针对性地进行供给。中国也应建立公众需求表达机制，自下而上收集农民需求信息，允许村民自主决定农村公共服务的供给种类与方式。这样不仅能充分调动农民参与积极性，也能提高农村公共服务供给有效性，提高农民对公共服务的满意度。

四、泰国

泰国与中国一样，同为发展中国家，人口结构非常相似，农村人口占总人口的 70% 左右。泰国农村公共服务中做得最为成功的无疑是农村公共卫生服务。中国跟许多国家一样，农村及偏远地区面临着医疗卫生人力资源缺乏的问题，而泰国是亚洲解决农村卫生医疗问题较好的国家之一，其在农村卫生医疗系统和农村卫生人力资源的开发上有着较丰富的经验和较有效的做法。

（一）泰国农村公共卫生服务发展的实践

1. 强制性农村卫生服务政策

针对困扰农村地区的卫生医疗人员严重短缺的问题，1968 年，泰国开始实行强制性农村卫生医疗服务。具体做法是，政府大幅提高公立医学院的学费，并且规定所有的医学类毕业生必须在农村公共卫生机构服务 3 年，以此可以减免学费。而不执行该项政策的学生，政府将采取较重的罚款处罚，罚款金额有多次调整，最初是 4 800 美元，1971 年增加到了 8 000 美元，1973 年则提高到了 16 000 美元，到 1998 年降低到 10 000 美元，罚款金额总体上处于较高水平。同时，泰国政府是奖罚并用，出台了较多优惠政策，激励医生赴农村地区和偏远地区工作，比如大幅提高农村艰苦地区医生的津贴，部分农村地区医生的基本工资加上各项津贴的工资总额甚至能达到城市地区医生的两倍以上；侧重从农村地区招收医学生；将有农村服务经历作为享受专科医生培训的必备条件；为农村医务人员提供免费医疗保障等。这一系列措施确实起到了较好的作用，农村地区医生与居民人口比从 1965 年的 1∶7 000 升至 2010 年的 1∶5 700，而城市地区的这一比例则由 1∶400 降至 1∶850，缩小了城乡差距，保障了农村医疗卫生人员供给。

2. 健康促进志愿者制度

2006 年，泰国政府将发展医疗卫生志愿者写入国家卫生规划中，招收大批公共卫生志愿者，以此来缓解医疗卫生人员短缺的问题。截至 2011 年，健康促进志愿者的登记人数已经超过 100 万人，成为医疗卫生队伍的重要补充力量。泰国最基层的医疗为健康促进医院，主要负责农村居民的初级卫生保健工作，每个基层医院配备 3~5 个工作人员，不配备医生，只有行政管理人员和护士，每月有两天由上级地区医院派两名左右医生前往健康促进医院坐诊。每个健康促进医院负责 8~10 个行政村。由于农村医务工作人员较少，所以志愿者承担了大量基础性工作，每个志愿者负责 15 户左右居民的健康促进工作，工作内容包括农村居民基本健康资料收集、信息沟通、护理指导、基本健康信息监测、健康教育培训等。政府负责组织专业人员对志愿者进行专业知识培训，并每月为志愿者支付 500 泰铢生活补贴。同时，政府为志愿者制定了一系列激励措施，比如发放统一的制服；定期进行专业培训；定期组织区级、省级、国家级优秀志愿者评选活动，对当选者给予物质及精神奖励；工作期间，志愿者本人及直系亲属能享受公立医院免费住单间优惠等。除此之外，泰国民众乐于奉献的价值观也使得志愿者这一工作备受社会认可。泰国政府实施的志愿者制度获得了巨大成功，许多中学生也加入了志愿者队伍。

3. 农村健康卡及社区卫生服务制度

泰国为实现人人享有初级卫生保健，推动社区积极参与公共卫生服务，推出了农村健康卡制度。居民以家庭为单位自愿购买健康卡，少于 5 人则每年支付 500 泰铢，政府等额支付 500 泰铢（1997 年之后，家庭支付金额和政府支付金额都调整为 1 000 泰铢），家庭人数超过 5 人的另外购买。村级志愿者负责保费工作的宣传和收缴，费用统一上交至社区卫生中心。村行政工作人员、村级志愿者以及贫困户免缴保费并享受健康卡待遇；有健康卡的家庭，可以到社区卫生中心或区级医院诊治，这两个基层机构诊治不了的转至上级医疗机构治疗。每个家庭健康卡每年最多使用 8 次，每次医疗费用在 2 000 泰铢以内，全年在 1.6 万泰铢以内，在此范围内免费治疗，超出部分自负。由此可知，泰国农村健康卡制度不仅为农民基本医疗保险提供保证，又加强了预防保健的功效，切实做到了防治结合；将健康卡制度与社区卫生服务有效结合，创新了社区卫生筹资形式，有利于社区卫生服务的开展，提高了农村社区卫生服务的可持续性，保障了农村居民的基本医疗服务质量，这一制度也较好地兼顾了公平与效率原则。

（二）泰国农村公共服务发展对中国的启示

1. 加大定向培养农村医学人才的力度

中国自 2010 年开始也开展了农村订单定向医学生免费培养项目，旨在为农村医疗机构培养从事全科医疗的卫生人才，获得免费培养资格的学生须在入学前与学校及当地卫生部门签署定向培养协议，承诺毕业后到基层医疗机构服务至少 6 年。这类学生绝大多数来自农村，选择攻读定向生的主要原因是出于经济和就业方面的考虑，很少立志于为农村卫生事业做贡献，所以定向生容易出现毕业后违约、合同期满后人才流失等问题。中国可借鉴泰国强制性农村服务政策的经验。一是加强学生基层单位的实践锻炼，培养学生为医疗卫生事业奉献的精神理念；二是在财政政策上向农村倾斜，继续提高农村地区尤其是农村偏远地区医疗卫生人员的工资待遇；三是加大对农村医疗卫生人员的培训，针对农村地区的特点进行更加有效的继续教育；四是奖罚并用，加重对违约和工作不负责人员的惩罚，对表现出色人员进行褒奖。

2. 健全中国农村医疗卫生志愿者制度

中国医疗卫生志愿者服务起步较晚，到现在为止，更多的只是在医院志愿服务方面，工作地点基本都在医院里，很少深入到居民家中提供服务。现在也有部分城市社区开展健康促进志愿者服务，但农村地区基本没有涉及。中国可借鉴泰国健康促进志愿服务经验，一是从国家层面，统筹构建健康促进志愿体系，完善招募、培训、服务等流程，将健康促进志愿服务扩展到农村地区，针对农村地区特点，构建适合于农村的志愿服务体系；二是加大政策支持力度，为志愿服务提供经费补贴并向农村地区倾斜；三是加大宣传力度，提高志愿服务的社会认同感，鼓励更多的民众加入到志愿者队伍中来。

3.健全农村医疗保障体系

自 2003 年以来，中国农村合作医疗制度得到了快速普及，这为中国农村地区的医疗保障做出了巨大贡献。但中国目前的新农村合作医疗制度仍然存在许多缺陷，农村医疗保障体系仍不健全。中国可借鉴泰国的农村医疗保障经验，逐步建立覆盖全民的基本医疗保障制度，完善医疗救助制度，加大对农村的医疗救助力度。

第三节　农村旅游业

一、法国

（一）法国农村旅游业的发展实践

法国是全球第一旅游大国，总人口约 6 500 万，但每年法国接待旅游的人次可达 8 000 多万，每年的旅游收入达到 450 多亿欧元。随着人们追求新型生活方式，回归自然的需求日渐旺盛，3/5 的法国人选择乡村进行休闲旅游。法国是最早进行农村旅游开发的国家之一，自 2005 年至今，法国乡村休闲旅游已超过 3 500 万人次/年，每年创造的收入达 220 多亿欧元。其农村旅游业发展较为成熟。

法国的农村旅游开发采用的是以政府为主导，农户、企业、协会积极参与的模式。法国政府在 20 世纪 50 年代就启动了名为"农村家庭式接待服务微型企业"的计划，以此计划来繁荣农村经济。政府出资帮助对具有传统风格的民居进行修缮，并组建了如"农家长租房"等多种协会，鼓励农户加入。法国各区、省、市镇都建有协会，协会在政策指导下制定行业标准和质量安全标准，比如要求餐饮必须采用新鲜的当地食材，并用本地的烹饪方法以体现本地特色文化。另外，协会还会提供培训、咨询、营销等服务。政府每年都会组织农村旅游博览会，各地政府也会定期举办大型的旅游活动，宣传当地的农村旅游项目。

（二）法国农村旅游业发展对中国的启示

1. 政府主导、尊重民意

法国政府认识到了农村旅游业的经营主体是农村居民，只有农民与政府的意愿统一，农村旅游业才能更好地发展。而在法国农村旅游业的发展进程中，政府无疑发挥了主导作用，从宏观统筹、政策扶持等方面积极推动了农村旅游业的发展。中国应借鉴法国的做法，在充分了解各地农民发展旅游业的意愿基础上，有效统筹，主导推进农村旅游业的发展。

2. 协会管理、行业自律

法国农村旅游业的各级协会在政策的范围内制定行业规范和制度，能够实现行业自律。协会负责对农户提供培训、指导、管理、评级等全方位服务。与政府管理相比，协会的灵活性更强。中国农村旅游业协会组建缓慢，只有少量著名景点地区组建了行业协会，其管理职能也未充分体现。中国农村旅游业的管理基本处于"放任"状态，尽管中央或地方政府出台过支持农村旅游业发展的相关政策文件，但执行过程难见成效。中国应借鉴法国经验，通过引导组建各级行业协会，弱化政府的管理职能，加强政府的监管职能，实现行业自律。

3. 呵护环境、维持特色

农村旅游业持续发展的前提是良好的生态环境。法国在保持自然风貌和人与自然和谐方面做得非常突出。从民居的建造到旅游项目的开发，无一不体现当地的特色，通过突出主题，打造当地独有的魅力。农村旅游与农村居民的日常生活已经完全融为一体，乡村已经成为人们节假日外出的首选之地。中国作为疆土辽阔、文史悠久的大国，农村旅游资源非常丰富，当下需要做的就是细心呵护生态环境，深入挖掘各地旅游资源和特色，突出主题，开发与之相适应的特色旅游项目。

4. 注重内涵、精心经营

法国的乡村原野风景如画，这是法国乡村旅游最突出的品质，除此之外，各地也将本土文化进行了充分融合。每逢大大小小的节日，都会举办各类庆祝活动，更为重要的是都会进行富有创新的策划，提出富有创意的项目，在保留传统和主题统一的情况下，丰富旅游内涵，充分挖掘每寸土地、每种文化、每段历史的社会价值。这些做法都是中国应借鉴学习的。

二、美国

（一）美国农村旅游业的发展实践

美国作为旅游大国，其旅游业收入已多年稳居世界第一。而乡村旅游业作为美国旅游业的重要组成部分，已经发展得非常成熟，旅游产品丰富多样，客源多元且数量剧增。以旅游形式为例，主要有农业旅游、森林旅游、民俗旅游、牧场旅游、渔村旅游和水乡旅游等。美国已有 30 多个州出台了专门针对农村旅游的政策，并有 15 个州明确提出了针对乡村旅游的专项规划。[①]发展农村旅游业成为带动美国农村经济发展、缩小城市与农村发展差距的有效手段，成效显著。

1. 以立法为手段规范管理

美国旅游立法始于 1958 年，国会和各州议会颁布各类法律支持旅游业的发展。1973 年，美国正式颁布《国家旅游法》，该法明确提出了关于乡村旅游的相关条款。美国各类旅游相关法律中关于乡村旅游的内容较为细致，如对乡村旅游经营主体的规模大小、土地使用、生态环保、质量标准、卫生安全等方面都有相关的法律规定。再如，1999 年，加州政府出台了《加州农场民宿法案》，对提供游客过夜服务的农场做了法律要求。立法不仅为农村旅游的运营发展提供了法律依据，也为其创造了更加健康的发展环境。

2. 合理规划、有效引导

美国农村旅游业的成功离不开美国各级政府对旅游业的合理规划。美国的乡村旅游业发展被纳入农村旅游业总体规划，也被纳入各地方政府的发展规划，同时政府出台大量政策予以支持，联邦政府和

---

① 李慧. 美国发展乡村旅游的经验及其对中国的启示 [J]. 科技广场，2012 (11)：197—204.

美国农业部设立多项基金资助发展乡村旅游项目。对于农村旅游业的管理基本上由基层政府负责，基层政府根据地方旅游资源的特点进行详细规划，引导各类主体积极参与，开发出具有本地特色的旅游项目。

3. 充分发挥社区与行业协会的作用

美国的农村旅游业发展充分体现了以市场为导向的思路，政府管理部门只在规划、政策法规制定方面起主导作用，其他的运营管理都交由行业协会和社区等主体来负责。美国旅游行业协会作为一个非营利旅游组织机构，负责统一协调旅游行业的各项管理工作。1992年，美国建立了一个名为"国家乡村旅游基金"的非营利组织，该基金主要负责为乡村旅游的持续发展提供全方位的服务和资助。美国的农村社区也会举办各类旅游项目和产品的展览会和研讨会，不定期组织对农户和乡村旅游经营者提供培训等。社区和行业协会对美国农村旅游业的发展起到了关键作用。

（二）美国农村旅游业发展对中国的启示

1. 建立健全农村旅游法规和政策体系

中国在 2013 年颁布了《中华人民共和国旅游法》，但尚未制定针对农村旅游业的专门法规，其他相关的配套政策文件也不尽完善。为保证农村旅游业的健康发展，中国应结合国情，不断完善农村旅游相关政策、法规，为其营造良好的政策法制环境。

2. 发挥政府的规划、服务职能

就中国实际情况而言，农村旅游业的发展需要靠政府的规划和引导，因此，政府在厘清管理职能的基础上，应充分发挥服务监管职能，从发展规划、政策扶持、资源开发、人才培训、信息共享、市场推广等方面为农村旅游业的发展提供支撑。

3. 注重宣传推广、塑造旅游品牌

中国的农村旅游业有自身特色，但以往由于没有进行合理包装和市场推广，不被众人熟知。中国应借鉴美国的市场运作思维，深入挖掘各地农村旅游资源的自然、文化、历史内涵，进行创意包装，充分运用各种营销手段，向外宣传推广，注重塑造品牌，在深耕国内市场的同时，积极开拓国际市场。

综上，我们对本章小结如下：

本章主要从农村金融服务业、农村公共服务业、农村旅游业等三个方面对一些国家农村服务业发展的成功做法和经验进行了阐述与分析。尽管不同国家的社会制度、政治体制、经济基础、发展环境和发展阶段等不尽相同，但对于农村服务业的发展来说，有着共同性，也有一定的规律可循。总体来看，中国可以从加强政府规划与指导、创建和完善法律法规、营造良好的政策与制度环境、积极扶持相关机构、鼓励强化行业协会作用、多元化开拓服务渠道等方面入手进一步提高农村服务业的服务水平。

第十章　多层面促进中国农村服务业较快发展的政策建议

农村服务业是中国服务业的短板，走中国特色农业现代化道路、建设社会主义新农村都迫切需要农村服务业实现快速发展。要以繁荣农村经济、促进农业现代化、增加农民收入和提高农民生活质量为重点，贯彻统筹城乡发展的基本方略，以城带乡、城乡互动发展，协同推进城镇化和农村发展，积极引导各类市场主体进入，推动农村服务业水平尽快上一个新台阶。

第一节　需求层面——激发农村服务市场需求，以服务业需求侧管理拉动农村服务业发展

经济学中将"需求"定义为购买意愿与购买能力的组合。当前，中国农村服务业同时存在着购买意愿不强与购买能力不足的问题，从而导致农村服务业市场有效需求不足的问题。从研究结论中可知，需

求对中国农村服务业发展有显著的正向促进作用。因此，如何加强需求管理、激发农村服务市场需求是中国农村服务业发展亟待解决的问题。课题组认为至少可以从以下几个方面入手：

一、增加农村居民收入，提高农村居民对服务类需求的支付能力

农村居民的收入水平直接决定了其对服务类需求的购买能力，居民收入水平对农村服务业发展也具有显著的促进作用，而如何促进农村居民增收是一个更大的研究课题。农民增收也是当前中国农村发展的主要目标之一，随着社会生产力提升而引起农民收入增加的途径日益广泛，影响农民增收的因素亦呈现多样化发展趋势，在众多因素中，市场因素（市场交易主体、市场结构、市场资源、市场渠道）、风险因素（风险补偿、风险机制、资源风险）、政策因素（价格政策、税收政策、补贴政策、资源政策）对于农民增收具有相对显著的影响效应[①]。当前，应该通过多渠道、多途径增加农村居民收入，居民收入的提高能够促进农村服务业的发展，农村服务业的发展也能反过来促进农村居民增收，从而进入一个良性循环。

二、激发服务购买意愿，引导、集中农村生产性服务需求

服务需求购买意愿与农村居民的生产生活方式和消费意识有较大关系。农村经济发展势头较好，服务外包业务较多，但受农村企业主（包括个体生产者）自给自足的小农思想、服务外包费用过高以及企业对外包服务不信任等因素的影响，服务外包意识不强、外包程度不高，大量可以通过外包方式完成的服务活动在企业内部完成，限制了生产性服务市场需求的有效拓展。特别是销售服务、物流服务、商务服务领域，企业内部自我服务现象尤为突出。此外，需求结构分散、单项需求小使得中国农村生产性服务供给主体难以形成较大规模，大

---

① 邬德林，刘凤朝. 农业技术创新促进农民收入稳定增长的困境与对策［J］. 经济纵横，2017（2）：115-119.

多以个体经营为主，或是分散的农户兼营，经营条件简陋，经营方式落后，专业化水平低，服务质量不高，供给价格和交易成本居高不下，降低了农村居民消费生产性服务的积极性，导致了农村生产性服务业发展的恶性循环。针对农村生产性服务需求主体小型化、分散化的特点，除了通过土地的有效流转、形成规模化经营的方法来扩大需求以外，还可以通过组建如农村供销合作社、农民专业合作社等形式的组织，将小型分散的需求主体组织起来形成二级需求主体，二级需求主体可以将分散的、多样化的需求集中起来，形成规模需求，再充当中介与生产性服务供给企业进行对接，这样不仅有利于发挥规模经济的作用，还可以提高农户的议价能力，降低生产性服务的消费成本，从而进一步激发农民的生产性服务需求。此外，还需搭建农村信息服务平台，并通过对农村企业主进行培训讲解等方式，使企业主吸收消化新的思想、观念和技术，让其对生产性服务的作用有全面的认识，引导、激发农村居民的生产性服务需求。①

三、大力拓展农村生活性服务消费市场，营造良好的消费服务环境

拓展农村消费市场，提高农民消费水平，扩大内需，必须进一步加快发展农村经济，不断提高农民的收入水平，增强农民对未来增收的信心，营造积极的农村消费氛围。加快完善农村医疗、养老、自然灾害等社会保障体系，消除农民对未来的后顾之忧，增加农民的消费欲望和积极性。发展农村信贷消费，引导农民的消费需求。鼓励银行、信用社从贷款方式、利率、期限等方面开发适应农村特点的消费信贷品种，如对农民子女上学的教育助学贷款等。加大文化娱乐教育投入，改善农村服务消费环境。针对当前农村消费中重物质轻服务的消费观念以及影响农村服务需求的不良风气，应充分利用媒体宣传倡导健康、文明的消费观念，积极引导和鼓励农民通过开展文化、体育、娱乐等活动来促进身心健康。

---

① 张平，孙伟仁．中国农村生产性服务业发展的现实问题与优化路径［J］．求是学刊，2015（2）：61-67．

第二节　供给层面——增强服务供给能力、提高要素供给的数量与质量，以服务业供给侧改革推动农村服务业发展

现阶段，中国农村服务业存在供给规模不足、结构失衡、质量低下的问题，导致服务业的供给能力无法满足市场需求，这是制约农村服务业发展的关键因素之一。服务供给能力不足引致的需求满足能力不足，会反过来抑制服务需求的增加；服务需求规模不足会导致服务供给端难以发展。这种恶性循环的打破更多地需要从供给侧改革入手。可从以下几个方面解决：

一、优化服务供给，增加短缺服务，创新供给方式

（一）基本公共服务方面

1. 加大农村基本公共服务财政投入，增加农村基本公共服务供给

加大中央财政对农村的倾斜力度，增强农村政府的公共服务财政支出能力；优化转移支付结构，增加财政能力平衡效果好的一般性转移支付力度，规范专项转移支付，有针对性地扶持农村相对匮乏的义务教育、医疗卫生、社会保障、基础设施等基本公共服务的供给，并重点改善农村贫困群体的基本公共服务水平。

2. 以满足公众需求为导向，建立科学的基本公共服务决策机制

政府应在公共物品供给问题上给公民提供充分发表意见的机会，因此，应以满足公众需求为导向，创新基本公共服务决策机制，有效解决基本公共服务供求结构性失衡的问题。农村居民的基本公共服务需求不完全同于城市居民，不同时期、不同地区，居民对基本公共服务的需求也有所不同，需求被满足的急需程度亦不同，如果政府在做基本公共服务供给决策时未先了解居民的需求，无疑会导致供求的结构性失衡。所以，在基本公共服务供给决策中应让作为消费主体的居

民参与，使其参与到基本公共服务政策的制定、执行和监督过程当中，建立顺畅的需求表达机制，使居民（尤其是农村居民）的利益诉求能得到充分及时的表达，避免政府决策的随意性和主观性，最终形成公众参与、专家咨询和政府决策相结合的基本公共服务决策机制，使基本公共服务供给项目更加科学，更富生命力。

3. 借助市场机制的作用，探索以政府为主导的基本公共服务多元供给模式

西方发达国家的成功经验已经证明，基本公共服务供给或生产主体的多元化、供给渠道和供给形式的多样化，可以有效提高基本公共服务的质量和效率。随着中国居民基本公共服务需求的不断提高，单纯依靠政府很难解决公共服务总量供给不足和城乡不均等的问题，这就需要在政府的主导下，鼓励企业、社会组织等各类主体积极参与，构建有效的合作机制和监管机制，发挥市场机制合理分配资源的作用，并通过制度倾斜的方式有效引导市场资源积极涌向农村，快速提高农村的基本公共服务水平。另外，还可按照基本公共服务的性质和作用不同进行分类，采取差异化的供给方式。同时，出台专项扶持政策吸引更多发达国家参与合作，引进国外先进的经营管理方式，以此提高基本公共服务供给的运作效率和专业化水平。[①]

4. 创新农村基本公共服务供给方式，强化监督约束机制建设

一是积极推进政府公共资源的统筹整合，改变条块分割、各自为政、重复交叉投入和简单"平均主义"的做法，集中财力办大事；二是深化乡镇机构改革，大力整合乡镇事业站所，健全完善"花钱买服务，养事不养人"的农村公共服务的实现方式，鼓励以政府购买服务的方式向农民提供公共服务，财政支持由"养人办事"向"办事养人"转变，提高政府农村公共服务的供给效率和质量；三是加强农村公共服务供给的管理，将项目立项、选择、实施、竣工验收、后续管理等纳入规范化、制度化管理轨道，提高农村公共服务供给的规范

[①] 孙伟仁，张平，徐珉钰. 制度创新视角下我国城乡基本公共服务均等化路径探析[J]. 东北农业大学学报：社会科学版，2016，14（2）：27-32.

性、安全性和有效性；四是强化对农村公共服务供给的监督，普遍推行村务公开，定期向农民公布收支情况，接受农民监督，提高公共资源使用的透明度；强化社会审计监督作用，及时查处各项违规、违纪行为，将农村公共资源的分配使用置于有效监督之下。

（二）生产性服务方面

1. 加大农村生产性基础设施的投资建设力度，改善生产性服务业发展基础条件

近年来，国家对农村基础设施投资的绝对量在不断增加，但其占国家基础设施总投资额的比例在持续下降，生产性基础设施投资额所占的比例也比较低。因此，加大农村生产性基础设施的投资建设力度，不仅要在绝对量上不断增加，还应在投资比例上有所提高，保证农村生产性基础设施建设有稳定的资金来源；加大对新型业态如科技农业园区、休闲农业园区、创意农业园区等项目的支持力度；农村生产性基础设施的投资主体除了政府以外，还有企业和农户，可以通过建立有效的主体参与机制，发挥市场机制、社会机制的作用，吸纳社会资本来进行生产性基础设施的投资建设，以此弥补国家财政资金的不足；此外，应有专门的机构和资金用于对生产性基础设施的管护，这将有利于提高基础设施的使用效率和使用寿命。

2. 创新农业生产性服务供给机制，提高农业生产性服务供给能力

一是针对中国农业生产性服务需求分散、单项需求小等特点，政府应推动创新农业生产性服务供给机制，积极探索"政府+农户"、"合作社+农户"及"龙头企业+农户"等不同服务模式，增加生产性服务的有效供给，将生产性服务的供需实现有效对接；二是针对中国农业生产性服务组织层次低、服务能力弱的问题，政府可加大对龙头企业、农民专业合作社、农产品行业协会和其他农村中介服务组织的支持力度，充分发挥合作社、行业协会和中介机构等的平台作用，注重发挥互联网的优势作用，提高其服务的专业化、信息化水平；三是积极引导各类生产性服务企业树立创新意识，因地制宜、因业制宜地

针对农户需求开展多样化的生产性服务，使广大农民可以便捷地利用农业生产性服务组织的先进技术和专业化的优势来降低自己的生产成本，提高农产品品质和附加值，真正从使用生产性服务中得到利益。

3. 优化农村生产性服务供给结构，增加农技研发与推广、信息及金融保险等农村现代服务供给；鼓励、引导城市现代服务业向农村地区延伸，发挥城市在现代服务业上的优势带动作用

现代服务业对农业现代化的发展和农村生产效率的提高有显著促进作用，而现阶段，中国农村生产性服务业的供给以交通运输仓储、批发零售业等传统服务业为主，信息传输、计算机服务和软件业、研究与试验发展业、综合技术服务业、金融保险业等新兴的现代服务业发展比较缓慢。首先要推进农村信息服务体系建设，逐渐普及农村宽带网络建设，着重加强农产品公共数据库和农业公共信息平台等信息化网络建设，引导软件信息龙头企业面向农村提供服务；对农业龙头企业、农民合作社和种养大户的农业信息化进行财政扶持。其次要创新农村金融产品，开发适合农村市场的农民小额贷款、农业灾害保险等多样化产品，促使农村金融与农业技术、农业机械化、农业信息化服务等先进生产要素投入相结合，与专业大户、职业农民、技术能手等现代农村人力资本投入相结合，与农业龙头企业、农民专业合作社等生产组织相结合。再次，加大农村科技研发与推广投入，强化与高等院校、科研机构和涉农企业的合作，促进绿色、高效、高产的现代科技成果的转化，充分发挥科技带动产业发展的先进作用。最后，建立现代农村综合流通服务体系，大力发展现代物流、农村电商等现代服务业。

（三）生活性服务方面

1. 加大农村生活性服务基础设施建设力度，增加生活性服务有效供给，促进农村生活性消费由生存型、传统型、物质型向发展型、现代型、服务型转变

一是推动农村社区化建设，完善农村社区服务网点，促使婴幼儿看护、护理、美容美发、家用电器及其他日用品修理、房屋租赁、家

用车辆保养维修等生活性服务规范化、标准化发展，鼓励在乡村建立综合性服务网点，提高农村居民生活便利化水平；二是加快发展农村养老服务，积极开发适合农村实际的养老服务方式，鼓励市场资本在农村创办养老服务机构，开展老年人生活照料、康复护理、精神慰藉、文化服务、紧急救援、临终关怀等养老服务项目；三是积极开发内容丰富、形式多元的乡村旅游服务，改变以往形式单一、同质化严重的乡村旅游格局；在传统休闲农业和观光农业的基础上，拓展开发会务度假、休闲娱乐等项目的新兴乡村旅游方式；在保留传统和主题统一的情况下，丰富乡村旅游内涵，充分挖掘每寸土地、每种文化、每段历史的社会价值，深入挖掘各地旅游资源和特色。

2. 创新农村生活性服务供给方式，建立以城带乡、城乡互动发展机制

借鉴城市生活性服务发展经验，推动农村积极运用互联网等现代信息技术，改进服务流程，提升服务管理水平，拓展服务维度，精细服务环节，延伸服务链条，发展智慧服务；深度挖掘中国传统文化、民俗风情和区域特色的发展潜力，促进农村生活性服务实现绿色化、生态化、内涵化、现代化。

二、强化要素供给，为农村服务业发展注入活力

（一）优先保障农村服务业发展用地

国土资源、规划部门要在土地利用总体规划和农村规划中充分考虑农村服务业发展的需要，乡镇黄金地段优先用于发展农村服务业。规划建设农村新建居住区，应按国家规范标准配套便民文体设施、商业服务设施、停车场和再生资源回收网点等。对规划布局的农村生产性服务业集聚区建设项目和新兴农村服务业项目（农村信息服务、农村物联网服务、农村电商、农产品物流等）优先保障用地指标。对民办学校、幼儿园和职业培训机构的设施建设，在用地和基础设施配套方面享受与公办学校同等优惠政策。

（二）加大农村服务业固定资产投资，优化农村基础设施条件

从对农村服务业发展水平、各地区农村人均固定资产投资及各地

区农村服务业人均固定资产投资的数据和分析可以看出，农村人均固定资产及服务业人均固定资产投资投入较高的地区，服务业发展普遍较快。因此，需要在教育、养老、医疗、税收、公共产品等方面优化农村固定资产投资条件，切实改善服务业落后地区的服务环境，增加服务机构数量，提高服务业发展所需基础设施条件。应加强对乡村道路的建设与维护，配备相应的配套设施与养护管理资金，保证乡村道路的通畅，打通农村与城市的沟通渠道；也可以积极引进大城市的交通网络建设思路，建立交通枢纽，完善交通运输服务体系，提高农村与市场之间的流通效率，为进一步发展农村服务业提供基础保障。

（三）提高农村劳动力受教育水平，引进、培养农村服务业人才

农村劳动力水平高低直接影响着农村服务业发展水平。目前中国农村劳动力受教育水平普遍偏低，技术素质不高，而现代农业的发展以及国家正努力推进的"三产融合"对农民的素质提出了更高的要求，传统农民可能会向产业工人、职业农民转变，不仅需要掌握农业生产知识，还需具备信息分析、经营管理、组织协调等能力。所以，必须加大对农村劳动力的培训力度，全面提高农村劳动者的综合素质，制定针对农村服务业的人才培训制度，培养高层次、高技能、高素质的农村服务人员，使农村劳动力不仅能从事餐饮、住宿、交通运输等传统服务行业，也要培养高技能、高水平的农村劳动力从事农村金融、农村保险、农村电商、农业信息软件等新兴农村服务行业。充分发挥农业类高等院校和职业学校的办学优势，加强学科专业建设，提高办学质量，加快培养造就一批能够为农村经济发展效力的服务业应用型、复合型和技能型人才。支持高校、企业、科研单位联合建立服务业管理人员、农业技术人员及员工培养培训基地和岗位技能培训基地，增强人才培养的适应性和针对性。建立并完善农村人才引进和激励机制，加大农村服务业高层次创业创新人才引进力度，鼓励服务业高端人才和专业人士进入农村就业和创业，壮大高质量的农村服务业人才队伍。

第三节　制度层面——深化制度改革创新，加快市场化改革进程，扩大对外开放，为农村服务业发展营造好的政策环境

一、合理发挥政府的协调、监管作用，加快服务业市场的整顿和规范

由于服务产品的无形性、不可储存性、不可分割性等特性，它不同于物质产品，消费者对服务产品质量的评价主观性非常强，比如教育、律师、咨询、旅游等服务行业都具有这种特点。对服务行业来说，如果缺乏相应的行业标准和行为规范，消费者享受到的服务质量无法得到有效保障，一旦出现纠纷，也难以维护自己的正当权益，这也必将抑制消费者对购买服务产品的欲望和需求。因此，加快梳理服务业现行规章、政策和标准规范，针对农村服务业发展的重点及新兴领域，按法定程序研究制定地方性法规、规章、规范性文件及服务类地方标准，规范市场秩序；完善社会诚信体系建设，加强信用风险控制管理，以守信受益、失信惩戒制度为核心，建立涵盖行政、市场、社会奖惩在内的联合奖惩机制，完善覆盖企业及从业人员日常行为诚信记录的联合征信体系，强化诚信记录查询和信用服务应用，推动服务业企业实施诚信品牌战略，创造有利于农村服务业发展的政策环境。

二、深化制度改革创新，推动农村服务业生产要素自由流动

制度环境对市场需求和市场供给都有着显著的影响。要素供给的自发流动是以"逐利"为目的的，表面上看是发挥市场机制的作用有效配置资源的结果，但是中国生产要素的流动是建立在诸多不完善、不公平的制度基础上的，导致了农村土地资源的流转不畅、资本和人才向城市的单向流动、农村技术落后及推广困难等问题，这些问题的

存在使得农村服务业的发展缺乏原动力。制度的障碍导致市场机制并不能达到有效配置资源的作用。因此，亟需从制度层面入手，深化制度改革，为要素的有序流动奠定基础。

（一）改革土地制度，完善土地流转机制，推动农村土地规模化经营

对当前的农村土地制度进行改革，在维持家庭承包责任制不变的基础上，进一步明晰农民对土地的承包权和经营权，消除农民进行土地流转的后顾之忧，并建立完善的土地经营权流转机制，规范土地流转程序，在尊重农村居民意愿的基础上，积极开展农村土地流转工作。通过农村专业经济合作组织或龙头企业，将农户手中零碎的土地连成片，促进土地资源向优势产业和优势种植专业户流转，进行适度的规模化经营，从而有利于形成生产性服务需求，促进农村生产性服务业的快速发展。

（二）深化农村金融体制改革，加大农村财政支持力度，为农村生产性服务业的发展提供资金保障

为改变当前农村资本大量外流、农村经济发展资金严重短缺的状况，有必要改革农村金融体制。首先，推进农村信用合作社的改革与转型，鼓励其进行金融创新，充分发挥农村信用合作社的农村金融主体作用；其次，通过政策引导，采用利息补贴、税收减免或降低准备金率等方式，激励政策性银行和商业银行加大信贷的涉农支农力度，使其对农村经济发展承担起更多的责任。此外，由于农村生产性服务业处于发展初期，在充分发挥市场机制作用的同时，有必要通过财政政策为其提供"保护伞"，加大政府财政对农村生产性服务业的直接投资力度。

（三）深化户籍制度改革，促进劳动力在城乡之间自由流动，吸引生产性服务业人才进入农村

在中国农村产业结构调整、农村土地有效流转之后，会释放出大量农村剩余劳动力流向城市，但是现行的户籍制度一方面导致了农村居民在城市"落不住脚"的问题，另一方面导致了农村对人才缺乏吸引力，"引不来人""留不住人"的问题。由此，有必要建立城乡统一的户籍制度，消除劳动力双向流动的制度性障碍，同时，建立有效的

人才引进或培养机制，吸引农村生产性服务业急需的人才扎根农村、服务农村。随着农村生产性服务业的发展以及城乡经济发展差距的不断缩小，农村对人才的吸引力也将不断增大。

（四）加大农村科技体系建设的政策支持力度，创新技术推广方式，推动科技成果在农村的转化应用

积极推进农村科技体系建设，实施农业技术创新工程，提高公益性农业技术服务的供给，并建立市场化、多元化的农村科技成果转化网络体系；鼓励高校、科研院所、龙头企业的技术中心等科研单位以技术入股的方式成立公司，引入市场机制，参与科技成果的转化；引导和激励科研人员入乡入户开展技术推广、教育培训等服务。总之，通过各种途径，使得技术要素能够顺利地流向农村，为农村生产性服务业的发展提供科技支撑。

三、加快农村服务业市场化进程，壮大多元经营主体，引入社会资本，商业化运营农村服务业

中国农村服务业的市场化程度处于较低水平，这对农村服务业的发展有着抑制作用。应放宽农村服务业市场准入，引进竞争机制。要特别强调允许进入和允许竞争并重，不应仅限于在原有国有企业"分拆"之后的企业之间开展竞争，还应准许新的市场主体，特别注重激活民间企业投资，允许非国有市场主体进入各服务行业，参与市场竞争，以利于提高效率，改善服务。对一些短期内完全开放进入有难度的行业，要尽快实行政企分开、政资分开、政事分开，在非自然垄断性业务部门积极引入市场机制，开展竞争，提高效率。目前存在着大量的由财政负担的事业性、福利性服务单位，需要在下一步改革中转向企业化、产业化和社会化。这些单位人员众多，效率较低，竞争力不强，在转制中需要付出一定的改制成本，用于员工安置和必要的新投入等，还需要给予一定的资金、税收和用工等方面的优惠政策。应制定政策鼓励多种融合方式的探索，发展大田托管、农产品加工、仓储物流等市场化服务；壮大多元经营主体，带动农民发展多种形式的

适度规模经营，能够商业化运营的农村服务业，要向社会资本全面开放；建立利益联合机制，强化龙头企业连农带农与国家扶持政策挂钩的激励机制；强化政策支持，中央财政安排资金支持农村产业融合发展试点，投资向产业融合发展项目倾斜。

四、合理利用 WTO 规则，完善服务业法律法规体系，扩大农村服务业对外开放程度

国外农村服务业的发展水平较高，有着诸多成功的经验。首先，对外开放有利于推动服务业市场化改革，从而提高服务业市场化水平，市场化水平的提高能够促进服务业的发展；其次，对外开放带来的外资进入在弥补农村服务业发展所需资本不足的同时，还能吸收国外先进的技术与管理经验，这些要素的引进能够加快农村服务业的发展；最后，对外开放会推动农村服务业政策制度的不断完善，为了吸引外资进入，各级政府会不断完善法律法规，规范市场秩序，引导市场参与主体公平竞争。农村服务业对外开放是提升中国农村服务业整体水平和国际竞争力的必由之路。按照准入前国民待遇加负面清单的管理模式，着力推进金融、教育、医疗、文化、体育等领域的对外开放，更大力度地放宽服务贸易的准入和投资限制，实现服务要素在全球范围内的互联互通。

第四节 区域层面——因地制宜，多层次、多门类发展农村服务业，在逐步缩小区域发展水平差距的同时，形成各地农村服务业的特色优势

一、根据经济发展水平及综合实力的不同，结合各行业的特点，采取适宜的措施，推动各地特色农村服务业发展

东部地区一方面要继续加强传统服务业的发展，保障农村经济的平稳有序发展；另一方面更应该加强以金融保险业、信息传输计算机

服务业及软件业为代表的新兴服务业的发展，积极探索农业与旅游、健康养老等深度融合，培育农村电商、农产品定制等"互联网＋"新业态。中、西部地区应加强交通运输仓储及邮电通信业发展，注重提高服务业基础设施条件的优化，依托各地特色优势，发展休闲农业、农村旅游、农产品物流等产业，同时，政府应该加大对农村服务业的投入，加强对农业科技服务、农业信息服务、农业金融服务等行业的扶持，以增强农村服务业对农民就业的促进作用，通过发展农村服务业，带动当地农民就业，解决农民的就业、再就业问题。

二、根据资源禀赋的不同，发展不同的农村服务业

例如，交通运输业，水乡可以着力发展水运交通，平原地区着力发展公路、铁路交通；在农村人口多、条件比较落后的地区可以发展技术要求不高、资本投入不多、进入门槛低、劳动密集型、较容易创办的传统服务业；在农业资源丰富的农业大省，着力发展农业机械化服务、农技服务等农业生产性服务业；在经济条件优越、工业基础较好的城郊地区、乡镇地区可以借助资本、信息技术等要素，着力发展现代服务业；风景优美、拥有文化遗产的地区可以大力发展农村旅游业等。

三、根据区位特征的不同，对农村服务业进行区别定位，形成功能不同、特色各异、优势互补的农村服务业格局

按照与城镇邻近性以及人口聚集程度的不同，将农村地区划分为农村城郊地区（邻近城市的农村地区，城乡结合地区）、农村乡镇地区（乡、镇政府周边的人口、商业比较集中的地区）和农村偏远地区（离城市、乡镇较远的，人口、商业较分散的农村地区），不同类型采用不同的发展策略和不同的发展侧重点。

（一）农村城郊地区："依托城市、服务城市、发展农村"

充分利用城郊地区毗邻城市的区位优势，在城市服务业向农村地区延伸的过程中发挥桥梁和纽带作用，在以城带乡、以乡促城的策略

中发挥先导作用；借鉴城市发展和管理的经验，以城带乡，促进城郊服务业快速发展，支撑城郊地区率先实现城市化，以此循序推进中国城市化进程；不断完善基础设施，承接城市产业转移，大力发展汽车贸易、商务服务、综合批发、仓储物流、服务外包等主导产业，形成具有地区特色的、充满活力的服务业聚集区；围绕休闲、生态、观光、旅游农业，农家特色餐饮业等，形成乡村旅游特色优势和规模效应，将城郊农村发展成为绿化带、景观带和大花园，打造特色休闲观光品牌。

（二）农村乡镇地区："效仿城市、承接城市、服务农村"

利用乡镇地区人口、商业相对集中的优势，进一步将乡镇发展成为农村人流、物流、资金流、信息流的集散地，加强乡镇在教育、医疗、水电、交通运输、商业、金融、文娱和环保卫生等方面基础设施的建设，促进相关服务产业的较快发展；借鉴城市社区化管理的经验，逐步进行社区化建设，大力发展物业管理、便民商业、家政服务、餐饮、托儿托老等社区服务业，构建功能完备、运作良好的新型农村综合服务体系；承接城市服务业的产业转移，引进城市服务业的分支机构进驻乡镇来开拓农村市场；合理统筹乡镇的规划布局，形成当地商业集聚区、特色服务业聚集区；以综合批发、仓储物流、电子商务、社区服务、会展服务等行业作为重点领域，有针对性地打造乡镇服务业优势，并且，注重采用现代信息技术、经营方式和管理手段，对传统服务业进行改造，为乡镇逐步实现城镇化提供保障。

（三）农村偏远地区："面向农村、立足特色、夯实基础"

农村偏远地区大多数基础薄弱、生产方式原始、自然条件恶劣、产业结构单一、交通不便、信息闭塞。针对这一现实情况，首先，需要加强道路桥梁、安全饮水、安全用电、农田水利、教育、医疗等民生基础设施的投资建设力度，优先改善基本公共服务条件，保障农村居民生产生活的基本需要；其次，发展农村服务业需要立足地方特色，结合当地资源优势和主导产业的需要，发展乡村旅游、特色农产品技术服务、绿色农产品营销、农产品流通等服务业，使得农村服务业的发展促进农村第一、第二产业的快速发展；最后，加快农村电信、宽带网络、物流运输等基础设施建设，促进农村商贸业快速发展，提高农村便民商业发展水平，鼓励农村电商不断向偏远地区渗透，带动其他产业快速发展。

第五节 产业层面——促进"三产融合"，为农村"新四化"的实现提供保障

"推动农村一二三产业融合"被定义为延伸产业链、促进农民增收。通过延长产业链，可以向产业上下游跨界发展；通过提升价值链、精深加工和精细化管理，提高附加值；通过共享利益链，让农户分享到产业链的增值收益；通过催生新业态，将"互联网+"等现代新理念引入生产经营活动，进而创新生产方式、经营方式和资源利用方式。

农村一二三产业融合，是以农业为基本依托，通过产业联动、产业集聚、技术渗透、体制创新等方式，将资本、技术以及资源要素进行跨界集约化配置，使农业生产、农产品加工和销售、餐饮、休闲以及其他服务业有机地整合在一起，最终实现农业产业链延伸、产业范围扩展和农民增加收入。促进农业与旅游、健康养老等深度融合，培育农村电商、农产品定制等"互联网+"新业态。

一、调整农业产业结构，拓宽生产链，发展多种类型的三产融合方式

合理有效地统筹和安排农村闲置土地，将其与城乡规划科学结合，促进农村第二、第三产业集中，发挥产业集群效应，稳定农业人口；秉持循环经济思想，促进农业与畜牧业、林业结合，促进多种产业协同发展；从政策角度规范和引导开发新型农产品营销体系，打造集聚化仓储物流中心，扩大农产品销路，提高农产品流转速度；拓宽农业生产性服务业，促进农产品深加工，提高农产品附加值；结合农

村特有的地域、历史、民族等条件，开展旅游、文化教育等的多种产业深入融合项目；结合互联网、大数据、云计算等的发展，将电子商务、信息技术等广泛应用于农业的生产经营管理中，实现"互联网＋现代农业"的模式。

二、加强社会资本投入，鼓励发展股份制合作，创新农业金融服务

国家可从相关政策角度引导社会资本投资农村相关项目，切实利用农村现有闲置资源，加速农村商业活动的运营；农户可参考政府颁布的相关农用地基准定价，进行土地入股或流转，与企业等经营者开展多种形式合作，农户成为股东，享受加工、销售等环节的收益；加强新型农业经营主体与供销社的合作，拓宽合作社经营范围，为农资供应、农产品流通等领域提供优质服务；政府还可根据新型农业经营主体之间的合作关系，通过税收优惠、给予补助、奖励等方式，推广产业链金融模式，加大对农村产业融合发展的信贷支持。

三、强化农村产业主体的基础作用，由龙头企业带动打造农村产业联盟

当前中国农村的普通农户与家庭农场，可以开展产品直销，农民合作社也可积极加大农产品加工、销售力度，或承担政府相关项目，落实农业相关财政项目资金。农户也可与农业龙头企业、农民合作社签订农产品购销合同，形成订单式农业发展，保障农产品销路。鼓励农业龙头企业优化配置资源，打造供应链一体化，建造仓储物流中心，健全农产品营销网络，带动农村产业发展；鼓励龙头企业、农业院校等成立产业联盟，利用农村现有资源和龙头企业带动作用，共同研发，促进农业科技成果的转化，提高农村产业的竞争力。

四、搭建公共服务平台，多渠道为农村三产融合提供服务

积极改善农村的道路、水、电、通信等基础设施条件，可为农村旅游休闲业提供良好、便利的环境，为运输物流业提供快速的交通网络，为信息服务业等产业的发展提供坚实的基础；搭建公共的综合信息化服务平台，可以非常便利地为城镇居民及农民提供电子商务、农产品价格、公共服务、农业物联网等信息，能够切实促进农村的运输物流业、旅游休闲业、信息服务业等产业的发展。

参 考 文 献

[1]   ACEMOGLU D, GUERRIERI V. Capital deepening and nonbalanced economic growth [J]. SSRN Electronic Journal, 2006, 116 (3): 467-498.

[2]   ALLEN J. SCOTT. Entrepreneurship, innovation and industrial development: geography and the creative field revisited [J]. Small Business Economics, 2006 (1).

[3]   BAUMOL W J. Macro economics of unbalanced growth: the anatomy of urban crises [J]. American Economic Review, 1967, 57 (3): 415-426.

[4]   BOSWORTH G. Characterising rural businesses— tales from the paperman [J]. Journal of Rural Studies, 2012, 28 (4): 499-506.

[5]   BROWING H L, SINGELMANN J. The Emergence of a service society: demographic and sociological aspects of labor force in the USA. Springfield, VA: National Technical Information Service, 1975.

[6]   CHADEE D, NAIDOO V. Higher educational services Exports: sources of growth of Asian students in US and UK [J]. Service

Business, 2009, 3 (2): 173-187.

[7]   DANIELS P W. Service industries : a geographical appraisal [M]. London: Methuen, 1985.

[8]   DICKSTEIN C. Offshore competition for back offices: Policy implications for promotion of back offices in West Virginia. Morgantown: West Virginia University, Report to the Institute for Public Affairs, 1991.

[9]   DRUCKER H M. Developments in British politics [M] // DUNLEAVY P. Developments in British politics 3. London: Macmillan, 1990: 56-69.

[10]   EDUARDO A, et al. Demand for information and communication technology- basedservices and regional economic development [J]. Papers in Regional Science, 2003, (82): 27-50.

[11]   FAWSON C, THILMANY D, KEITH J E. Employment stability and the role of sectoral dominance in rural economies [J]. American Journal of Agricultural Economics, 1998, 80 (3): 521-533.

[12]   WYCKOFF W. Central place theory and the location of services in Colorado in 1899 [J]. Social Science Journal, 1989, 26 (4): 383-398.

[13]   FUGUITT G V, BROWN D L, BEALE C L. Rural and small town America [M]. New York: Russell Sage Foundation, 1989.

[14]   GATRELL J D. Re- thinking economic development in peripheral regions [J]. Social Science Journal, 1999, 36 (4): 623-639.

[15]   GLASMEIER A, BORCHARD G. From branch plants to back offices: Prospects for rural service growth [J]. Environment & Planning A, 1989, 21 (12): 1565-1583.

[16]   GLASMEIER A, GLICKMAN N. Foreign investment boosts rural economies. [J]. Rural Development Perspectives, 1990, 6: 19-25.

[17]   GOE W R. The Growth of producer services industries: sorting through the externalization debate [J]. Growth & Change, 1991, 22 (4): 118-141.

[18]   GRUBEL H G. All traded services are embodied in materials or people [J]. World Economy, 1987, 10 (10): 319-330.

[19]   HAGGBLADE S, HAZELL P B R, REARDON T. Transforming the

rural nonfarm economy [J]. Opportunities & Threats in the Developing World, 2007, 44 (5): 763-764.

[20] HENDERSON J. Building the rural economy with high- growth entrepreneurs [J]. Economic Review, 2002, 87 (Third Quarter): 45-70.

[21] HIGGS G, WHITE S D. Changes in service provision in rural areas. Part 1: The use of GIS in analysing accessibility to services in rural deprivation research [J]. Journal of Rural Studies, 1997, 13 (4): 441-450.

[22] KATOUZIAN M A. The Development of the service sector: A new approach. [J]. Oxford Economic Papers, 1970, 22 (3): 362-82.

[23] KELLERMAN A. The evolution of service economies: a geographical perspective 1 [J]. Professional Geographer, 2005, 37 (2): 133-143.

[24] KINSELLA J, WILSON S, JONG F D, et al. Pluriactivity as a livelihood strategy in irish farm households and its role in rural development [J]. Sociologia Ruralis, 2000, 40 (4): 481 - 496.

[25] KOLKO J.The death of cities? The death of distance? Evidence from the geography of commercial internet usage [R]. Boston: Harvard University, 1999.

[26] KRIN, T. Growth and change in the service sector of the U.S.: A spatial perspective [J]. Annal of the Association of American Geographers, 1987, 77: 353-372.

[27] KUZNETS S. National income and industrial structure [J]. Econometrica, 1949, 17: 205-241.

[28] VELTEN S, LEVENTON J, JAGER N, et al. What is Sustainable Agriculture? A Systematic Review [J]. Sustainability, 2015, 7 (6): 7833-7865.

[29] MARSHALL J N, JAEGER C. Service activities and uneven spatial development in Britain and its European partners: determinist fallacies and new options [J]. Environment and Planning A, 1990, 22 (10): 1337-1354.

[30] MASON C M, CARTER S, TAGG S. Invisible businesses: the characteristics of home- based businesses in the United Kingdom

[J]. Regional Studies, 2011, 45 (5): 625-639.

[31]   MOSAICC: Market orientated study on advanced telecommunications in cohesion countries [R]. DGXIII, CEC Brussels, 1997.

[32]   MOSELEY M J, OWEN S. The future of services in rural England: The drivers of change and a scenario for 2015 [J]. Progress in Planning, 2008, 69 (3): 93-130.

[33]   MWABU G M, UGAZ C, WHITE G. Social provision in low-income countries: new patterns and emerging trends [M]. New York: Oxford University Press, 2001.

[34]   O' BRIEN P F, BURMEISTER J M. An architecture for ubiquitous service delivery [C] // PACIS2002- The Next e- What for Business and Communities. JASMIN- The Japan Society for Management Information, 2002: 11-26.

[35]   REARDON T, BERDEGUé J, ESCOBAR G. Rural nonfarm employment and incomes in Latin America: overview and policy implications [J]. World Development, 2001, 29 (3): 395-409.

[36]   REID J N, SEARS D W. Symposium on Rural Development Strategies [J]. Policy Studies Journal, 1992, 20 (2): 214-217.

[37]   RICHTER K. Nonmetropolitan growth in the late 1970s: the end of the turnaround? [J]. Demography, 1985, 22 (2): 245-263.

[38]   SINGELMANN J. From agriculture to services: the transformation of industrial employment [J]. Sage Library of Social Research, 1978, 77.

[39]   SURBORG B. Advanced services, the New Economy and the built environment in Hanoi [J]. Cities, 2006, 23 (4): 239-249.

[40]   WHITE A L, FENG L, et al. Servicizing: The quiet transition to extended product responsibility [R]. Boston: Tellus Institute, 1999.

[41]   VANDERMERWE S, RADA J. Servitization of business: Adding value by adding services [J]. European Management Journal, 1988, 6 (4): 314-324.

[42]   李文强, 陈宪. 新型工业化理论研究的发展 [J]. 上海经济研究, 2011 (5): 16-24.

[43]   方润生, 郭朋飞, 李婷. 基于陕鼓集团案例的制造企业服务化转型演进

过程与特征分析 [J]. 管理学报，2014，11 (6)：889-897.

[44] 包宗顺. 亚洲非农化发展研究 [M]. 南京：南京出版社，1988.

[45] 程大中，黄雯. 中国服务业的区位分布与地区专业化 [J]. 财贸经济，2005 (7)：73-81，97.

[46] 单永贵. 新时期农村服务业发展探析 [J]. 宏观经济管理，2011 (8)：43-48.

[47] 丁静秋，赵公民. 中部地区生产性服务业集聚发展的影响因素——基于81个地级市数据的实证研究 [J]. 科技管理研究，2013 (10)：166-170.

[48] 杜传忠，刘英基. 中国农村工业化进程中农村服务业发展的障碍及对策探析 [J]. 江西财经大学学报，2010 (4)：69-74.

[49] 方远平，阎小培，陈忠暖. 服务业区位因素体系的研究 [J]. 经济地理，2008 (1)：44-48，58.

[50] 冯芸，雷敏，吴冲锋. 是什么制约着中国第三产业的发展？[J]. 中国软科学，2008 (11)：67-73.

[51] 葛琳玲. 日韩农村公共服务体系建设研究 [J]. 世界农业，2014 (2)：63-66.

[52] 顾乃华. 中国服务业发展状况区域差异及其影响因素的实证分析 [J]. 财贸经济，2004 (9)：84-88，96.

[53] 郭怀英. 注重以信息化促进服务业现代化 [J]. 宏观经济管理，2007 (3)：38-40.

[54] 韩坚，尹国俊. 农业生产性服务业：提高农业生产效率的新途径 [J]. 学术交流，2006 (11)：107-110.

[55] 韩长赋. 积极推进新型农业经营体系建设 [N]. 人民日报，2013-08-07.

[56] 郝爱民. 提升农业生产性服务业外溢效应的路径选择 [J]. 农业现代化研究，2015，36 (4)：580-584.

[57] 胡霞. 中国城市服务业空间集聚变动趋势研究 [J]. 财贸经济，2008 (6)：103-107，129.

[58] 黄慧芬. 中国农业生产性服务业与现代农业发展 [J]. 农业经济，2011 (10)：3-5.

[59] 姜长云. 中国服务经济发展对策建议 [J]. 宏观经济管理，2012 (2)：21-23.

[60] 黎家远. 统筹城乡背景下财政支持新型农业社会化服务体系面临的挑战

及对策 [J]. 农村经济, 2013 (10): 59-61.

[61] 李慧. 美国发展乡村旅游的经验及其对中国的启示 [J]. 科技广场, 2012 (11): 197-204.

[62] 李娟. 中国现代服务业发展影响因素分析 [J]. 商业研究, 2010 (2): 112-115.

[63] 梁向东, 潘杰波, 吴艳. 信息化与现代服务业发展: 测度、协同和融合的研究视角 [J]. 系统工程, 2013 (11): 121-126.

[64] 梁兴英, 王言秋. 工业化中期农村服务业发展问题研究 [J]. 青岛农业大学学报: 社会科学版, 2009 (2): 27-32.

[65] 林万龙. 中国农村公共服务供求的结构性失衡: 表现及成因 [J]. 管理世界, 2007 (9): 62-68.

[66] 林艳华, 肖美香. 烟台市农村服务业发展现状及对策 [J]. 商业时代, 2011 (12): 136-137.

[67] 邬德林, 刘凤朝. 农业技术创新促进农民收入稳定增长的困境与对策 [J]. 经济纵横, 2017 (2): 115-119.

[68] 刘怀廉. 推进非农化是建设新农村的重要途径 [J]. 领导科学, 2006 (7): 9-10.

[69] 刘曙华, 沈玉芳. 生产性服务业的区位驱动力与区域经济发展研究 [J]. 人文地理, 2007 (1): 112-116.

[70] 刘卫星. 试论健全新农村社区公共服务供给体系 [J]. 贵州师范大学学报: 社会科学版, 2008 (4): 68-71.

[71] 柳坤, 申玉铭. 中国生产性服务业外向功能空间格局及分形特征 [J]. 地理研究, 2014 (11): 2082-2094.

[72] 鲁明泓. 国外农村非农化理论及对中国的启示 [J]. 南京大学学报: 哲学社会科学版, 1994 (3): 73-78.

[73] 陆铭. 服务业发展不需要政府过多干预 [J]. 上海国资, 2010 (1): 38-39.

[74] 吕炜, 王伟同. 中国基本公共服务提供均等化问题研究——基于公共需求与政府能力视角的分析 [J]. 财政研究, 2008 (5): 10-18.

[75] 吕政, 刘勇, 王钦. 中国生产性服务业发展的战略选择——基于产业互动的研究视角 [J]. 中国工业经济, 2006 (8): 5-12.

[76] 马金华, 陈国华. 调整农村服务业结构 加快第三产业发展 [J]. 农村·农业·农民, 2001 (9): 22-28.

[77] 毛飞, 孔祥智. 中国农业现代化总体态势和未来取向 [J]. 改革, 2012

(10)：9-21.

[78] 潘锦云，汪时珍，李晏墅.现代服务业改造传统农业的理论与实证研究——基于产业耦合的视角 [J]. 经济学家，2011 (12)：40-47.

[79] 普雁翔.中国农村城市化扩展趋势研究——基于空间视角 [J]. 农业经济问题，2009 (12)：68-74，111.

[80] 商海岩.演进路径、产业粘性与市场适宜性——对农村服务业理论演进及发展现状的分析 [J]. 山东财政学院学报，2014 (1)：105-110.

[81] 沈艳兵.新农村建设中的农村服务业发展探究 [J]. 北方经济，2007 (8)：13-14.

[82] 石国亮.国外公共服务理论与实践 [M]. 北京：中国言实出版社，2011.

[83] 孙德超，曾媛.中国城乡基本公共服务均等化的发展现状及实现途径 [J]. 商业研究，2011 (4)：173-177.

[84] 谭小芳，白璐.开发性金融与农村金融市场效率研究 [J]. 财经问题研究，2009 (6)：92-99.

[85] 涂俊，吴贵生.县域农业创新系统：以莱州市为例 [J]. 农业经济问题，2005 (1)：61-65.

[86] 王德萍，孟履巅.中国农业服务业的发展 [J]. 上海经济研究，2008 (8)：13-15.

[87] 王向，王庆芳.城市化、服务业增长与城乡收入差距——基于协整方法和结构方程的经验分析 [J]. 现代财经（天津财经大学学报），2013 (6)：45-56.

[88] 王新华.湖北省农村服务业发展对策研究 [J]. 荆楚学刊，2013 (2)：18-21.

[89] 尉福生，付帅.关于山西省建设新型农业社会化服务体系的调查与思考 [J]. 晋阳学刊，2014 (2)：105-110.

[90] 吴孔凡.新时期农民公共需求的特点与农村公共服务供给的取向 [J]. 经济研究参考，2008，69 (4)：29-32.

[91] 夏杰长.大力发展服务业是扩大内需的重要途径 [J]. 经济学动态，2009 (2)：61-64.

[92] 薛贺香.城镇化、农业生产性服务业与农村居民消费互动的实证研究 [J]. 广东商学院学报，2013 (6)：81-88.

[93] 严先锋.生产性服务业、制造业与农村服务业的联动新探索 [J]. 经济研究参考，2014，59 (2)：67-69.

[94] 杨静，谢健，黄春丽.美国农村金融服务体系对中国的启示 [J]．世界农业，2014（10）：37-41．

[95] 杨其元.如何完善农村公共服务体系 [J]．中国改革，2008（5）：65-66．

[96] 杨叶坤.人力资本与服务经济增长——基于广东省的实证研究 [J]．经济视角（下），2013（2）：113-116．

[97] 袁媛，李学林，彭子芸，等.加快云南农村服务业发展的对策研究 [J]．经济问题探索，2009（2）：172-178．

[98] 原雪梅.关于提高中国经济市场化程度的思考 [J]．山东经济战略研究，2006（7）：41-42．

[99] 臧霄鹏，林秀梅.生产性服务业与其他产业的关联关系研究——基于投入产出模型的动态分析 [J]．经济问题，2011（6）：23-26．

[100] 张宁.生产性服务业视角下的农业比较利益提升困境与出路 [J]．改革与战略，2009（7）：84-85．

[101] 孙伟仁，张平，徐珉钰.制度创新视角下我国城乡基本公共服务均等化路径探析 [J]．东北农业大学学报：社会科学版，2016，14（2）：27-32．

[102] 张平，孙伟仁.我国农村生产性服务业发展的现实问题与优化路径 [J]．求是学刊，2015，42（2）：61-67．

[103] 张卫静.中国新时期农村公共服务体制研究 [J]．山东社会科学，2014（7）：182-187．

[104] 张颖熙，夏杰长.促进中国农村服务业发展的思考 [J]．广东商学院学报，2009（3）：53-59．

[105] 张振刚，陈志明，等.生产性服务业对制造业效率提升的影响研究 [J]．科研管理，2014（1）：131-138．

[106] 张志明.对外开放促进了中国服务业市场化改革吗？[J]．世界经济研究，2014（10）：9-14．

[107] 郑凯捷.中国服务业发展的中间需求因素分析——中间需求表现及工业产业分工发展的影响 [J]．山西财经大学学报，2008（2）：47-55．

[108] 周启红，谢少安，陈万卷.基于现代农业视角的中国农业服务业研究 [J]．调研世界，2010（2）：30-33．

[109] 朱玲.西藏农牧区基层公共服务供给与减少贫困 [J]．管理世界，2004（4）：41-50，155-156．

[110] 庄丽娟，贺梅英，张杰.农业生产性服务需求意愿及影响因素分析——

以广东省 450 户荔枝生产者的调查为例 [J]. 中国农村经济，2011 (3)：70-78.

[111] 邹坦永. 服务业与农业现代化互动关系研究 [J]. 河南商业高等专科学校学报，2014（5）：16-19.

[112] "农业现代化评价指标体系构建研究"课题组. 农业现代化评价指标体系构建研究 [J]. 调研世界，2012（7）：41-43.

附录　中国农村基本公共服务现状调研报告

为了解中国农村地区基本公共服务现状及存在的问题，课题组开展了涉及 22 个省（直辖市、自治区）、196 个村的问卷调查。调查对象为农村地区居民，调查内容包括农村居民的基本信息、对基本公共服务的满意度以及基本公共服务的需求信息等。调研人员主要由大庆师范学院各院系来自农村的在校大学生组成，调研时间为 2015 年 1 月 20 日至 2015 年 3 月 1 日，主要利用大学生春节回乡过年的机会完成问卷调查。此次问卷调查共收回 1 938 份，其中有效问卷 1 746 份，在对调查数据进行统计分析的基础上，形成了本调研报告。

一、农村居民对基本公共服务的满意度及需求分析

（一）满意度分析

在农村居民心中，对当地义务教育、基础医疗、社会保障、基础养老、就业服务、农技推广等基本公共服务是否满意，是此次调查的重点。

调查结果显示（见表附1），农村基本公共服务整体情况方面，68.4%的农村居民选择了一般满意以上，选择"不满意"的为27.7%，"非常不满意"的为3.9%，不满意率为31.6%；在分项满意度方面，农村义务教育满意率为80.3%，是所有分项满意度中最高的，选择"非常不满意"的仅有1.3%，也是所有分项满意度中最低的，表明农村义务教育的满意度明显高于其他基本公共服务；农村基础医疗的满意率为67.2%，不满意率为32.8%，其中选择"非常不满意"的为9.3%，数值较高；农村社会保障的满意率为71.7%，不满意率为28.3%；农村就业服务的满意率为51.8%，排在分项满意度的倒数第二位，11.9%的农村居民选择了"非常不满意"，这一数值也是处在第二高的位置，表明农村居民对就业服务的满意度较低；农村基础设施的满意率为65.4%，不满意率为34.6%；农技推广服务的满意率仅为48.8%，不满意率达到了51.2%，其中选择"非常满意"的仅为3.7%，为分项中最低的，选择"非常不满意"的为15.3%，是分项中最高的，表明农技推广服务在所有基本公共服务中的满意度是最低的。

表附1　　**农村居民对各类基本公共服务的满意度（%）**

	非常满意	比较满意	一般满意	不满意	非常不满意	满意率	不满意率
农村基本公共服务	8.4	25.8	34.2	27.7	3.9	68.4	31.6
农村义务教育	12.3	32.4	35.6	18.4	1.3	80.3	19.7
农村基础医疗	9.6	26.7	30.9	23.5	9.3	67.2	32.8
农村社会保障	9.2	30.2	32.3	20.5	7.8	71.7	28.3
农村就业服务	4.6	22.8	24.4	36.3	11.9	51.8	48.2
农村基础设施	7.6	24.2	33.6	27.8	6.8	65.4	34.6
农技推广服务	3.7	20.3	24.8	35.9	15.3	48.8	51.2

注：数据根据问卷调查统计分析获得，其中"满意率"为"非常满意"、"比较满意"和"一般满意"三项数值的总和，"不满意率"为"不满意"和"非常不满意"两项数值的和。

与五年前相比，认为基本公共服务水平有提高的比例达到了75.8%，其中"明显提高"的为32.3%，"有所提高"的为43.5%；11.3%的农村居民选择了"没有变化"，9.3%的农村居民选择了"有所降低"，选择"明显降低"的只有3.6%，说明大多数农村居民感知到了基本公共服务水平的提高（如图附1所示）。

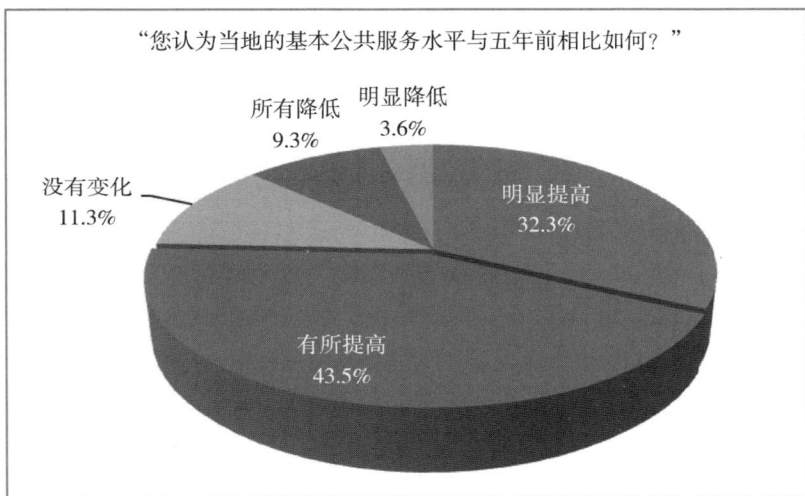

图附1 农村基本公共服务水平的主观变化程度

总体而言，尽管多数农村居民认为基本公共服务水平较五年前有所提高，但农村居民对农村基本公共服务的满意度仍然偏低，尤其是农技推广服务和农村就业服务，表明农村基本公共服务水平的提高速度满足不了农村居民的需求。政府在加大力度提高农村基本公共服务水平的同时，也应考虑提高居民的满意度，而实现这一目标的关键在于更加关注农村居民的迫切需求，并且补齐现有农村基本公共服务的短板。

（二）需求分析——农村居民最关心、最需要的基本公共服务

当前，农村居民最关心、最需要的基本公共服务有哪些呢？调查结果显示，医疗卫生服务、子女教育和养老服务是农村居民最关心、最需要的三类基本公共服务，选择率分别为84.6%、72.4%和58.2%。

另外，农民对职业技能培训、就业信息服务、农村道路交通建设和农田水利设施建设等服务的需求也较高，选择率分别达到了44.9%、40.3%、32.9%和30.5%；而文化、体育场所设施建设选择率仅为8.7%，农村环境保护的选择率也只有14.2%（见表附2），农村居民对文体、环保服务的需求度不高，在一定程度上反映出农村居民的文化、体育、娱乐和环保意识不强。

表附 2　　　　　**农村居民最关心、最需要的基本公共服务**

需求	选择率（%）
医疗卫生服务	84.6
子女教育	72.4
养老服务	58.2
职业技能培训	44.9
就业信息服务	40.3
农村道路交通建设	32.9
农田水利设施建设	30.5
农技推广	28.5
农业信息服务	23.7
最低生活保障	19.8
社会治安	19.4
农村环境保护	14.2
法律援助	13.2
文化、体育场所设施建设	8.7

二、农村基本公共服务现状与问题

（一）农村教育

近年来，中国政府不断加大对农村教育的支持力度，尤其是农村义务教育。这些支持对改善农村教育环境、提高农村义务教育水平起到明显作用了吗？农民子女"上学难、上学贵"的问题得到缓解了吗？在农村居民看来，农村教育哪些问题更突出？

1. 义务教育是农村居民眼中最重要的教育方式

图附 2 显示，农村居民对义务教育的认可度最高，占 47.2%，其他依次是农业技术培训（26.8%）、外出务工培训（18.4%）和职业教育（7.3%）。其中，需要注意的是，有超过 1/4 的农村居民对农业技术培训有强烈需求，且调查结果显示居民对农技服务的满意度最低，不满意率超过 50%，表明现阶段的农技培训不能满足农民需求，也表明农民有成为掌握农业技术、懂经营、有文化的新型职业农民的强烈欲望，这也应该成为农民教育的重点发展方向，对中国的新农村建设、农村三产融合发展有建设性意义。另外，农村居民对外出务工培训的需求也较大，农村剩余劳动力向城市转移是一大趋势，外出务工成为很多农村青壮年的选择，如何做好农民工外出务工培训，降低"碰壁"几率、提高就业效率是需要解决的问题之一。

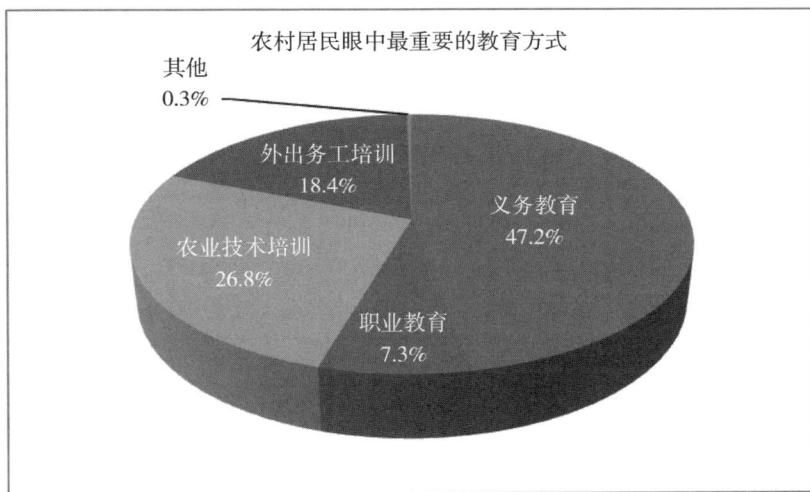

图附 2　农村居民眼中最重要的教育方式分布

2. 农村家庭的教育负担仍然较重

可从客观实际教育支出和主观心理负担两方面来分析。表附 3 调查数据显示，在客观实际教育支出方面，教育支出占家庭总收入的比例高于 40% 的家庭达到了 44.3%；在主观心理负担方面，32.3% 的农村居民感觉教育负担非常重，41.8% 的农村居民感觉教育负担比较重，二者合计达到了 74.1%，感觉教育负担"不重"和"挺轻"的用户合计才 8.3%。由此可见，农村家庭的教育负担仍然较重，解决这一问题对农村居民来说显得十分迫切。

表附 3　　　　农村居民的教育支出占比及主观心理负担

您家教育支出占家庭总收入的比例为多少？				
20%以下	21%~40%	41%~60%	61%~80%	80%以上
比例（%）				
25.3	30.4	27.6	12.5	4.2
您感觉教育支出负担重吗？				
非常重	比较重	一般	不重	挺轻
比例（%）				
32.3	41.8	17.6	7.9	0.4

3. 农村居民认为教育质量差是农村义务教育中最大的问题

由表附 4 可知，教育质量差主要表现在教学设施条件落后（35.3%）、师资短缺（10.4%）和教师素质不高（30.6%）等方面。农村基础教学设施落后、优秀教师紧缺、素质教育难以开展等问题导致农村义务教育水平偏低。另外，学校离家太远（12.4%）和教育花费太高（11.2%）也是比较突出的问题。

表附 4　　　　农村居民眼中义务教育存在的最大问题

	教学设施条件落后	师资短缺	教师素质不高	学校离家太远	教育花费太高	其他
比例（%）	35.3	10.4	30.6	12.4	11.2	0.1

（二）农村基础医疗

1. 参加"新农合"的比例较高，但去医院看病不是农村居民生病后的首选

调查结果显示（见图附 3），86.7%的农村居民参加了"新农合"，但满意度不高，满意率为 67.2%；并且，生病后农村居民的首

选治疗方式是"自己买点药吃"（68.4%），还有 21.2%的农村居民选择不治疗的方式，只有 10.4%选择去医院看病，其中去医保定点医院的为 7.8%，去非医保定点医院的为 2.6%。农村居民生病就诊率低导致"新农合"的利用率不高，农民并未感受到大的实惠，所以当被问及"您愿意在政府增加医疗投入的情况下，同比例地多交医保费吗"时，74.8%的农民选择"不愿意"，表明绝大多数农民不愿意提高个人交纳的医保费。

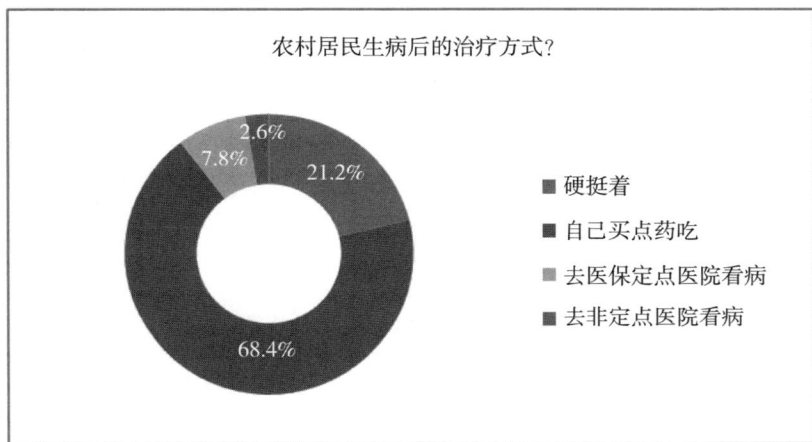

图附 3　生病后农村居民选择的治疗方式分布

2. 看病贵、医疗水平差是农村基础医疗最突出的问题

由表附 5 可见，农民生病不去医院看病的最主要原因是医疗费用高（选择率为 76.5%），还有 40.4%的农民选择了"报销比例低"，这都反映了农民认为"看病贵""看不起病"的问题；60.8%的农民选择了"小病不用看，大病看不好"，37.8%的农民选择了"医生水平差"，这两项反映的是农村医疗水平差、"看不好病"的问题；36.7%的农民选择了"看病不方便"，这反映的是"看病难"的问题。由此可见，农村居民"看病贵、看病难"的问题仍然非常突出，而调查结果也显示"医疗卫生"是农村居民最关心、最需要的基本公共服务（选择率 84.6%），影响到民生大局，这一问题迫切需要得到解决。

表附 5　　　　　　　农村居民生病不就医的原因

	医疗费用高	报销比例低	医生水平差	看病不方便	小病不用看，大病当地医院看不好	其他
选择率（%）	76.5	40.4	37.8	36.7	60.8	8.3

3. 药品价格高、检查项目多和医院不负责是农民眼中"看病贵"的主要原因

深究"看病贵"的原因，"药品价格高"、"检查项目多"和"医院为提高效益，多开药、多开检查"的选择率排在前三位，分别为92.5%、85.4%和60.8%，选择率非常高，表明医院乱收费的现象导致农民对医院的信任度较低；报销比例低（57.8%）和家庭收入少（40.7%）也是农民看病贵的原因（见表附6）。

表附 6　　　　　农村居民眼中，"看病贵"的主要原因

	药品价格高	检查项目多	报销比例低	家庭收入低	医院为提高效益，多开药，多开检查	其他
选择率（%）	92.5	85.4	57.8	40.7	60.8	5.5

（三）农村社会保障

1. 农村社会养老保险参保率较低，养老保险对改善老年人生活的作用有限

调查数据显示（见表附7），54.3%的被调查农村居民没有参加城乡居民养老保险，参保率较低，究其原因，农户认为"领取的养老金太少"（67.8%）、"政府没组织参加"（62.5%）和"交纳的保费太高"（55.4%）是主要原因。另外，还有42.8%的农村居民不了解养老保险，这表明各级政府组织、宣传农村社会养老保险工作的力度不够，

农村居民的参保意识不强；选择率最高的原因是"领取的养老金太少"。在被问及"您认为领取基本养老金对老年人的生活有改善作用吗"时，50.4%的居民选择了"不明显"，13.7%的居民选择了"没有"，认为有改善的仅为35.9%，这表明现有的养老金发放额度不足以明显改善农村老年人的生活，参保"不划算"和"没作用"是导致参保率低的一大原因。

表附 7　　　　　　农村居民不参加社会养老保险的原因

	政府没组织参加	交纳的保费太高	领取的养老金太少	不需要养老金	不了解养老保险	其他
选择率（%）	62.5	55.4	67.8	12.7	42.8	4.8

2."养儿防老"仍然是最主要的养老方式

由图附 4 可见，由于农村社会养老保险的发展滞后，"养儿防老"成为农村居民养老的主要选择，选择率达到了62.7%。36.3%的则准备靠自己的存款养老，另外，农民对土地的依赖性也较强，有28.4%想靠土地养老；选择"靠政府养老保险"和"靠商业养老保险"的仅为17.4%和7.6%，说明农村居民参加养老保险的意识不强。此外，还有29.3%的农村居民不知道怎么养老，属于"老无所依"的状态，也从侧面看出中国农村养老问题较为严峻。

3.领取最低生活保障金的比例较低，但最低生活保障对改善领取人的生活有明显作用

调查数据显示，领取过最低生活保障金的家庭比例仅为27.4%，72.6%的家庭从来没有领取。但多数（74.3%）的领取人认为最低生活保障对改善他们家庭的生活发挥了作用。

（四）农村就业服务

近年来，越来越多的农村剩余劳动力向城市转移，《2015 年农民工监测调查报告》显示，2015 年农民工总量为 27 747 万人，比上年

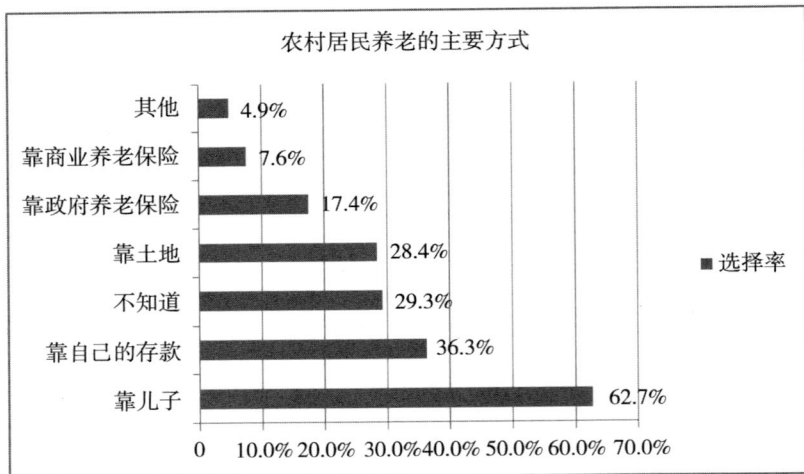

图附 4　农村居民养老方式的分布

增加 352 万人，增长 1.3%。此次问卷调查的结果显示，72.3%的农户家中有人外出务工。如此庞大的农民工外出就业，他们希望政府提供哪些就业服务呢？他们的务工境况如何？

1. 农民工的就业服务需求

调查结果显示，农民工希望政府提供的就业服务包括免费就业培训（63.8%）、为在当地就业创造条件（48.6%）、组织外出务工（44.9%）、提供就业信息（42.5%）、保护农民工的工资按时足额发放（39.3%）、直接提供就业岗位（38.4%）和提供法律援助（28.2%）等（如图附 5 所示）。

从农民工的就业服务需求可以看出，外出务工仍是农村居民就业的主要选择，但这也是无奈之举，"为在当地就业创造条件"这一需求的选择率达到了 48.6%，表明许多农民工更希望"回乡就业"或"就近就业"，只是迫于农村没有好的就业条件和就业机会。如果农村有更好的就业环境和就业条件，农民工能在当地顺利就业的话，这不仅有利于提高农民工的生活质量，也有利于缓解农村"留守儿童""空巢老人"等严峻的社会问题。

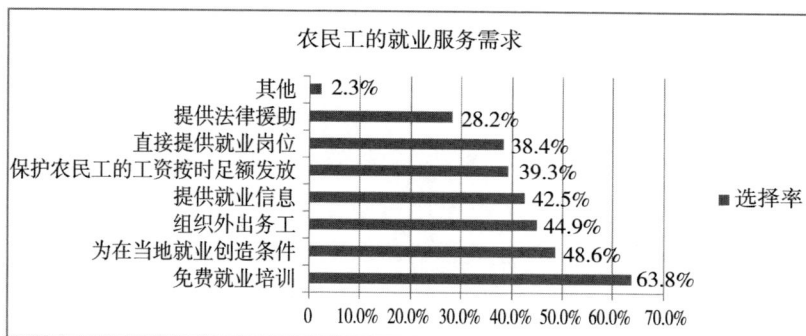

图附 5　农民工的就业服务需求分布

2. 靠亲戚、朋友介绍是农民工找工作的主要渠道

调查结果显示，经亲友介绍找到工作的农民工占到了 53.8%；靠自己"出去闯"的占 30.4%；而政府直接组织安排工作的只占 12.3%，靠政府提供的信息找到工作的则仅为 3.2%（如图附 6 所示）。这表明政府在就业信息提供、农民工就业组织等就业服务方面严重缺位，难以满足农民工的就业需求。

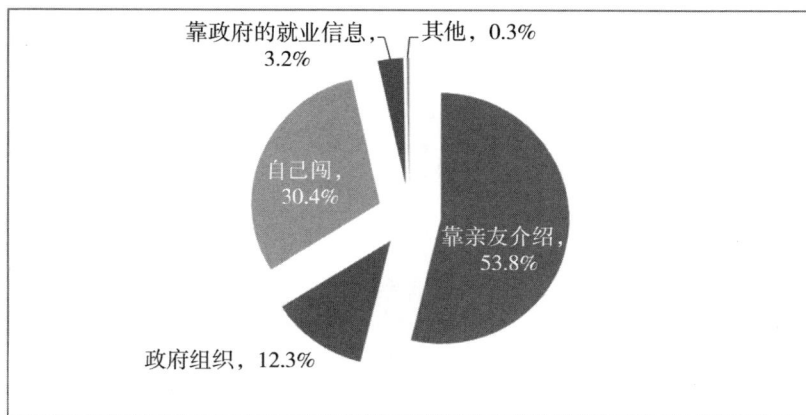

图附 6　农民工找工作的主要渠道

3. 农民工接受就业技能培训的比例较低

调查结果显示，农民工接受就业技能培训的比例仅为 12.6%，绝大多数（87.4%）的农民工是在没有接受任何技能培训的情况下上岗工作的，往往都是从事劳动强度较大、技术性要求低、工资待遇低的

工作。

（五）农村基础设施建设

随着中国新农村建设相关政策的实施，农村基础设施水平在不断提高，但基础设施的供给是否满足农村居民的需求呢？农民最关注的基础设施是什么？未来的农村基础设施建设更应该侧重哪些方面？

1. 农村居民对基础设施建设的需求

调查结果显示，按照选择率的高低，农村居民最希望政府提供的基础设施建设服务分别是道路（76.8%）、电力设施（54.3%）、农田水利设施（32.4%）、安全饮用水设施（29.2%）和文化体育设施（5.2%）（如图附7所示）。农村文化体育设施的建设始终处于非常低的水平，也是较为薄弱的环节，但调查结果显示农村居民对文化体育设施的需求很低（5.2%），表明农村居民参与文体活动的意识较弱，这与农村居民的生活水平有关，农村居民始终未真正摆脱生存压力，他们更关注吃穿住行等基本生存需求，对于文体活动这类更加关注生活质量的需求则显得较为缺乏。

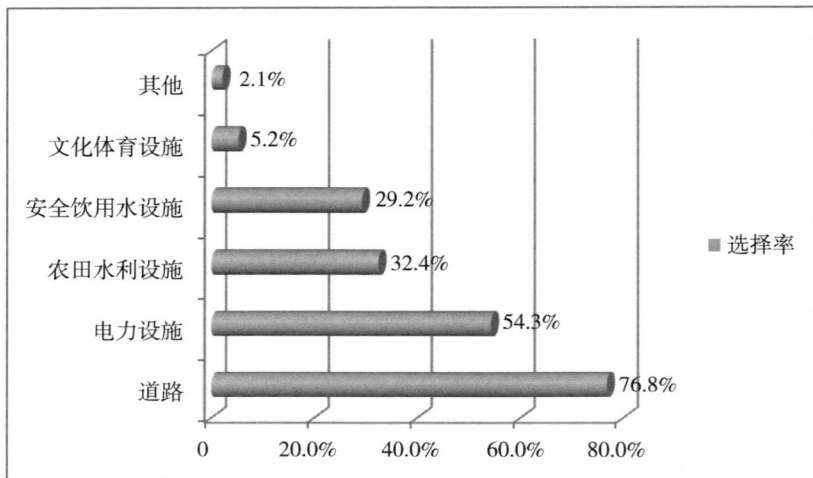

图附7 农村居民基础设施建设服务需求

2. 农村居民参与农村基础设施建设的积极性不高

当被问及"如果政府投入资金建设农村基础设施，您愿意也出一部分资金吗"时，回答"愿意"的居民仅为 43.8%，32.5%回答"不愿意"，还有 23.7%回答"看情况"。不愿意出钱的最大原因是农村居民认为有些基础设施建设不符合他们的需求（42.8%），由于居民的需求存在差异，拟建的基础设施难以满足不同居民的需求，陷入集体决策的"困境"。此外，较多农村基础设施存在"建设有余，维护不足"，导致基础设施使用寿命缩短，建设效率低下的问题。32.4%的居民认为农村基础设施应该由政府出全部资金；23.7%的居民选择"没钱"（如图附 8 所示）。针对农村居民参与基础设施建设积极性不高的问题，还应从居民的需求出发，形成完善的居民参与机制，调动居民参与决策的积极性。

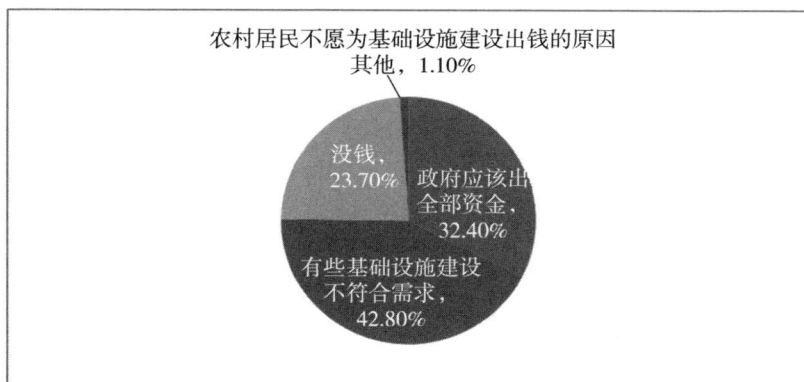

图附 8　农村居民不愿为基础设施建设出钱的原因分布

（六）农业技术推广服务

近些年来，中央出台了一系列政策旨在加强农业技术推广，这些政策的实施效果如何？现有的农业技术推广服务是否符合农民的需求？

1.基层农业技术推广机构的公共服务功能弱化

调查结果显示，87.8%的农民家庭没有接受过政府组织的农业技术推广服务，这反映出基层农业技术推广机构存在不作为的问题。实际上，中国基层农技推广人员数量庞大，但文化素质水平偏低，服务意识也较差，农技人员很少下乡为农民提供服务，导致农民无法享受农技推广服务，对农技推广公共服务的满意度也最低（不满意率为51.2%）。然而，农民对农技服务是有较大需求的，82.6%的农民认可农业技术服务会对农业生产有帮助，因此，解决农业技术服务供需矛盾迫在眉睫。

2. 农民对农业技术服务的需求

按照选择率的高低，农民最需要政府提供的农技服务分别是病虫害防治（85.4%），良种繁育（66.8%），牲畜防疫（50.3%），栽培养殖（42.1%），肥料施用（38.3%），农副产品保鲜、贮运（27.3%）和土壤改良（24.9%）（如图附9所示）。

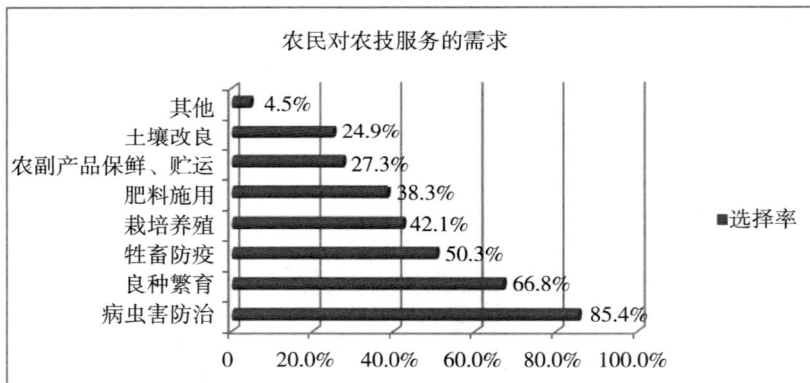

图附9 农民对农技服务的需求分布

三、政策建议

从本次农户问卷调查结果来看，政府应该加强提供农村居民最关心、最急需的基本公共服务，主要包括义务教育、医疗卫生、社会保障、就业服务、基础设施建设、农技服务等。

（一）提高农村教育教学水平，增加农村青年接受教育机会

政府需要进一步重视农村（尤其是较贫困地区）的义务教育，改善农村教学设备，缩小城乡义务教育办学条件差距；建立和完善相关就业政策，留住农村优秀教师，切实提高农村义务教育教学水平；政府应结合农民自身特点，提供多样化非义务教育，并鼓励社会投入，

拉动多渠道开展助学帮学，为农村青年接受高中、职业培训、大学等教育提供更多机会。

（二）完善农村新型合作医疗制度，减轻农民就医负担

中国政府应进一步增加对农村卫生医疗的投入，提高农村卫生资源占比，更新农村卫生机构设施；增加卫生医疗教育的投入，定向培养农村医疗从业人员，提高农村医疗水平；完善农村新型合作医疗制度，推出针对农村五保户、特困家庭的医疗保险费用优惠的政策，提高贫困农民参加合作医疗的积极性；提出大病、疑难病等的相应保障办法，在保证常见病能够有效预防和治疗的基础上，有效应对大病、疑难病的发生；加强基层医疗机构的建设，让农民看病近，看病易；多渠道改善医疗机构服务质量，加强对医疗机构收费的监管，切实减轻农民就医负担。

（三）建立健全农村社会保障制度，提高农村基本社会保障水平

中国政府需建立健全农村社会保障制度，结合地区农民生活水平，确定农村社会保障标准，并切实完善农村最低生活保障、农村五保供养、农村传统救济等社会救济制度；进一步统筹城乡社会保障水平，增加保障种类，加大保障力度，逐步缩小农村社会保障与城市的差距；鼓励社会多样化资金形式来解决社会保障机构的建设。

（四）制订农民工国家培训计划，多形式、多层次提供就业培训

中国政府应实施针对农民工的国家培训计划，有组织、有条理地为农民工提供多样化、多层次的职业技能培训；加大农村就业服务资金的投入，减轻农民参与就业培训的费用负担，提高农民参与就业服务的积极性；政府也可鼓励相关企业为农民提供职业教育，有序、有针对性地提高农民岗位专业技能；乡镇积极构建就业服务体系，设立就业服务机构，及时发布就业相关信息，调动青年农民的积极性，引导农村剩余人口的转移。

（五）继续加强对农村基础设施建设的投入，缩小城乡差距

新农村建设的推进与农村基础设施的改善关系密切，中国政府应继续完善铁路、公路与水路等农村交通情况，拉动交通运输、仓储物

流、农产品交易等服务业的发展；进一步加强对农村公共基础设施的建设，如农村水电、安全用水等，提高农村公共服务水平。

（六）强化基层农技服务机构的公益性职能，鼓励优秀农技人员下乡，增强农技推广力度

对农技推广公共服务进行体制创新，在进一步强化基层农技服务机构公益性职能的基础上，设立专业技术岗位，并确定相应的职责；对农技人员的编制可以设立在县，提倡编制在县、工作在乡、服务在乡，鼓励农技人员下乡服务；加大对农技推广工作的财政支持力度，解决农技推广公共服务经费不足和条件恶劣的问题。此外，应关注农业技术人才的培育，适时增加对农技人员的专业素质培训，培养专业的农业技术人才；提高农技人员待遇，调动农业技术人员工作积极性；建立健全农技推广体系，鼓励优秀农技人员下乡。

农村基本公共服务现状调研问卷

农村居民朋友：

您好！此次调查的目的是了解农村基本公共服务的基本情况以及农村居民对基本公共服务的满意程度。请您在调查人员的指导下完成此次调查，非常感谢您的配合！

注：选择题未标注"可多选"之外的，均为单项选择题。

一、基本信息

性别：_____年龄_____所在省份_____

家庭人口数_____家庭年收入_____

二、整体情况

1. 您对农村基本公共服务的满意度如何？

（A）非常满意　　（B）比较满意　　（C）一般

（D）不太满意　　（E）非常不满意

2. 您最关心、最需要的基本公共服务有哪些？（可多选）

（A）医疗卫生　　（B）子女教育　　（C）养老服务

（D）就业服务　　（E）农技推广　　（F）农业信息

（G）最低生活保障　　（H）生产基础设施建设

（I）农村环境保护　　（J）文化、体育和娱乐场所

（K）社会治安　　（L）其他_____

3. 您认为当地的基本公共服务水平与五年前相比如何？

（A）明显提高　　（B）有所提高　　（C）没有变化

（D）有所降低　　（E）明显降低

三、农村教育

4. 您对农村义务教育现状的满意度如何？

（A）非常满意　　（B）比较满意　　（C）一般

（D）不太满意　　（E）非常不满意

5. 您家教育支出占家庭总收入的比例为多少？

（A）20%以下　　（B）21%~40%　　（C）41%~60%

（D）61%~80%　　（E）80%以上

6. 您感觉教育支出负担重吗？

（A）非常重　　（B）比较重　　（C）一般

（D）不重　　（E）挺轻

7. 您认为农村义务教育存在的最大问题是什么？

（A）教学设施条件落后　　（B）师资短缺　　（C）教师素质不高

（D）学校离家太远　　（E）教育花费太高　　（F）其他_____

8. 您认为哪种教育最重要？

（A）义务教育　　（B）职业教育　　（C）农业技术培训

（D）外出务工培训　　（E）其他_____

四、农村基础医疗

9. 您对"新型农村合作医疗"的满意度如何？

（A）非常满意　　（B）比较满意　　（C）一般

（D）不太满意　　（E）非常不满意

10. 您对"新型农村合作医疗"不满意的原因有哪些？（可多选）

（A）个人缴存保费高　　（B）报销比例低　　（C）报销门槛费高

（D）定点医院少　　（E）定点医院医疗水平差

（F）报销手续烦琐　　（G）其他_____

11. 您参加"新型农村合作医疗保险"了吗？

（A）参加了　　（B）没参加

12. 您及家人生病后采取的治疗方式是什么？

（A）不治疗　　（B）自己买点药吃

（C）去定点医院看病　　（D）去非定点医院看病

13. 您及家人生病后不去医院看病的原因是什么？（可多选）

（A）医疗费用高　　（B）医疗费不报销　　（C）医疗水平差

（D）看病不方便　　（E）小病不看也能好，大病当地医院看不好

（F）其他_____

14. 您认为去医院看病贵的原因是什么？（可多选）

（A）药品价格高　　（B）检查项目多　　（C）报销比例低

（D）家庭收入低　　（E）医院为提高效益，多开药、多开检查

（F）其他_____

15. 您愿意在政府增加医疗卫生投入的情况下，同比例地多交医保费吗？

（A）愿意　　（B）不愿意　　（C）不知道

五、农村社会保障

16. 您对农村社会保障的满意度如何？

（A）非常满意　　（B）比较满意　　（C）一般

（D）不太满意　　（E）非常不满意

17. 您参加农村基本养老保险了吗？

（A）参加了　　（B）没参加

18. 如果您没参加农村基本养老保险，不参加的原因是什么？（可多选）

（A）政府没组织参加　　（B）保费太高　　（C）到时领取的养老金太少

（D）不需要养老保险　　（E）不了解养老保险　　（F）其他_____

19. 您认为领取基本养老金对老年人的生活有改善作用吗？

（A）有　　（B）没有　　（C）不明显

20. 您及家人有没有领取过最低生活保障金？

（A）有　　（B）没有

21. 您认为最低生活保障金对改善领取人的生活有作用吗？

（A）有　　（B）没有　　（C）不明显

22. 您家所在的乡镇有养老院吗？

（A）有　　（B）没有

23. 您现在或是未来选择什么方式养老？（可多选）

（A）靠儿子　　（B）靠自己的存款　　（C）靠土地

（D）靠政府基本养老保险　　（E）靠购买商业养老保险

（F）不知道 （G）其他_____

六、农村就业服务

24.您对政府提供的就业服务的满意度如何？

（A）非常满意 （B）比较满意 （C）一般

（D）不太满意 （E）非常不满意

25.您希望政府提供哪些就业服务？（可多选）

（A）免费就业培训 （B）提供就业信息

（C）直接提供就业岗位 （D）为在当地就业创造条件

（E）组织外出务工 （F）保护农村务工人员工资足额及时发放

（G）为农村务工人员提供法律援助 （H）其他_____

26.您家有人外出务工吗？

（A）有 （B）没有

27.外出务工人员接受就业技能培训吗？

（A）有 （B）没有

28.如果有人外出务工，外出务工的主要渠道是什么？

（A）政府组织 （B）亲戚、朋友介绍 （C）自己闯

（D）其他_____

七、农村基础设施建设

29.您对农村基础设施条件的满意度如何？

（A）非常满意 （B）比较满意 （C）一般

（D）不太满意 （E）非常不满意

30.您最希望政府加大对哪些基础设施的建设？（可选两项）

（A）道路 （B）电力设施 （C）安全饮用水设施

（D）农田水利设施 （E）文化体育设施 （F）其他_____

31.如果政府投入资金建设农村基础设施，您愿意也出一部分资金吗？

（A）愿意 （B）不愿意 （C）看情况

32.如果您不愿意出资建设基础设施，主要原因是什么？

（A）政府应该出全部资金 （B）有些基础设施建设不符合需求

（C）没钱　（D）其他_____

八、农业技术推广

33.您对农业技术推广公共服务的满意度如何？

（A）非常满意　（B）比较满意　（C）一般

（D）不太满意　（E）非常不满意

34.您家有人接受过政府组织的农业技术推广服务吗？

（A）有　（B）没有

35.您认为农业技术服务会对农业生产有帮助吗？

（A）有　（B）没有

36.您认为哪些农技服务最重要？

（A）良种繁育　（B）肥料施用　（C）病虫害防治

（D）栽培养殖　（E）农副产品保鲜、贮运　（F）土壤改良

（G）牲畜防疫　（H）其他_____